子どもへの司法面接

考え方・進め方とトレーニング

仲 真紀子 編著

Forensic/Investigative Interviews with Children:
Theory, Practice, and Training

有斐閣
YUHIKAKU

はしがき

　本書は，筆者らが 2000 年頃から取り組んできた司法面接法とその研修に関する知見・成果をまとめたものである。司法面接とは，事件や事故の被害者，あるいは目撃者となった可能性がある子どもから「何があったか」について，心理的負担を最小限にしつつ，できるだけ正確な情報をできるだけ多く収集することを目指した面接法である。典型的な対象は上述のように被害，目撃が疑われる子どもであるが，面接法の基本は子どもの被疑者，知的障がいや高齢者などバルネラブルな（脆弱性をもつ）大人への聴取にも活かすことができ，近年ではそのような実践も行われている。本書はその方法や関連する心理学的知見を伝え，読者がこの面接法を実施できるようにトレーニング法も提供する。以下，本書作成までの経緯について述べ，本書の目的と構成・使い方について述べる。

◆ 本書作成までの経緯

　筆者は発達心理学，認知心理学を専攻し，大人と子どもの会話や記憶の働きに関する研究を行ってきた。四半世紀も前になるが，ある弁護士さんから子どもの供述の信用性を心理学的に検討してほしいとの依頼を受けたことから，司法場面における大人と子どものやりとりにも関心をもつようになった。そして，その後いくつもの事案に出合うこととなった。

　子どもが事件の被害者，あるいは目撃者となることは少なくなく，「何が起きたか」に関する供述は重要な証拠となりうる。しかし，子どもへの事情聴取は容易ではない。急ぐあまり，あるいは心配のあまり，大人はクローズド質問，すなわち「お父さんが叩いたの？」や「グーで，パーで，どっち？」というような，具体的な内容（「お父さんが叩いた」や「グーで，パーで」）を含む閉じた質問を行いがちである。また，「話してくれないと大変なことになる」などの圧力をかけたり，子どもが「うん」と言うまで「叩かれた？」という質問を繰り返してしまうこともある。こういった方法では子ども本人の言葉が聞きだせず，何があったのか／なかったのかを判断することは難しい。また，質問に

i

含まれる具体的な内容が誘導となったり，記憶を汚染することもある．そのような中で，調書を前に「この発話は誘導の可能性がある」「自発的な報告とはいえない」などと，否定的なコメントをすることも多かった．

だが，批判を繰り返していても正確な聴取や事実の確認にはつながらない．それは子どものみならず，どの当事者にとっても有益なことではないだろう．1999 年であったか，アイルランドでの法と心理学会に行く途中，イギリスのポーツマス大学を訪問し，司法面接の権威であるブル教授と会う機会があった．イギリスでは 1992 年に司法面接のガイドライン（MOGP）が作られ使用されていると知り，「すでに行われた面接を批判するのではなく，よい面接が行われるように予防に回ればよいのだ」と目から鱗が落ちる思いをした．その後 MOGP を翻訳し（英国内務省・英国保健省『子どもの司法面接——ビデオ録画面接のためのガイドライン』），MOGP に沿って実施された現実の面接 100 例を分析した書籍も翻訳し（アルドリッジ，M．ウッド，J．『子どもの面接法——司法手続きにおける子どものケア・ガイド』），筆者が所属している法と心理学会ではガイドラインも作成した（法と心理学会・目撃ガイドライン作成委員会『目撃供述・識別手続に関するガイドライン』）．

しかし，「知ること」と「行うこと」とは別物である．書物を読むだけでは実際に面接を行うことは難しい．そこで，より具体的な司法面接法と研修プログラムの開発に取り組むこととした．北海道大学において 2 年にわたる専門家・実務家との勉強会を行い，2008 ～ 2012 年度は科学技術振興機構（JST・RISTEX）「犯罪から子どもを守る司法面接法の開発と訓練」プロジェクト，2011 ～ 2015 年度は文部科学省新学術領域（法と人間科学）「子どもへの司法面接：面接法の改善その評価」プロジェクト，2015 年度からは科学技術振興機構（JST・RISTEX）「多専門連携による司法面接の実施を促進する研修プログラムの開発と実装」プロジェクトを実施し，司法面接支援室を立ち上げるとともに面接に関わる基礎研究や面接法・研修プログラムの開発，研修（トレーニング）を行ってきた．研究成果を「研修」というかたちで実務家・専門家に提供し，得られたフィードバックを基礎研究に投入し，面接法や研修のさらなる改善に活かす，というサイクルをここ 10 年続けてきたことになる．

この間，聴取・面接事情は大きく変化した．警察，検察では被疑者取り調べ

の録音・録画が開始され，その対象範囲は被害者や目撃者を含む参考人にまで拡大されつつある。また，多くの児童相談所で司法面接（被害確認面接とも呼ばれる）が行われるようになった。事件や事故の報告を繰り返すことは，精神的な二次被害にもつながり，できるだけ少ない回数で聴取を行うことは必須であるが，2015年10月28日，厚生労働省，警察庁，最高検察庁は，面接を協同で行うことを推奨する通知を出した。このことで子どもへの負担はまた大きく軽減することになる。よりよい面接法や研修への期待はますます高まっているといえるだろう。

◆ 本書の目的と使い方

　本書は，直接的には児童虐待や犯罪の被害者，目撃者となった子どもに聴取を行う専門家（児童相談所職員，警察官，検察官）を対象としている。しかし，面接法のエッセンスは学校での事実確認（事故，校則違反，いじめ等の被害や加害）や家庭裁判所調査官による面接調査，福祉施設等での事故・事件の聞き取り，病院での事実確認，そして心理学や社会学での面接研究においても活かせるであろう。

　本書はまた，発達心理学・認知心理学の基礎的な知見を社会に還元する1つの試みでもある。心理学や関係諸科学の院生，研究者の方々にも関心をもっていただければたいへん嬉しい。面接におけるベスト・プラクティスは研究と実践の協働により推進されるものであり，ますます多くの研究者が面接研究に携わるようになってくれればと願う。

　次に本書の構成・使い方について述べる。本書は2部構成となっている。第Ⅰ部では司法面接の基礎や背景，記憶の発達や被暗示性に関する心理学的知見，対象者の範囲や面接法に関する研究成果などをまとめた。第Ⅱ部は，研修のテキストとしても使用できる内容となっている。第Ⅰ部と重複する部分もあるが，より実践的に，司法面接の基礎，自由報告の引き出し方，面接の構造，面接の計画，補助証拠，難しい質問，話さない子ども，質疑など，これまでに実施してきた多くの研修にもとづく研修プログラムを，演習課題とともに示している。講師が第Ⅱ部を研修に用いたならば，概ね12～16時間程度でカバーできる内容となっている（演習を繰り返せば，その分時間は長くなる）。読者におかれ

ては，第Ⅰ部を読まれたのち第Ⅱ部に進まれてもよいし，第Ⅱ部から開始し，必要に応じて第Ⅰ部を参照していただくのでもよいだろう。

　本書はⅠ部，Ⅱ部を通し筆者が執筆しとりまとめたものであるが，第Ⅰ部第5講「子どもの人物識別」は上述の「犯罪から子どもを守る司法面接法の開発と訓練」プロジェクトで協同研究者となっていただいた杉村智子氏に執筆をお願いした。また，各章にあるコラムは，プロジェクトでお世話になった専門家や学術研究員，筆者の研究室で修士論文，博士論文を書かれた研究者の方々に依頼した。お礼を申し上げるとともに，筆者の筆が遅く，出版までに多くの時間を要してしまったことをお詫びしたい。また，書き出せば何ページにもなるであろう多くの専門家・実務家，研究者，学生の方々に，たいへんお世話になった。ここに心より感謝申し上げる。また，本書は有斐閣の岡山義信さん，元有斐閣（現在ちとせプレス）の櫻井堂雄さんの温かく的確な支援がなかったら世に出ることはなかった。このお二人にも深くお礼を申し上げたい。

　子どもが事件や事故の被害者，目撃者，あるいは加害者となることは少なくない。どのような立場であっても，子どもは発達の途上にあり，大人と同じように面接を行うことはできない。本書が福祉・司法場面のみならず，学校，医療，研究等の場面でも，面接や聴取，そしてそのトレーニングに活かされたならば，これほど嬉しいことはない。

　2016年　夏

仲　真紀子

編者紹介

仲　真紀子（なか　まきこ）【執筆：第5講を除く全講，コラム1，付録】
　現職：北海道大学大学院文学研究科教授
　略歴：1979年，お茶の水女子大学文教育学部卒業，1981年，同大学大学院修士課程修了，1984年，同大学博士課程人間文化研究科単位取得退学，1987年，同大学より学術博士取得。千葉大学講師，助教授，東京都立大学助教授を経て，現職。
　専攻：認知心理学，発達心理学，法と心理学
　主な著作・訳書：
　　『こころが育つ環境をつくる──発達心理学からの提言』（共編著，新曜社，2014年）
　　『法と倫理の心理学──心理学の知識を裁判に活かす：目撃証言，記憶の回復，子どもの証言』（培風館，2011年）
　　『認知心理学──心のメカニズムを解き明かす』（編著，ミネルヴァ書房，2010年）
　　『認知心理学へのアプローチ──自己心理学4』（編著，金子書房，2008年）
　　『知的障害・発達障害のある子どもの面接ハンドブック──犯罪・虐待被害が疑われる子どもから話を聴く技術』（共監訳，明石書店，2014年）
　　『犯罪心理学──ビギナーズガイド：世界の捜査，裁判，矯正の現場から』（監訳，有斐閣，2010年）
　　『子どもの司法面接──ビデオ録画面接のためのガイドライン』（共訳，誠信書房，2007年）
　　『抑圧された記憶の神話──偽りの性的虐待の記憶をめぐって』（訳，誠信書房，2000年）

執筆者紹介 (執筆順)

名畑康之（なばた　やすゆき）【執筆：コラム2】
　北海道大学大学院文学研究科学術研究員

尾山智子（おやま　ともこ）【執筆：コラム3】
　北海道大学大学院文学研究科学術研究員

鈴木愛弓（すずき　あゆみ）【執筆：コラム4】
　八王子少年鑑別所法務技官

杉村智子（すぎむら　ともこ）【執筆：第5講, コラム5】
　帝塚山大学現代生活学部こども学科教授

上宮　愛（うえみや　あい）【執筆：コラム6, コラム7】
　名古屋大学大学院環境学研究科博士研究員

五十嵐典子（いがらし　のりこ）【執筆：コラム8】
　北海道立女性相談援助センター主査（判定）

二口之則（ふたくち　ゆきのり）【執筆：コラム9〔共著〕】
　北海道立精神保健福祉センター相談研究部副部長

小山和利（こやま　かずとし）【執筆：コラム9〔共著〕】
　北海道立向陽学院院長

千田早苗（ちだ　さなえ）【執筆：コラム10】
　最高検察庁刑事政策推進室兼検察改革推進室

武田知明（たけだ　ともあき）【執筆：コラム11, コラム12】
　北海道大学大学院文学研究科司法面接支援室博士研究員

山本渉太（やまもと　しょうた）【執筆：コラム13】
　北海道警察本部刑事部科学捜査研究所／北海道大学大学院文学研究科博士後期課程

田鍋佳子（たなべ　よしこ）【執筆：コラム14】
　北海道大学大学院文学研究科学術研究員

佐々木真吾（ささき　しんご）【執筆：コラム15】
　光塩学園女子短期大学保育科専任講師

緑　大輔（みどり　だいすけ）【執筆：コラム16】
　一橋大学大学院法学研究科准教授

目　次

はしがき　i
編者紹介　v
執筆者紹介　vi

第Ⅰ部　司法面接の基礎知識　　1

第1講　司法面接とは何か……2

1　はじめに　2
　　司法面接という名称と第Ⅰ部の展望（2）　　司法面接法の目的と特徴（3）

2　司法面接の特徴　4
　　自由報告を求める（4）　　ゆるやかに構造化されている（6）

3　司法面接の構造　7
　　導入の段階（7）　　自由報告と質問（9）　　ブレイクと質問（10）　　クロージング（11）

　コラム1　司法面接の背景にある考え方　13

第2講　司法面接の歴史と必要性……15

1　司法面接開発の背景となった事件　15
　　イギリスでの事案（15）　　アメリカでの事案（16）　　何が問題か（18）

2　日本での事件　19
　　日本における子どもの証言（19）　　何が問題か（22）

　コラム2　供述弱者による目撃証言　24

第3講　記憶の種類と発達……26

1　記憶のメカニズム　26
　　記憶の種類（26）　　意味記憶（28）　　エピソード記憶（29）

2　記憶の発達　30
　　乳児期の記憶（30）　　幼児の記憶（31）　　エピソード記憶のきざし（32）

3　エピソード記憶の発生　33

エピソード記憶と関わる認知能力（33）　学童期から思春期へ（35）　レミニシングスタイル（38）

コラム3　子どもによる体験の報告　39

第4講　誘導と被暗示性 …………………………………………………… 41

1　誘導と被暗示性　41
記憶の変容（41）　子どもの記憶と認知（42）　誘導質問・語法効果・事後情報効果（44）

2　被暗示性　46
被暗示性とは何か（46）　幼児や児童の被暗示性（47）

3　マクマーチン事件における面接　49
面接の問題点（49）　子どもの発話（54）　面接者の発話（55）

コラム4　面接を繰り返す効果面接の繰り返し　58

第5講　子どもの人物識別 ………………………………………………… 60

1　顔認識のしくみと発達　60
顔認識のしくみ（60）　子どもと成人の情報処理の違い（62）

2　写真による人物識別の特徴と課題　64
顔識別の正確さに及ぼすラインナップの方法の影響（64）　目撃時と識別時の外観の変化の影響（67）

3　言語供述による人物識別の特徴と課題　69
人物の容貌についての言語供述（69）　人物の特徴についての言語化が写真を用いた顔再認に与える影響（70）　子どもに人物識別を求めるには（72）

コラム5　子どもの人物識別事例　73

第6講　面接法研究 ………………………………………………………… 75

1　面接の在り方　75
推定変数とシステム変数（75）　圧力（76）　不適切な質問形式（77）

2　望ましい質問　79
良い質問（79）　オープン質問の効果（81）

3　グラウンドルール　84
グラウンドルールの有用性（84）　本当と嘘（84）　知らない・わからない・間違っている（86）　どんなことでも全部話してください（88）　ラポール形成と出来事を思い出して話す練習（エピソード記憶の訓練）（90）

| コラム6　子どもによる嘘・真実の理解　　92 |

第7講　司法面接の展開：弱者への面接，被疑者・被疑少年への面接，家事面接……………………………………………………………95

1　被害者・目撃者への面接法　95
　　近年の展開（95）　　種々の司法面接（96）　　認知面接法（97）　　NICHD プロトコルの位置づけ（100）

2　被疑少年への面接法　101
　　NICHD 被疑者面接プロトコル（102）

3　PEACE モデル　104
　　PEACE モデルとは（104）　　面接の背景（105）　　面接の手続き（105）　　オープン質問とラポール（106）　　話したがらない被疑者からの聴取（107）

4　家 事 面 接　111
　　子どもへの意向調査（111）　　家事面接の工夫（112）

| コラム7　補助物の使用　　115 |

第8講　研修の取り組みと効果……………………………………118

1　北海道大学での研修　118
　　経緯（118）

2　効 果 測 定　119
　　方法（119）　　結果（120）

3　近年の動向　125
　　フィードバックと改善（125）　　心理学研究（128）

4　今後の課題と展望　133

| コラム8　一般児童と保護児童を対象とした司法面接の検討　　136 |

第Ⅱ部　司法面接研修　139

第9講　司法面接の概要と目的……………………………………140

1　研修を始める前に　140
　　準備する事柄（140）　　スケジュールとプログラム（142）

2　子どもの現状と面接の問題　145
　　はじめに（145）　　児童相談所への虐待相談件数（145）　　幼児・児童の被害・目

撃供述（147）　　多くの大人が繰り返し尋ねる（148）　　典型的な聴取（149）

　3　認知的な問題　151
　　　被暗示性（151）　　中学生・大学生を対象とした調査（152）　　厚生労働省の手引き（154）

　4　精神的な問題　154
　　　国連による勧告（155）　　精神的な問題への対応（155）

　5　まとめ　157

> **コラム9**　司法面接の現場での使用と課題　159

第10講　司法面接の要：オープン質問　…………………………… 161

　1　司法面接の目的と自由報告　161
　　　司法面接の特徴（161）　　質問の種類（162）

　2　自由報告を引き出す質問　163
　　　誘いかけの使い方（164）　　時間分割の使い方（165）　　手掛かり質問の使い方（166）　　それから質問の使い方（167）　　それから質問のさらなる使用（168）

　3　一問一答と自由報告　169

　4　SE3RとGQM　172
　　　SE3R（172）　　GQM: Griffiths Question Map（174）

　5　質問の効果　177
　　　模擬面接での文字数（177）　　あいづちとエコーイング（178）

　6　自由報告を求める演習　178
　　　自由報告を得る練習(1)（178）　　自由報告を得る練習(2)（179）　　振り返り（181）　　その他のコメント（182）

> **コラム10**　多機関連携の重要性：検察における再犯防止と被害者支援について　184

第11講　面接の構造と手続き　…………………………………… 186

　1　外形的な要素　186
　　　面接室の実際（186）　　バックスタッフ（188）　　座り位置，面接時間，立会い，補助物等（188）

　2　司法面接の基本的な手続き　190
　　　MOGPに見る基本的な構成（190）　　NICHDプロトコル（191）

　3　NICHDプロトコルの手続き　192
　　　挨拶・説明（192）　　グラウンドルール（193）　　ラポール（196）　　出来事を思い出して話す練習（198）　　本題への移行（200）　　出来事の分割（201）　　ブレ

イク（休憩）(203)　　面接の続き (204)　　クロージング (205)

　4　面接演習1：動画を見てのロールプレイ（準備）　206
　　　機材と配置 (206)　　面接キット (207)　　描画について (208)
　5　面接演習1：動画を見てのロールプレイ（実施）　210
　　　手続き (210)　　振り返り (211)

> コラム11　面接室の設定とカメラワーク　214

第12講　面接の計画……………………………………………………217

　1　面接実施まで　217
　　　面接のコーディネート (217)　　子どもへの説明 (218)　　保護者・サポーターへの説明 (219)
　2　面接の計画に向けて　221
　3　面接の立案：事案　222
　　　面接の各要素の確認 (222)
　4　マキちゃんの事例に即して　225
　　　仮説と反対仮説 (225)　　明らかなことと明らかでないこと (225)　　収集すべき情報：いつ，どこ，誰，どのように，どうした，なぜ (227)　　外部の客観的情報と照合できる情報：チェックできる事実情報 (229)　　体験を反映する詳細情報 (231)
　5　出来事への移行段階　232
　　　子どもが「わからない」と言った場合 (232)　　証拠を出す (233)　　NICHDプロトコルの9つの質問 (235)
　6　面接の計画　236
　　　振り返り (237)
　7　面接演習2：マキちゃん　237
　　　振り返り (238)

> コラム12　NARTOSの説明　239

第13講　補助証拠……………………………………………………242

　1　補助証拠の必要性　242
　　　子どもの供述の信用性を高める外部情報 (242)
　2　補助証拠の種類　243
　　　医学的証拠 (243)　　物質的／物理的証拠 (244)　　被疑者や参考人の供述 (244)　　その他の状況証拠 (245)

3　面接演習3：ヨウ子さん　　246
　　　準備（246）　　振り返り（248）
> コラム13　事情聴取における発問方法の効果　　250

第14講　難しい質問への対応：性的な言葉に慣れる……………252
　1　難しい質問・発話　　252
　　　性的な事柄のほのめかし（252）　　適切な対応（253）　　被害が疑われる場合（253）
　2　演習と振り返り　　254
　　　演習（254）　　振り返り（256）

第15講　性的な内容の聴取……………………………………257
　1　性的な行為について話してもらう　　257
　　　性虐待・性被害が疑われるとき（257）　　性的なことを話してもらう（257）　　恥ずかしくて話せない場合（258）　　状況，態様・行為，着衣（259）　　詳細情報（260）　　明らかにすべき事柄（points to prove）（260）
　2　面接演習4：タカシくん　　261
　　　準備（261）　　振り返り（263）
> コラム14　子どもの聴き取りは誰が行うか　　265

第16講　話さない子ども…………………………………………268
　1　話さない子どもの特徴　　268
　　　リラクタントな子ども（268）　　話さない子どもの傾向（269）　　遅れる開示（269）　　報告が少ない理由（270）
　2　子どもが話さない場合，面接はどうなるか　　272
　　　イスラエルの研究（272）　　子どもの発話，面接者の発話の推移（274）　　話さない子どもへの面接に関する示唆（276）
　3　その他のアプローチ　　278
　　　話しやすいことを話してもらう（278）　　話せない理由を話してもらう（279）
　4　話さない子どもへの面接演習　　281
　　　手続き（281）　　話さない子どもへの面接演習と振り返り(1)（281）　　話さない子どもへの面接演習と振り返り(2)（282）　　まとめ（283）
　5　面接演習5：ユリカさん　　283
　　　準備（283）　　振り返り（285）

| コラム 15　「だいたい」と「正確に」：報告レベルのコントロール　287 |

第17講　質　　疑 ……………………………………………289
準備・背景（289）　　質問・面接方法（294）　　トレーニング（300）　　様々な事案・子どもへの配慮（300）　　犯罪・加害が疑われる場合（308）　　多機関連携（312）

| コラム 16　司法面接を証拠として用いる方法　316 |

参　考　文　献　319
付録１：NICHD プロトコルに基づく司法面接の最小限の手続き　332
付録２：被疑少年のための NICHD プロトコル　337
付録３：PEACE モデル　342
付録４：家事事件における聴き取り　347
事　項　索　引　353
人　名　索　引　359

本書のコピー，スキャン，デジタル化等の無断複製は著作権法上での例外を除き禁じられています。本書を代行業者等の第三者に依頼してスキャンやデジタル化することは，たとえ個人や家庭内での利用でも著作権法違反です。

第 I 部

司法面接の基礎知識

　第Ⅰ部では，司法面接の概要を説明し，その背景にある心理学的知見，種々の面接法，面接法に関する研究や研修の効果等について説明する。これらを読んだ後，第Ⅱ部の研修を行えば，司法面接の目的，意義，方法がよりよく理解できるだろう。あるいは研修を一通り行った後，第Ⅰ部を読むのでもよい。

　第Ⅰ部の内容は，以下の通りである。言語を媒体とする司法面接についてや，子どもに人物識別を求める場合に必要となる基礎的知見について述べる。

- 司法面接の目的，概要，ならびに特徴。この講は第Ⅱ部の研修内容とも重なるが，まずは第1講を読むことで，司法面接の全体像が理解できるだろう。（第1講）
- 司法面接が開発された歴史的経緯と必要性について概説する。（第2講）
- なぜ子どもは特別かという問題を，記憶の発達という観点から述べる。（第3講）
- 誘導と被暗示性について紹介する。（第4講）
- 子どもの人物識別に関する基礎的知見について紹介する。（第5講）
- どのような面接がより多くの情報を引き出せるかという，面接法に関する研究を紹介する。（第6講）
- 狭義の司法面接にとどまらない，近年の展開（被疑者への面接，家事面接）を取り上げる。（第7講）
- 研修の効果について効果測定の結果を紹介する。（第8講）

第1講
司法面接とは何か

1　はじめに

◆ 司法面接という名称と第Ⅰ部の展望

　福祉や司法の現場において司法面接という用語を耳にするようになった。司法面接とは，forensic interviews の訳である。「forensic」は「法の」「司法の」「裁判の」という意味であり，法的面接，あるいは裁判面接と訳すこともできるが，近年ではこの名称で定着しつつある。
　司法面接は「法的な判断のために使用することのできる精度の高い情報を，被面接者の心理的負担に配慮しつつ得るための面接法」と定義することができる。狭義の司法面接は，その歴史的背景から，子どもの被害者，目撃者を対象としてきた。しかし，司法の場で用いる情報収集のための面接法という観点からいえば，被疑者への接見，取り調べ，大人の被害者や目撃者からの事情聴取，法廷での尋問なども司法面接の範疇(はんちゅう)に含まれるであろう。実際，諸外国では，この方法は家事事件における子どもへの意向調査や，被疑少年の取り調べ，知的障がいをもつ被疑者の取り調べなどにも活かされるようになっている。そこで本書では，こういった面接についても触れたいと思う。
　なお，司法面接は investigative interviews（捜査面接），あるいは video-recorded interviews（録画面接）と呼ばれることもある。また，国内では，主に福祉の現場で事実確認面接，被害確認面接と呼ばれることもあるが，これらの面接の趣旨はいずれも(1)正確な情報をより多く引き出すことを目指していること，(2)被害者や目撃者となった子どもへの負担を最小限にしようとしているこ

とである。

◆ 司法面接法の目的と特徴

「司法面接」は固有名詞ではない。後にも説明するように、イギリスのガイドラインである「よき実践のためのメモ」(Memorandum of Good Practice：以下 MOGP と呼ぶこともある) や、その後継版「最良の証拠を得るために」(Achieving Best Evidence：以下 ABE と呼ぶこともある) で推奨されている様相アプローチ、アメリカ児童虐待専門家協会 (APSAC) による APSAC プロトコル、アメリカの国立小児保健・人間発達研究所 (NICHD) で開発された NICHD プロトコル、カナダのステップワイズ面接 (Yuille et al., 1993)、ドイツの構造面接 (Poole & Lamb, 1998) など、司法面接には様々な種類がある。しかし、上記で述べた(1)正確な情報をより多く引き出すこと、(2)子どもへの精神的負担を最小限にすることは共通の目的であり、それが最大限活かされるように工夫されている（現場で、手続きの選択や優先順位を求められた場合は、この(1)(2)の原則に沿った判断を行えばよい）。その特徴は、以下のようなものである。

・第一は、記憶の変容や汚染が起きないように、また供述が変遷しないように、できるだけ早い時期に、原則として1度だけ面接を行う。
・第二に、面接を繰り返さないですむように、録画・録音という客観的な方法で記録する。
・第三に、面接は、子どもに圧力をかけたり、誘導・暗示を与えたりすることのないように、自由報告を主とする構造化された方法を用いる。
・第四に、これも子どもが何度も面接を受けることを防ぐためであるが、複数の機関が連携して、1度で面接を行うか、面接の録画を共有できるようにする。複数の機関が連携することを多機関連携 (multi-agency approach)、あるいは多職種連携 (multi-disciplinary approach) という。

多職種連携によって面接を行うため、司法面接は近接する2つの部屋を用いて行うことが多い（図1-1）。一方の部屋は録音・録画設備のある面接室で、ここで面接者が一対一で、子どもに面接を行う。この面接は録音・録画されるが、その音声と映像は近接するモニター室（バックスタッフ室ともいう）に転送される。モニター室には、子どもから得た供述を用いて仕事をする専門家、例えば

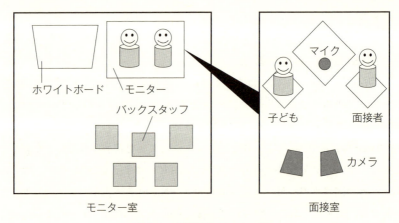

図1-1 面接室とモニター室

福祉機関の職員（児童相談所の心理司，福祉司等），司法関係者（警察，検察等），必要に応じて医療や心理臨床の専門家等が控えており，面接を支援するとともに，内容を記録し，事案に関する意思決定に参与する。このモニター室に控え，面接を支援する人々をバックスタッフ（後ろに控えている人々）という。

　上記は面接を行う手続き全体に関する特徴だが，面接法そのものにもいくつか特徴がある。第一は，面接ではできるだけ被面接者自身の言葉による，自発的な報告（自由報告：free narrative）を求めるということである。第二は，そういった自発的な報告を最大限引き出せるように，面接法が構造化されているということである。以下，詳しく述べる。

2　司法面接の特徴

◆ 自由報告を求める

　法的判断に役立つ正確な情報を引き出すには，誘導や暗示の影響を最小限にしなければならない。面接における誘導，暗示は，面接者の言葉に由来することが多い（例えば，「○○が叩いたの？」という質問は「○○」という被疑者の名前や「叩いた」という問題となる行為に関する情報を含んでいる）。このような誘導，暗示を最小限にするには，できるだけ被面接者自身に語ってもらうことが重要であ

面接室の様子

る。

　自分の言葉で語ってもらうには，「はい」「いいえ」，あるいは選択肢を選ぶだけではない，いわば「文」による自由報告を最大限引き出す必要がある。上述したように，様々な面接法が世界各地で開発されているが，そのどれもが子どもの自発的で長い報告（語り）を引き出すための工夫をしている。

　第一は，面接者ができるだけオープン質問を用いることである。オープン質問は，「はい」「いいえ」や「AかBか」といった，限定される答えを引き出すクローズド質問（「閉じている」という意味でクローズド質問と呼ばれる）に相対する概念である。

　質問は，一般に，以下のように分類される。なお，質問の効果や内容的な詳細は，第6講，第10講で説明する。カッコ内は後述のNICHDプロトコルを作成したラム（M. E. Lamb）らによる呼称である。

- オープン質問（自由再生質問）：「話してください」「そして」「それで」
- WH質問（焦点化質問）：「いつ」「どこで」「誰が」等
- クローズド質問（選択肢の提示）：「はい」「いいえ」あるいはAかBか等で答える選択式の質問
- 誘導質問：「〜ですね」「〜でしょう」等の「はい」を誘発する質問。質問の最後につけられる「〜ですね」「〜でしょう」が「はい」を引き出すタグ（付箋）として機能するので，タグ質問ともいう。

第1講　司法面接とは何か

多くの研究が，質問に関し，以下の事柄を示している。
・オープン質問に対する応答は，より正確で，より多くの情報を含んでいる。
・WH質問に対する応答は，「いつ」には時間，「どこ」には場所など，短いことが多いが，その内容は比較的正確である。
・クローズド質問や誘導質問への応答は，「はい，いいえ」等の短い応答になりがちである。また，質問に含まれる命題（「Aですか？」の「Aである」等）への黙従が起きたり，質問に含まれる命題が記憶を汚染するなどの可能性がある。

これらの知見を踏まえ，オープン質問を用いて子どもの自由報告を最大限得ようとすることが，司法面接の特徴の1つである。

◆ ゆるやかに構造化されている

第二の特徴は，自由報告を得るために，面接がゆるやかに構造化されている，ということである。

子どもを面接室に連れてきて「さあ，何でも話してください」と問いかけても，子どもはどう始めればよいのか，何を話せばよいのかわからないかもしれない。また，ある程度は話せても，面接者が知りたいと思うことを漏れなく提供してくれるとは限らない。そこで，多くの面接法が次のような4つの段階を踏んで行われる。例として初期の面接法，1992年に発行されたイギリスの司法面接ガイドライン（MOGP）に含まれている4つの段階を示す。

①ラポールの形成：ラポール，すなわち話しやすい関係性を築く。
②自由報告：「今日は，何を話しに来ましたか」などの誘いかけにより，自発的な報告を求める。
③質問：自由報告ですべての情報が得られない場合，必要に応じて質問を行う。
　a. オープン質問（「もっと話してください」「そして」「それで」等）
　b. WH質問（「いつ」「どこで」「誰が」等）
　c. クローズド質問（「はい／いいえ」で回答を求めるような質問等）
　d. 確認・誘導質問（ここまでで，疑われる内容が報告されない場合「○○さんは，叩かれたことがありますか」「誰かが○○さんのことを叩きましたか」等，

疑われる内容についてクローズド質問を行う。イギリスでは，疑われる内容についてのクローズド質問を「誘導質問」と呼ぶ）。

④クロージング（子どもからの質問や希望を受け，感謝して終了する）

この MOGP の面接法は様相面接とも呼ばれる。水が氷に，氷が水に，水が蒸気に，蒸気が水にと様相（フェイズ）が変わるように，面接も各様相を行きつ戻りつしながら行われることを表している。ラポール形成を行い自由報告に入っても，うまく自由報告が得られなければラポール形成の様相に戻ることもある。

また，自由報告で十分な情報が得られなければ質問を行うが，これも各様相を行きつ戻りつしながら行う。子どもが話し始めたならば，できるだけa.オープン質問の様相にとどまるが，必要に応じてb.WH質問やc.クローズド質問を行う。それでも，特定の回答が出てきたならば，それで終わりにすることなく「では，そのことをもっと話してください」とa.オープン質問に戻ることが推奨される。

このような手続きは今日でも司法面接の基本であり，その後の多くの面接法に影響を及ぼしている。しかし，MOGP の記述は比較的一般的，抽象的であり，どのような文言でラポールを築けばよいのか，どのように質問やクロージングを行えばよいのかがあまり具体的には書かれていない。また，近年の研究では，ラポールを含む導入段階の重要性が指摘されている（Lamb et al., 2008; Roberts et al., 2004; Sternberg et al., 1997 等）。そこで次節では，この進展を踏まえ，面接法の構造についてより詳しく述べる。

3　司法面接の構造

◆ 導入の段階

MOGP においても「ラポールの形成」は「話しやすい関係性を築く」だけでなく，子どもの言語能力や認知能力の査定を行ったり，質問に答える練習をしたり，「情報をもっているのは（面接者ではなく）子どもである。子ども自身が話すのだ」ということを理解してもらう「様相」だと述べられている。しかし，近年ではより丁寧なラポール形成・導入が行われるようになった。また，

その構造に則った面接が着実に行われるように，伝えるべき文言を台詞化した面接法（NICHDプロトコル：National Institute of Child Health and Human Development protocol）(Lamb et al., 2007a) も用いられるようになった。そこで，これらを踏まえながら，北海道大学の司法面接研修で用いている「NICHDプロトコルに基づく司法面接の最小限の手続き」（付録1）に沿って構造を説明する。「最小限の手続き」はNICHDプロトコルの構造をシンプルな形で示したものである。

付録1に示されるように，その導入部には1.挨拶・説明，2.グラウンドルールの説明，3.ラポール形成，4.出来事を思い出して話す練習の4項目が含まれる。「最小限の手続き」の各番号と対応させながら，以下の説明を読み進めていただきたい。通常の面接では，この導入に要する時間は7〜8分である。

1. 挨拶・説明 面接者は，事前に録音・録画機材に自分の氏名，被面接者の氏名，面接場所や面接の時刻などを告げ，部屋で待機している。子どもがサポーター（担当ワーカー等）に連れられて面接に入って来たならば，面接者はドアまで出向いて子どもを暖かく迎え入れ，椅子に座らせ，自己紹介を行い，面接の目的を告げる。

この段階で，録音・録画機材の説明を行い，モニター室にいるバックスタッフのことも告げる。例えば「向こうの部屋で，私（面接者）が○○さん（子どもの名前）からちゃんと話が聞けるかどうか，見てくれている人がいます」などと説明するのがよい（「向こうの部屋にいる人が○○さんのことを見ていますよ」などと言うと，子どもは緊張してしまうだろう）。

2. グラウンドルールの説明 グラウンドルールとは，面接室での約束事である。NICHDでは，以下の5つの約束事が用いられる。

・第一は，「今日は本当のことを話すのが大切です。何があったか，本当のことを話してください」である。この教示は，子どもに「本当のことを話す」よう動機づけることが知られている。

・第二は，「質問の意味がわからなければ『わからない』と言ってください」である。これは，子どもが質問の意味が理解できなくても何らかの回答をしてしまうという傾向性を踏まえての教示である。

・第三は，「質問の答えを知らなければ『知らない』と言ってください」である。この教示も子どもが推測で回答してしまうことを防ぐ。

- 第四は,「私(面接者)が間違ったことを言ったら『間違ってるよ』と言ってください」であり,子どもに間違いを正すように動機づける教示である。子どもが,権威者である「大人」の誤りを訂正することなく受け入れてしまっては困るからである。
- 第五は,「私はその場にいなかったので,何があったかわかりません。どんなことでも○○さんの言葉で,全部話してください」である。これは認知面接法で用いられる教示の1つであるが(後述するように,認知面接法はアメリカのフィッシャーとガイゼルマンにより提案された,目撃者から情報を収集することを目的とした面接法である〔Fisher & Geiselman, 1992〕),この教示も,どんな小さいことでも全部話そうという動機づけにつながる。

3. ラポール形成　　次に,リラックスして話ができる関係性を築く。「○○さんは何をするのが好きですか」などと尋ね,報告を求める。子ども自身が自分のもっている知識や体験を自分の言葉で話すのだということを,ここで理解してもらう。なお,ここでいうラポールは,カウンセリングで求められるような親密な関係性ではなく,安心して話せるような関係性のことをいう。

4. 出来事を思い出して話す練習　　記憶は,一般に「知識」(意味記憶:「パパはすぐに怒る」など)と「過去の出来事の体験」(エピソード記憶:「パパは昨日すごく怒った」など)に分けることができる(第3講)。司法面接で第一に聴取すべき記憶は,過去に被面接者が体験した出来事のエピソード記憶だが,意味記憶との混乱が生じることも多い。例えば,昨日起きた,特定の出来事について話してもらいたいのに,子どもがいつものこと(お決まりのルーチン)を話すということも起こりがちである。そこで,過去の出来事を思い出して話す練習をしてもらう。例えば「今朝起きて,ここに来るまでにあったことを,全部思い出して話してください」と記憶喚起を求め,子どもが「朝起きて,歯をみがいて,……」と思い出しながら話し始めたら,それを遮ることなく聞いていく。

このようにして,子どもに出来事を思い出して話すということを理解してもらい,正確にたくさん話そうという動機づけを高めた上で本題に入る。

◆ 自由報告と質問

導入部での準備ができたならば,付録1「最小限の手続き」5.の自由報告に

入る。自由報告では「今日は何をお話しに来ましたか」あるいは「何がありましたか」等の誘いかけにより，子どもから，問題となっている出来事についての報告を得る。

　家庭内の虐待が疑われるケースなどでは，子どもが1度だけの出来事を話しているのか，繰り返される出来事を話しているのか判然としないときがある。そのような場合は出来事の分割を行うため，6.の質問（そういうことがあったのは1回だけですか。それとも1回よりも多いですか）を行う。「1回よりも多い」という答えが得られたならば，面接者は「それでは一番よく覚えているときのことを，最初から最後まで全部話してください」と述べ，まずは特定の1回についての報告を得ることを目指す。一番最後の出来事に関する記憶や一番最初に起きたときのことでもよい。いずれにせよ「いつ，どこで，誰が，何を，どうした」という特定の情報を得ることを目指す。

　自由報告だけで十分な情報が得られない場合は7.のオープン質問や8.のWH質問により情報を得る。一定の情報が得られ，さらなる情報を得るためにクローズド質問を用いる必要がでてきたならば，面接者は9.のブレイクをとる。

◆ ブレイクと質問

　ブレイクとは「中断」「休み時間」の意味である。自由報告と誘いかけ・直接質問を主とし，一定の情報収集ができたならば，面接者は「たくさん話してくれてどうもありがとう。私がちゃんと話を聞けているかどうか，向こうの部屋で待っていてくれている人に確認してきますね」と述べ，退室する。

　モニター室ではバックスタッフがノートを取っている。そして，それに基づいて欠けている情報や明確にすべき情報等について，何をどう尋ねればよいか支援する。子どもを長い間1人にしておくことはできないので，数分の間にこれらのやりとりと方針決定を行う必要がある。質問は，可能であれば具体的な質問のかたちでメモにして面接者に渡すのがよい。ホワイトボードも活用する。

　これらの確認を行い，面接者は面接室に戻る。「待っていてくれてどうもありがとう」とねぎらった上で「それではあといくつか質問します」などと告げ，必要に応じて10.のクローズド質問を行う。また，以下の情報が得られていな

ければ，11.の確認質問を行う。ここでの質問は，子どもが話す前に面接者が言及すると「暗示・誘導」となる可能性がある。しかし，確認せずに面接を閉じることは適切ではないので，この時点で尋ねる。

その第一は，加害したとされる人（被疑者）の言葉である。被疑者が脅しや口止めをしていたかどうかは，被疑者の意図を推察する上で重要である。「その人は何か言いましたか」と尋ね，「言った」ということであれば，「何と言ったか話してください」とオープン質問を用いて報告を得る。

第二は，その場に誰がいたかである。他に加害者がいないか，目撃者や被害者がいないかを確認する。「その場に他に誰かいましたか」と尋ね，「いた」となれば，それらの人物についても，さらなる情報を得る。

第三は，子どもがこの出来事について，すでに他の誰かに報告しているかどうかの確認である。すでに開示があれば，その人物からも情報収集ができるだろう。

第四は，子どもが疑われる出来事について何も話さなかった場合の質問である。「叩かれた」かどうかが問題となって面接室を訪れたのに，そのことについては何も話していないというような場合に行う，MOGPの「誘導質問」に当たる。誘導質問を行うことは供述の信用性を下げることになるので，行う前にはバックスタッフと相談することが望ましい。また，行うにしても，被疑者の氏名や詳細を述べることなく「〇〇さんは叩かれたことがありますか」「誰かが〇〇さんを叩いたことはありますか」と尋ねるのがよい。そこで「はい」という応答がなされたならば，オープン質問によってさらなる情報を得る。

◆ クロージング

子どもから十分な情報が得られたなら，あるいは上記の質問をしても子どもから情報を得ることができなかったならば，12.のクロージングに入る。クロージングでは，報告をしてくれたことに対し子どもに感謝するとともに，他に面接者が知っておいたほうがよいこと，子どもが話しておきたいこと，子どもからの質問などを受ける。

この段階で，子どもから「おじさんは牢屋に行くの？」や「これは絶対にお母さんには言わないで」などの質問や希望が出されることがある。しかし，面

接者は情報収集者であり，意思決定や情報提供をする立場にはない。そのようなときは「私1人で今すぐに決めることはできないけれど，○○さん（子どもの名前）が話したことをもとに，他の人たちと一緒に一番よい方法を考えますね」などと説明する。また，「どうしてそう思うのかな」と尋ねることで，さらなる事情（「おじさんにはぜひ牢屋に行ってほしい」や「お母さんに言うと，お母さんから責められるかもしれない」）等が得られることもある。

やがて，サポーターが面接室に子どもを迎えに来るので子どもを見送り，面接を終了する。子どもが面接中に描いた図などがあれば，それをカメラの前で示した後，カメラに向かって現在の時刻を告げ，機材のスイッチを切る。

事例ごとに検討しなければならないことも多いが，概ね以上のようなかたちで面接を行う。

コラム1　司法面接の背景にある考え方　【仲真紀子】

　イギリスでは，司法面接は，イギリスの刑事司法法（Criminal Justice Act 1988, 1991），少年司法と刑事証拠法（Youth Justice and Criminal Evidence Act 1999）などによって定められる「特別措置」（special measures）の1つである。特別措置は精神的なストレスを軽減するために策定された手続きである。司法面接は，法廷での主尋問の代わりとして用いられるが，その他，以下のような特別措置がある。

- スクリーン：証人（被害者・目撃者）が被告人から見えないように，ついたてを用いる。
- ライブ・リンク（ビデオ・リンク）：証人が別室（法廷の中，あるいは外の別室）で尋問を受ける。
- プライベートでの証言：性犯罪や，被告人以外の人から圧力がかかることが懸念される場合，傍聴人や報道のないところで証言をする。
- かつらと法衣をとる：イギリスでは裁判官や弁護士はかつらと法衣を着るが，威圧的であるために，これを身につけない。
- 仲介者（インターミディアリ）を通しての尋問：法廷によりあてがわれ，法廷での証言や（それが認められる場合には）事前の捜査段階でのコミュニケーションを，証言の内容を変えることなく助ける専門家のことを仲介者（インターミディアリ）という。イギリス警察で得た情報によれば，主に，言語療法士などが研修を受けて仲介者となる。
- コミュニケーションの補助：コミュニケーター，通訳，コミュニケーションの補助（マカトン，リーバス，キーボード等）などにより，証言の理解を助ける。

加えて，1999年以降は，以下の変更もなされた。

- 被告人による反対尋問からの強制的保護：性被害などの事案では，代理人のいない被告人本人からの反対尋問を行わない。
- 被告人による反対尋問からの選択的保護：その他の事案でも，代理人のいない被告人本人からの反対尋問を行わないことがある。
- 被害者（申立人）の性的行動に関する証拠・質問の制限：強姦やその他の性犯罪の場合，被告人側が被害者の性行動に関する証拠を持ち出すことを制限する。
- 報告の制限：特定の刑事手続きでは，証人の同定ができるような情報の報道を制限する。

　近年では，ビデオ録画による反対尋問も検討されているが，これは2015年段階ではまだ実施されていない（http://www.cps.gov.uk/legal/s_to_u/special_measures/〔参考：2013年8月3日アクセス〕）。

> 　これらの特別措置は，子ども（近年，17歳未満から18歳未満へと引き上げられた），知的障がい，身体障がい，精神障がい，おびえている人というカテゴリに入る人たちが対象となる。ただし，これらの属性をもつ人すべてに適用されるというわけではなく，一定の査定の後，適用される。

第2講
司法面接の歴史と必要性

　この章では，司法面接が開発されるに至った歴史的背景について述べ，その上で，何が誘導となるのかを説明する。ここを読むことで，なぜ客観的な証拠を残す必要があるのか，なぜ1度で面接を行わなければならないのかを理解することができるだろう。

1　司法面接開発の背景となった事件

◆ イギリスでの事案
　司法面接の手続きが法制度の中に取り入れられるようになったのは1990年代のことである。第1講でも概説した英国のMOGP（よき実践のためのメモ）はその初期の取り組みの1つだが，このガイドラインが作られるようになったきっかけは，1986～87年にイギリス・クリーブランド市で起きた事件であった（British Medical Journal, 1988）。
　1986年，福祉司であるリチャードソンはクリーブランド市の児童相談所で働くことになった。1987年初頭，同市のヒグス医師らが肛門の拡張が性虐待発見のサインになるという論文を著したが，リチャードソンはこの症状をもつ子どもを発見し，ヒグス医師に相談した。その結果，医師はこれを性虐待によるものと判断した。同年3月，この医師は，リチャードソンが連れてきた数人の子どもについても性虐待を受けていると診断し，さらに，里子であった子ども11人中10人についても虐待を受けていると判断した。4月にはその数が増え，5～6月にかけてピークとなり，最終的には125人の子どもが性虐待を受けていると診断された。警察は福祉司と医師の活動に懐疑的であり，独自に捜

査を始めた。

　一方で，6月には，この医学的証拠の妥当性が問題となり，親は抗議団を作ってメディアに訴えた。地域の健康局は6月半ばに委員会を作ったが沈静化には失敗し，結局，保健省大臣が法的審問を行うこととなり，ようやく解決を見たとされる。精査の結果，子どもには虐待はなかったとされ，診断を受けた125人の子どものうち98人は自宅に戻り，里親から来た27人の子どもの事案も棄却された。

　審問委員会は，リチャードソンやヒグス医師の「熱意」は認めたものの，以下の問題を指摘した。

- 第一に，肛門拡張を根拠とする，確立していない診断法を用いたこと。この方法は後に誤りであったとされた（Frasier & Makoroff, 2006）。
- 第二に，子どもに繰り返し検査を実施し，「開示」を迫る面接を行ったこと。身体的，医療的な徴候だけで虐待の有無を判断するのは適切ではないとした。
- 第三に，関係者が，子どもは「心配の対象」，親は「悪者」だという見方のもとに調査を行ったこと。そうではなく，親も子も等しく孤立させずに支援することが重要だとした。

　加えて，この事件では，福祉と医療がタッグを組み，司法と対抗するかたちで調査・捜査を行ったことが批判された。虐待の発見には多機関による連携が必要であるとし，このことから子ども法（Childrens Act）には「ワーキング・トゥギャザー」という指針が盛り込まれることになった。ワーキング・トゥギャザーの指針は，司法と福祉が情報を共有し，連携して虐待に取り組むことを勧めている（イギリス保健省・教育雇用省・内務省，2002）。

　こういった事件の調査を受けて策定されたのが「MOGP（よき実践のためのメモ）」である。そこでは福祉と司法の協働が推奨され，実際，研修も両者が共に受け，また，面接も共に行うこととされた。

◆ アメリカでの事案

　アメリカでは，1983年に起きたマクマーチン事件が有名である（バトラーほか，2004）。この事件は1990年製作の映画「誘導尋問」（原題はIndictment〔起訴

状])にもなったので，視聴された方もいるかもしれない。

　これは，マクマーチン親子が経営する幼稚園に通っていた幼児が，勤務していた当時25歳のレイモンド（経営者の孫息子に当たる）から虐待を受けたとされた事件である。警察は捜査を進めるとともに，保護者に対し関連情報があれば通告するようにという手紙を送った。その結果，親が子どもに質問し，多くの子どもから告発が出てくるという事態となり，検察は子どもへの面接を国際子ども研究所（CII）に依託した。

　CIIでは，（後に資格がないことが判明した）福祉司であるカスリーン・マクファレンが面接を行い，一時期には369人の子どもが性虐待，動物の殺害，園庭に掘ったトンネルを通って洗車場やスーパーに行き虐待を受けた，赤ん坊を殺害して食べた等の被害を訴えた。そして，レイモンドのみならず，マクマーチン親子やレイモンドの姉，その他の教師も逮捕され，裁判が開始された。当時としては最大の経費と時間を費やしたと評されたが，事件を裏付けるような実質的な証拠は発見されなかった。証言をした子どもの数は9人に減り，告発の多くは取り下げられ，1989年に無罪が確定した。この事案でも面接に問題があったとされた。

　当時，アメリカでは類似した事件が次々と起きた。シシとブラックは『法廷の危機』(*Jeopardy in the Courtroom*)という著書（Ceci & Bruck, 1995）で，1980～1990年代に起きた類似の事件を踏まえ，心理学的な考察を行っている。彼らが挙げたいくつかの事件を紹介する（Ceci & Bruck, 1995）。

　「リトル・ラスカルズ保育事件」は，1989年，アメリカのノースカロライナ州でボブとベッツィという夫婦が経営していたデイケアで起きた。ある男児がボブから虐待を受けたという申し立てを行い，捜査した警察官は，デイケアに通う子どもの親にセラピストを紹介した。セラピストにかかった他の子どもも同様の告発を行うようになり，最終的にはボブやベッツィを含む7人の大人が起訴された。強姦や肛門性交，子ども同士に性的な行為をさせる，写真を撮る等の主張がなされ，赤ん坊を殺害したり，周回するサメのいる海に放り込まれたという報告もあった。1992年，ボブやベッツィを含む4人が有罪判決を受け，ボブは12の終身刑を受けたが，1995年，子どもへの面接が不適切であったということなどから，控訴審はこの有罪判決を覆した。

「ウィー保育園事件」は，1988年，この保育園で教員を務めていたケリー・マイケルズが告発された事件である。当時，保育園に通っていた幼児が病院で肛門で熱を測られた際，「先生がしたのと同じだ」と言った。このことを重く見た医師は児童保護局に通告した。幼児はアナトミカルドール（性器を備えた人形）を用いた面接を受けたが，その際ドールのお尻に指を入れ「他の2人も同じようにやられた」と言った。そこで，捜査官が園児や親に面接をしたところ，多くの子どもが性虐待を受けたとする報告を行った。例えば，マイケルズは子どもの性器にピーナッツバターをつけてなめた，裸でピアノを弾いた，子どもに尿を飲ませ，便を食べさせた，子どもをナイフ，フォーク，スプーン，レゴブロックなどで強姦した，などの報告があった。彼女は3～5歳の20人の幼児に対する115の罪で有罪となり47年の服役を命じられたが，後にこの判決は控訴審で覆された。子どもへの面接が不適切であり，その証言は信用できないとされたためである。

　「オールド・カトラー長老派教会事件」は14歳の少年フィンイエイが告発された事件である。彼は1989年，フロリダ州の長老派教会付属のデイケアで助手を務めていた。ここに通うある3歳児は，トイレットトレーニングがうまくいかない，悪夢を見る，デイケアに行きたがらないなどの問題でセラピーを受けていた。この子どもは「僕を空中に投げてキャッチする，恐い遊びをする人がいる」と訴えた。フィンイエイは実際，この子どもにそのような遊びをしたことがあった。しかし，セラピストはこの訴えの裏には性虐待があると考え，アナトミカルドールを用いて子どもから話を聞いていった。その結果，子どもは性虐待があったと話すようになり，他の子どもの名前も挙げた。母親は，それらの子どもにもセラピーを受けるようにと促し，その子どもたちも数か月の間に，赤ん坊を殺して食べた，男性を殺害して埋めたなどの報告をするようになった。1991年，フィンイエイは16歳で裁判にかけられたが，フロリダの陪審員は無罪を言い渡した。これが有罪であったならば，彼は釈放されることなく終身刑となるはずであった。

◆ 何が問題か

　他にも，ニュージーランド・クライストチャーチで起きた事件や，フラン

ス・ウトロで起きた事件など類似した事件は多数挙げることができる。性虐待という実際に起こりうる事件から、猟奇的な殺人や悪魔儀式に至るまで、様々な訴えが生じる原因として、シシらは面接における以下のような問題を掲げている。

- 面接者のバイアス：「性虐待は蔓延している」という信念のもとに面接を行う。「性虐待はあった」という可能性だけを追求し、「性虐待はなかった」という可能性を考慮しない。
- 質問や面接の繰り返し：「性虐待があったか」という質問を、面接中何度も尋ね、また、複数回の面接を通して繰り返し尋ねる。子どもが「あった」というまでこの質問を繰り返す。
- 被疑者に対するネガティブなステレオタイプ：被疑者は「悪い人物」だという印象を与える。
- 誘導的な面接技法：情動的な圧力をかける（「話してくれないと、大変なことになる」等）、権威的な態度で面接を行う（警察官、福祉司、親などが「権威ある者」として面接を行う等）、仲間集団や周囲からの圧力をかける（「他の皆も言っているよ」等）、アナトミカルドールなどの補助物を使うなど。

面接におけるこういった問題が、子どもの暗示にかかりやすい傾向性（被暗示性）を高め、現実とはほど遠い供述を引き出してしまうのだとしている。

2　日本での事件

◆ 日本における子どもの証言

日本では、子どもに集団で性的暴行をするようなセックスリングと呼ばれる事件はあまり耳にしない。それでも以下のような事例は、子どもから信用性の高い供述を得ることが容易でないことを示唆している。

- 子どもの供述には「他の者と区別して、犯人として的確に識別することのできる具体的かつ明瞭な特徴はない」（広島高裁 2005 年 1 月 18 日）
- 子どもの証言も「理解力や表現力に限界があり、男性を快く思っていなかった父親の影響が強かった」として「合理的な疑いがある」（『産経新聞』2010 年 5 月 20 日付）

・犯人の着衣や所持品についての子どもの話は「被告が犯人であるのと整合しないことがある」(『京都新聞』2005 年 2 月 15 日付)
・(2 人の児童が証言した事例で)「2 人の児童の供述は核心部分で整合しない部分があり,信用性に疑問が残る」(『埼玉新聞』2013 年 10 月 3 日付)

　また,子どもが証言したものの,信用性が否定された事案も少なくない。例を挙げる(仲,2000)。

　ある事件では,当時 6 歳の A 子が,「今朝」(店舗である)自宅の出入口を開けたときに入ってきた男性にわいせつ行為を受けたと訴えた。しかし,「今朝」はそのような男性は来なかったと考えた母親が「昨日の朝だ」と言ったところ,A 子は「昨日の朝だった」と訂正した。そして,母親が言うところの「昨日の朝」に来た男性(被告人)を犯人として識別したが,この男性の服装や車の色は A 子の供述とは異なり,被告人は無罪となった。この事例では,A 子の供述は「今朝」から「昨日の朝」へと,母親の発言による誘導を受けて変化し,車の色についても母親の解釈に基づく誘導を受けた可能性があった。また,当初 A 子は「このおじちゃんに間違いない」と言ったとされていたが,実は受動的に「うんうん」と頭を上下していたにすぎないことが判明し,供述の信用性が否定された(『判例時報』748 号,126-131 頁:「六歳児の加害者識別に関する証言の信憑性に疑問があるとされた事例」)。

　このような事件もある。別件で起訴された被告人の自白に基づき,捜査機関が犯行場所とされる学区内の小学校の学級写真を収集した。そして,被告人に被害者だと思われる子ども,当時 7 歳の A 子を選び出させた。捜査官は A 子に数回面接し,A 子から被害にあったという報告を得たが,公判において,被告人は同日前後,同場所でわいせつ行為をしたが,その被害者は A 子ではなかったと否認した。捜査官が犯行状況に関する予備知識をもって A 子に数回の事情聴取を行ったこと,A 子は被害から 4 か月経って初めて被害について供述し,また写真の識別は 8 か月後であったこと,A 子の容貌や体格は被告人が自白している被害者像とは異なり,被害者が身につけていたという衣服を A 子はもっていなかったことなどから,被告人は無罪となった。この事案においても,聴取の問題が指摘されている(『判例時報』1356 号,156-162 頁:「幼女に対する強制わいせつ等の公訴事実につき,被害者の被害事実の存在を認めたものの,被告

人の犯行と断定するには合理的な疑いが残るとして無罪が言い渡された事例」）。

別の事件では，当時小学校4年生であったA子が，自宅のあるマンション前で外国人風の男性に呼びとめられわいせつ行為を受けたと訴えた。A子はこのことを家族には話さず，数日後学校で同級生のB子らに告げた。するとB子は「自分もそのマンションで日本語がペラペラの外国人について来られたことがある。その男はエレベーターの5Fを押していた」などと言った。また他の級友からも「女の子に声をかけて追いかけたりする外国人がいる」との話が出た。このことから，A子は犯人が同マンションに住む男性だと信じるようになった。しかし被告人の服装，所持品などはA子の供述と異なり，またアリバイもあって，被告人は無罪となった。A子の供述には友人との会話の影響が見られ，また時間が経つにつれ供述内容が詳しくなるなど，変遷が見られた（『判例時報』1331号，145-161頁：「小学四年生の少女に対する強制わいせつ事件につき被告人が犯人であるとする右少女の供述等の信用性を肯定した原審の有罪判決が破棄され第一審の無罪判決が維持された事例――板橋強制わいせつ事件上告審判決」）。

当時小学校3年生のA子が，通りがかりの男性からガレージ内でわいせつ行為を受けたとされる事件もある。この事件から約2週間後，A子と級友のB子が歩いていると，1人の男性に出会った。A子，B子があの人は痴漢ではないかと言いあっていたところ，A子の母親がそれを聞き，数日後，A子の父親がその男性を取り押さえ，この男性が被告人となった。しかし，別の人物によるまったく同じ手口の事件が，被告人にアリバイのある時間帯に起きていることが判明し，被告人は無罪となった。A子の供述には級友との会話の影響，母親による解釈の影響（A子のいう「ズック靴」を「ひものない靴」と解釈する等）が見られ，ここでも聴取の問題が指摘された（佐藤，1983）。

これらの事件も，先のアメリカの事案と同様，大人は自分の仮説や先入観に基づいて子どもの発言を解釈してしまう危険性があること，子どもの供述は周囲の人物の発言による影響を受けやすいことを示唆している。

これらの事案では被告人は無罪となり，冤罪は免れた。しかし，いずれの事案においても，子どもが被害にあったこと自体は認められている。子どもは何度も聴取を受けたが，結局，真犯人は見つからず，「あなたの供述は信用できない」ということになった。その間，被害者やその家族，被告人やその家族に

は，精神的，身体的，経済的に大きな負担がかかった。早い段階で正確な聴取を行い，客観的に記録することでこういった問題が少しでも軽減されるのであれば，それはすべての当事者にとって有益であるだろう。

◆ 何が問題か

子どもから適切な供述を得られないというのは，子どもの問題ではない。システム，すなわち聴取方法や記録の仕方に問題がある。

筆者が最初に関わった事案は，およそ20年前，当時4歳の幼児による目撃証言であった。この事案では「人物Aが人物Bに危害を加え，金品を窃取したかどうか」という問題が争われ，幼児はこの情景を目撃したとされた。筆者は幼児の供述調書を分析し，鑑定書を書き，法廷で専門家証言を行ったが，そのときに感じた問題は以下のようなものであった。

・子どもは事件が起きて裁判が終わるまで，まずは周囲の大人から，そして捜査官，検事により，繰り返し何度も面接を受けねばならない。
・供述調書は問答式で記述されてはいるものの，捜査官が書き取ったものであり，本人の言葉が客観的に（録音のようなかたちで）記録されていない。

その後に出合った別の事案でも同様のことを経験した（以下，改変してある）。施設に通っている子どもが「おまた」のことを口にしたことから，性被害の疑いをもった親が何度も話を聞くうちに「職員」の名前が出てきた。そこで施設側に訴えたところ，施設長は保護者を呼び集め，同様の被害がないか子どもに確認するように求めた。子どもからの供述を総合したところ，ある職員に疑いがかけられ，最終的にはこの男性が告発された。この事案においても親，教師，捜査官等，何人もの大人により繰り返し面接が行われたが，客観的な記録は残されていなかった。

上記のような事態は，強制わいせつやその他の犯罪の被害に限らず，性虐待，身体虐待，いじめ，体罰，校則違反（子どもは被害者であることも，被疑者であることもある），事故，事件の目撃など，様々な場面で起こりうる。聴取の場所も，家庭，学校，施設などといった閉じられた空間にとどまらない。親や教師が聴取した後，医者が診察し話を聞く。福祉的な観点から児童相談所の職員が話を聞く。カウンセラーが話を聞く。警察官や検事が聞く。家庭裁判所の調査官や

裁判官が聞く。このようにして，裁判になるにしても，ならないにしても，数多くの聴取がなされる。

　子どもの供述が唯一の証拠である事件，事案は少なくない。そして，子どもの供述と「加害したとされる人」の供述が食い違うことも多い。そのようなとき，適切な面接法によって聴取された客観的な情報がないということは，法的判断においては致命的な問題となる。このような失敗が，子どもへの適切な面接法を確立することへの動機づけとなり，第1講で見たような面接法の開発につながった。

コラム2　供述弱者による目撃証言　【名畑康之】

　裁判では，事件の目撃者が法廷で証言をすることがある。裁判官や裁判員（陪審員）はその証言の信用性を公正かつ公平に判断することが求められる。公正かつ公平な判断のためには，証言内容の整合性や，目撃証人の属性などを包括的に考慮する必要があるが，証人の属性によって偏った判断が下される場合があることも指摘されている（e. g., Nabata & Naka, 2011; Stobbs & Kebbell, 2003）。実際，年齢の低い幼児や，知的障害をもつ目撃者（これらの証人を供述弱者ともいう）の証言の信用性が否定された事例は散見される（障がい者については，例えば，神戸地判昭60・10・17）。こういったケースにおいて，証人の属性がどのように考察されたのかを推定することは難しいが，証言内容だけでなく，幼児であるということや，障がい者であるということそのものが，証言の信用性判断に影響を及ぼした可能性もまったくないとは言いきれない。

　以下では，目撃証人が供述弱者である場合と健常者である場合とで，その証言の信用性判断に違いがあるのかどうかを検討した研究を紹介する。そして，供述弱者の証言の信用性判断と司法面接との関わりについて述べる。

供述弱者の証言の信用性判断　　ストップスとケベルは，目撃証人が知的障がい者である場合と健常者である場合とで，調査参加者による証言の信用性判断に違いがあるかどうかを調べた（Stobbs & Kebbell, 2003）。その結果，同じ証言をしていても，知的障がい者が証言したとされる場合は，健常者が証言したとされる場合よりも，証言の信用性が有意に低く判断されることが示された。また，Nabata & Naka (2011) は，健常者に比べ，視覚障がい者，聴覚障がい者，発達障がい者，知的障がい者の証言がどの程度信用できるか／できないかの判断を求めた。その結果，障がい者の証言の信用性は，健常者の証言よりも低く判断されることが示された（図C2-1）。

　これらの研究は，裁判員（陪審員）となる人が，障がい者による証言の信用性を，健常者の場合よりも低く判断する可能性があることを示唆している。特に，Nabata & Naka (2011) では，具体的な証言内容を示さずに判断を求めた。そのため，調査参加者は，証人の障害の有無のみによって信用性を推定した可能性がある。このように，特定の属性の有無は裁判員の判断を左右する要因の1つとなりうる。

供述弱者の証言の信用性判断と司法面接　　では，特定の属性の有無にとらわれることなく，公正かつ公平な判断ができるように裁判員を支援することはできるだろうか。1つの可能性は，適切な専門家証言を提供することである。上記のストップスらの調査では，知的障害をもつ証人の証言能力について，専門家が証言する条件も設けられた。専門家が，種々の検査に基づき，知的障がい者の証言能力はあると

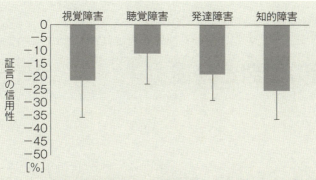

(注) 健常者の証言の信用性は0%であり，それよりも信用できる／できないと判断された場合には，0%よりも大きい／小さい値が選択された。バーから出ている線は標準偏差を表す。

図C2-1　各障害における証言の信用性

証言した条件では，参加者は，知的障がい者の証言の信用性を健常者と同様高く判断した。

　また，子どもの証言について検討したバックらの研究も参考になる（Buck et al., 2011）。この研究は，性的虐待を受けたとされる子ども（4歳または10歳）の証言の信用性判断に対する専門家証言や，面接の質の効果を検討した。専門家は，子どもの記憶の特性や，司法面接の技法とその有効性について証言した。また，面接の質として，NICHDプロトコルに沿った面接（ラポール形成，グラウンドルール，エピソード記憶の練習が含まれる）とそうでない面接（上記の手続きが含まれない）を対比させた。その結果，専門家証言がない場合は，面接の質は考慮されなかったが，専門家証言があり，かつプロトコルに沿った質の高い面接のもとで証言が得られた場合，有罪判断率は高かった。参加者は，質の高い面接を受けた子どもの証言をより信用できると判断したといえる。

　知的障がい者の証言の信用性判断について，面接法の効果を検討した研究は，筆者の知る限り行われていない。しかし，障害をもつ目撃証人の場合にも，同様の効果は見られるのではないか。実際，セーデルボリほか（2014）は，知的障がい者から正確な情報を収集するには質の高い面接を行うことが必須であるとしている。専門家証言の提供や司法面接の実施により，特定の属性の有無にとらわれない証言の信用性判断を行うことが可能になると考えられる。このような観点からも，質の高い面接を行うことは重要である。

第3講

記憶の種類と発達

　ここでは視点を子どもの認知発達に移し、記憶のメカニズムと被暗示性について述べる。この章を読むことにより、子どもは何歳くらいから出来事の記憶を報告できるようになるのか、なぜ幼児では特に被暗示性が高いのか、どのようなとき、記憶は汚染されやすいのかなどを理解することができるだろう。

1　記憶のメカニズム

◆ 記憶の種類
　情報を記憶にとどめる過程を「学習」（または「記銘」）、それを頭の中に置いておく過程を「保持」（または「把持」）、それを思い出す過程を「想起」（または「検索」）という。記憶（memory）は、学習され、保持され、想起される情報ないしそのプロセスとして捉えることができる。
　記憶は、どの程度の期間保持されるかにより、感覚記憶、短期記憶、長期記憶などに分けることができる。感覚記憶は、特別な注意を払わない限り、一瞬にして失せてしまうような短い記憶である。車を運転しているときに知覚する一瞬一瞬の情報（前を走る車、後ろから来る車、信号が赤に変わりそうだ、歩行者が道を渡ろうとしている等）などはこれにあたる。
　短期記憶は頭の中でリハーサルする（繰り返す）ことにより一定期間保持される記憶である。例えば、口頭で言われた電話番号を、メモをとるまで頭の中で繰り返しながら保持しておくことを可能にする記憶がこれにあたる。
　そして、長期記憶はリハーサルした結果、知識として習得された情報や、体験として自動的に頭に残った記憶である。長期記憶に保持されている情報は、

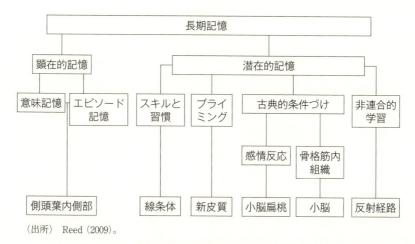

(出所) Reed (2009)。

図3-1　長期記憶の分類

必要に応じて想起し，使用することができる。

　長期記憶は，一般に，潜在的記憶と顕在的記憶に分類される（Reed, 2009；図3-1）。潜在的記憶は，身体は覚えているがその内容を意識化することはできないというような記憶である。例えば，スキルや習慣（歩く，走る，タイプを打つ等），目に風を当てると思わず目を閉じる（反射），レモンを嚙むイメージで口がすっぱくなる（条件づけ）などは潜在的記憶に分類される。行動・運動することによって存在が示されるので，「手続き的知識」ともいう（Squire, 1986）。

　顕在的記憶とは言葉に表すことができ，その内容を意識することができる記憶であり「宣言的知識」ともいう（Squire, 1986）。顕在的記憶は，意味記憶とエピソード記憶に分類することができる。意味記憶は名称，概念，客観的事実など，世界に関する様々な知識である。いつか，どこかでその知識を学習したからこそ覚えているのだが，いつ，どこでそれを学習したかは必ずしも思い出せない。いわば，文脈から切り離された汎用性のある知識だといえる。言葉の意味，歴史や化学に関する知識，自分に関する知識（自分の履歴，性格，家族に関する知識等）も意味記憶に分類される。

　エピソード記憶とは，いつ，どこでといった特定の文脈に結びついた1度限りの出来事の記憶である。昨日何をしたか，一昨日何をしたかといった体験の記憶はエピソード記憶であり，事件の目撃や，被害体験もエピソード記憶と

いってよい。

　タルヴィングは，潜在的記憶，顕在的記憶である意味記憶，エピソード記憶を，「ノエティック」（知ること・意識すること）という観点から次のように特徴づけた（Tulving, 1985）。

- 潜在的記憶については，人は，「今・ここ」で知覚し，行動できる事柄に限られた意識しかもてない。これを「アノエティック」（anoetic, non-knowing）という。アは「ない」という意味である。
- 意味記憶については，「今・ここ」にはない事物や事柄についてもその存在や関係性に対し気づきがある。これを「ノエティック」（noetic, knowing）という。
- エピソード記憶は，過去 – 未来という時間のなかでの自己や，その存在に対する気づきのある自己参照的な意識を伴う。これを「オートノエティック」（autonoetic, self-knowing）という。オートは自己という意味である。

　上述のように，意味記憶はいわゆる知識であり，「知っている」という感覚はあるが「確かにこれを体験した」「学んだ」という感覚はない。これに対し，エピソード記憶には「自分が体験した」「見た」「聞いた」といった情報源の記憶や，そのときの様子が思い浮かぶ「ありありとした感じ」が伴う。例えば，「いつも食べる朝食は何か」と尋ねられ，「オートミールに牛乳をかけて食べる」という答えであれば，それは「知識」（意味記憶）である。これに対し，「今朝の朝食は何か」と尋ねられ，「オートミールに牛乳をかけたが，牛乳が少し足りなかったので，もう１つ，買い置きしてあったパックをあけて足した」という答えが得られたなら（そして，そのときの様子も思い浮かぶならば），こちらはエピソード記憶である。

　わかりにくい概念かもしれないが，第２，３節で再度説明することとし，もう少しそれぞれの記憶の特徴を見ていくことにしたい。

◆ 意 味 記 憶

　意味記憶には「枠組み」（スキーマ）と呼ばれる知識も含まれる。スキーマとは，特定の対象を定義づけるような一般的・抽象的な知識である。例えば「家」のスキーマは屋根，壁，入り口，窓，などの要素（これを変数と呼ぶ）か

ら成る。屋根の色や形は様々であり，壁も木であったりモルタルであったり，様々である。入り口も窓も，和風，洋風，あるいは一軒家かマンションかなどにより異なるだろう。それでも「家」が，上記のような変数によって記述できることは私たちの共通認識として存在する。そして，個別具体的な家は，それぞれの変数に特定の値を入れることにより特定することができる。例えば，屋根＝わらぶき，壁＝しっくい，入り口＝引き戸，窓＝木の板，などと聞けば，特定の家のイメージを作ることができる。また，特に言及されなくても，「家があった」と聞けば，そこには屋根や窓や入り口があったと推測できる。そのような推論を可能にする知識がスキーマである。

出来事のスキーマは「スクリプト」（台本の意）と呼ぶこともある。例えば「外食する」という出来事のスキーマ（スクリプト）は，店に入る，注文する，食事が提供される，食べる，勘定をすませる，店を出る，などから成るだろう。どのように入るか（のれんをくぐるか，扉を開けるか），どのように注文するか（カウンターで注文するか，メニューを見て選ぶか）等々，個別の変数に入る値は異なるが，「外食した」と言えば，上記の一連の流れが想定される。家のスキーマと同様，「外食した」と聞けば，それ以上の情報がなくとも「店に入り，食事をし，お金を払って出てきたのであろう」という推論が可能になる，そのような知識である。

なお，スクリプトと同義に扱われることもあるが，歯を磨く，ご飯を食べる，服を着る，学校に行く等，日常の定型化した活動のことをルーチン（日課，所定の手続き）と呼ぶこともある。

◆ エピソード記憶

エピソード記憶は，スクリプトとは区別される1回限りの出来事だが，まったく無関係というわけではない。ネルソンらは，スクリプトが成立することで，エピソード記憶は係留しやすくなるとしている (Nelson, 1988)。つまり，スクリプトの変数に特定の値が入ることで記銘されたエピソードは，記憶に残りやすく想起もされやすいということになる。しかし，そうした事象が特定の文脈に結びつけられていることはエピソード記憶の特徴であり，その意味で，エピソード記憶は唯一無二の記憶である。

エピソード記憶を意味記憶（スキーマ，スクリプト，ルーチン）と区別することは重要である。先の朝食の例を思い出してほしい。

虐待が疑われる事案では，叩く，殴る，あるいは性的な加害が繰り返されることが多い。繰り返される出来事は，その枠組みだけが記憶に残り，「スクリプト化」（あるいはルーチン化）されていることが多い。「お父さんはお酒を飲むと，私のことをいつも殴る」などがそうである。これは「お父さんは，昨日の夜，お酒を飲んで，私を殴った」とは異なる。前者はいつ，どこでという特定の具体的文脈と結びついていないのに対し，後者は，特定の状況と結びついているからである。

一般に，証拠的価値のある情報とは，特定の時間に，特定の場所で事件があった，すなわち，加害したとされる人と，被害を受けたとされる人が特定の時間と場所を共有していた，ということが証明できる情報である（被疑者の側からいえば，その特定の時間，場所において，被害を訴える人と一緒にいなかったことを示すことができれば，自らを防衛できることになる）。したがって，司法面接の目的は特定の時間，場所で起きたエピソード記憶を得ることとなる。「いつも殴られる」「いつも無視される」といった情報は，事件の背景の確認や福祉的なケアのためには重要であろうが，司法面接の第一の目的は，外部情報により裏打ちされるエピソード記憶の聴取である。

2　記憶の発達

潜在的記憶や顕在的記憶は意識や行動のレベルでも異なるが，関わる脳の部位も異なっている。潜在的記憶は小脳や反射経路と関係し，顕在的記憶は海馬や側頭葉内側部と関わっており，前者に比べ，後者の発達には時間がかかるとされる（Shing et al., 2010）。ここではその発達について見ていこう。

◆ 乳児期の記憶

発達的には，潜在的記憶は最も原初的であり，新生児であっても胎内で聞いていた音（例えば母親の声など）に反応する。こういった記憶力の存在は，他の研究によっても確認されている。例えば，デイヴィスらは，新生児にジン

ジャーまたはワイルドチェリーの香りをかがせ，24時間後に一方の香りを新生児の頭の右側に，もう一方の香りを左側に置いた。赤ん坊は統計的に有意に，24時間前にかいだ香りのほうに顔を向けたという (Davis & Porter, 1991)。

ロヴィーコリアーらは，乳児の記憶に関する一連の研究を行っている。モービルを紐で乳児の足に結びつけ，乳児が足を動かすとモービルも動くようにしておく。しばらくすると，乳児は（モービルをつけていないときに比べ）積極的に足を動かし，モービルを動かすようになる。モービルが動くことが強化刺激（報酬）となり，いわばオペラント条件づけ（条件づけの一種で，報酬が得られることにより，その行動が学習される）が成立したことになる。このような「学習」が確認された後，このモービルを持ち帰り，1週間，2週間，あるいは3週間というように時間を置いた後，再度モービルを乳児に提示する。そして今度は，足には結びつけず，乳児がどの程度足を動かすか，つまり，かつての体験を記憶しているかどうかを測定する。その結果，2か月児でも1週間程度，3か月児では2週間程度，6か月児では3週間程度，記憶が持続することが示された (Rovee-Collier & Gerhardstein, 1997)。

このように，乳児であっても体験したことを記憶している。しかし，これらの記憶は小脳や反射経路と関わる条件反射的な記憶であり，「確かにあった」「思い出した」「懐かしい」などの感覚を伴わないと考えられる（つまり，潜在的である）。また，当然のことながら，言葉で説明することはできない。乳児が特定の動作を示したとしても，それが何に由来するかを証明することは困難であり，このような記憶は，司法面接の対象とすることはできない。

◆ 幼児の記憶

幼児は1歳くらいになると，「マンマ」や「ブー」など，意味と結びついた音声を発するようになる。言葉によって表される知識，という定義によれば，これが顕在的記憶の発生ということになるだろう。意味と結びついた音声，すなわち語彙の数は2歳から3歳にかけて大きく増加し，1歳後半では200語程度であるのが，5歳になる頃には3000語程度の語彙を有するようになる（大久保, 1981）。このように，意味記憶はエピソード記憶に比べ早く発生する。

意味記憶のあと，エピソード記憶の発生が観察される。そこにはいくつかの

段階があり，ネルソンによれば，初期においては，エピソードというよりも意味記憶のようにして，スクリプト的な出来事の記憶が作られるという。ネルソンは入眠前の幼児の発話を録音するという方法を用い，28か月のエミリーによる次のような報告を記録した。エミリーは旅行に行った個別の記憶は保持していなかったが，「旅行に行くこと」に関するスクリプトは形成されていた（Nelson, 1988）。

> 飛行場には，荷物をもっていかなくちゃ。飛行場に行くときは，何かをもっていかなくちゃ。もってないと，飛行場には行けない。私を乗せてってくれる，特別のバスがいる。そしてみんな，ビューン，ビューン，ビューン，ビューン，ビューン。

エミリーが述べているのは「荷物を持っていく」（意味記憶）であり，「荷物を持っていった」（エピソード記憶）ではないことに注目したい。また，彼女は32か月のときには，次のように報告している。これもルーチンであり，意味記憶である。

> 明日，ベッドから起きたら，一番に私と，パパと，ママと，みんなで朝ご飯を食べる。……いつものように，朝ご飯を食べる。それから，一緒にあ・そ・びましょう。それから，しばらくしてパパが来たら，カールも来るでしょう，それからまた一緒にしばらく遊ぶ。そしてカールとエミリーは誰かと車に乗って，そして幼稚園に行く。そしてそこに着いたら，みんな車から降りて，幼稚園に入る。……

これらの記憶は，いまだ出来事の一般的な知識であり，エピソード記憶とはいえない。

◆ エピソード記憶のきざし

意味記憶は「ノエティック」，エピソード記憶は「オートノエティック」であると述べたが，それは思い出す感覚とも関わっている。意味記憶は，その概念を「知っている」，その概念が「わかる」といった感覚と結びついているのに対し，エピソード記憶は（ありありと）「思い出す」「思い出せた」という感

覚と強く結びついている。この「思い出せた」という感覚を想起意識という。

エピソード記憶の発達を調べた上原（1998）の研究を紹介する。上原は定期的に7人の幼児を訪問し，記憶課題を行った。まず，身近な事物の絵（例えば，犬，ネコ，リンゴ等）を5枚幼児に見せる。その後，見せていない絵5枚を加えて10枚にし，1枚ずつ示しながら「この絵はさっき見ましたか」などと尋ねた。その結果，3歳までの幼児は，「見た」「見ない」と一貫性のない回答をしたり，見たかどうかではなく，描かれている事物の名前を言うなど，課題を理解できないことが多かった。7人全員がこの課題ができるようになったのは4歳になってからであった。

また，母親や幼児自身を対象に，出来事の記憶についても調査したところ「〜した」という表現は2, 3歳でも見られるものの，その内容は断片的で，非現実的であったり，自分の体験ではない出来事が体験のように報告されることもあった。上原は以下のような例を挙げている。

・井の頭公園（近所の公園）で「くじらがいた」と発言（3歳10か月）
・赤ちゃんのとき，おっぱいから，脇にあった2つのシャベルを使って，穴を掘って出てきたと報告（3歳9か月）
・実際には行っていない場所の写真をもってきて，「自分が行った」と報告（3歳5か月）

4歳頃までは，幼児はまだ「思い出せる」「自分が体験した」という感覚を十分に持ち合わせていないようである。以下，エピソード記憶の発生と関わる認知能力について見ていこう。

3　エピソード記憶の発生

◆ エピソード記憶と関わる認知能力

ネルソンは，エピソードが報告できるようになるには，いくつもの能力が関わっているとした（Nelson, 2000）（表3-1）。

・言語：まず，出来事を語るための語彙や文法をもっていることが必要である。いつ，どこで，誰が……といった，報告のためのフォーマットがなければ，出来事について十分に報告することはできない。

表3-1 出来事の記憶および関連する能力の発達

	言語	情報源の理解	心の理論	自己−他者の知識	記憶
2歳	文法の始まり簡単な会話 ナラティブ（語り）はない	知識の源への気づきはない	知覚や情動を表す単語を使い始める	活動における役割 自己への気づき／自己認知	スクリプト 不特定の断片
3歳	複雑な文 簡単な会話 スクリプトの報告	知識の源への気づきはない	馴染みのある場面では心を読む	遅延自己認知ができない／過去の自分の心的状態への気づきに制約がある	柔軟なスクリプト 特定のエピソード 被暗示性が高い
4歳	文法の基礎 長い会話 個人的（パーソナル）なナラティブ（ただし活動のみ） 物語の理解	視点と知識の源への気づき	心の理論が現れ始める	遅延自己認知 過去のことを指摘できる	エピソードがかなり長い期間残る 被暗示性が高い
5歳	会話 ナラティブや意図を含むストーリー	知覚や知識の源への気づき	心の理論がある	個人的な過去と未来 自己概念	エピソード的／自伝的 被暗示性が減少

（出所） Nelson（2000），p.276, Table 9.1 より筆者作成。

- 情報源の理解：テレビで見たのか，他者から聞いたのか，自分が体験したのか等，出来事に関する情報が何に由来するのか，その気づきや意識が必要である。
- 心の理論：人が「心」についてもっている考え（理論）を心の理論という。自分の心の状態と，他者の心の状態を分離し，区別できなければ，自分の考え／体験と，他者の考え／体験との区別ができない。また，過去の自分の考え／体験と，現在の（今思い浮かんでいる）考え／体験の区別もできない。自分の過去の体験を報告するには，こういった自分の心の状態に関する認識が必要である。
- 自己−他者に関する知識：自己と他者とを身体のみならず内面も異なる存

在として認識し，時間を隔てた自己への気づきがあることが重要である。

これらのなかで，キーとなる概念の1つは「自己」への気づきであるだろう。一般に，幼児が「自己」の存在に気づいているかどうかは，ミラー（鏡）課題により調査する。これは，幼児が気づかないうちに幼児の鼻など身体の一部に印をつけ，その後で鏡を見せるというものである。幼児が，鏡の中の自分の鼻を触ったり，鏡の裏を見たりしているうちは，「自己」に対する気づきはないとされる。幼児が鏡を見て，自分自身の鼻を触ったならば「自己」に対する気づきがあると判断する。一般に，この課題ができるようになるのは2歳台である。

しかし，「過去の自分」がわかるようになるのはもう少し先である。ポヴィネリらは2〜4歳児を対象に，次のような実験を行った。幼児が遊んでいる最中，本人にわからないように頭にシールを貼り付け，その様子をビデオで録画した。3分後，その録画を幼児に見せたところ，頭のシールに手を延ばし，取ることができたのは，2歳児では0%，3歳児では25%，4歳児では75%であった（Povinelli et al., 1996）。4歳になるまでは「過去から未来という時間のなかでの自己やその存在」に十分な気づきはないといえるだろう。

ネルソンは，ポヴィネリの研究結果も含め，言語，情報源の理解，心の理論，自己−他者の区別等に関する能力が一定の度合いに達するのは4歳台であるとし，その頃，幼児は過去−未来の時間を行き来できるタイム・トラベラーになるとしている（表3-1）。司法面接という観点からいえば，この年齢は，体験に関する情報を収集できる1つの節目だといえるだろう（実際には，断片的な情報であっても得る目的で，3歳台から司法面接を行う場合もある）。

◆ 学童期から思春期へ

しかし，エピソード記憶の発達は，これで十分というわけではない。脳神経学者のシングらは，出来事を効果的に記憶し思い出すことができるようになるには，学童期，そして思春期までかかるとしている（Shing et al., 2010）。

彼らはエピソード記憶の発達的変化を2つの成分に分けた。第一は，複数の情報，例えば情報を文脈と連合させるなどの連合成分である。こういった連合は，比較的自動的に起き，学童期中盤（10代になる前）までに概ね成熟する。

第二は，何に注意を払えばよいか，どう記憶すればよいか，あるいはどのよ

うに思い出せばよいかという能力を支える方略成分であり，認知的な努力を要する．こちらは6歳くらいから向上が見られ，青年期半ばくらいまで発達が続くという．脳神経学的にいえば，連合成分は海馬を含む側頭葉内側部によって担われ，学童期中盤まで成長が見られるのに対し，方略成分は前頭前野が関わり，20代半ばまで発達が進むとされる．

　出来事の記憶やその報告において重要となる要素は，「誰」「どこ」「何」「いつ」「なぜ」「どのように」「どうした」等であるだろう．これらの要素に注意を払い，記憶し，報告するには方略成分の獲得が重要となる．つまり，それぞれの要素に関する理解や知識に加え，「どうやって覚えるか」という学習方略や「どのように思い出すか，語るか」という想起や語りの方略の習得が必要である．

　子どもの語りに「誰」「どこ」「何」「いつ」「どのように」「なぜ」（これらを定位情報という）がどの程度含まれているかを検討したメニグ－ピーターソンらの研究を紹介しよう（Menig-Peterson & McCabe, 1978）．彼らは4～9歳の幼児・児童に出来事の報告を求めた．方法は，実験者が「私は○○のような体験をしたことがあるけれど，あなたはどう」と誘いかけ，子ども自身の話を聞くというものであった．その結果，幼児であっても（すべての報告においてではないにせよ）それぞれの定位情報に言及することはできた．しかし，幼児はこれらの情報を報告の途中でばらばらと提供するのに対し，年長児は報告の最初にまとめて話すことが多かった．つまり，年長児は，相手にわかるように計画的に報告したといえる．

　また，各定位情報の報告がどの程度よくなされたかを評定したところ，年齢や定位情報の種類によって差異が見られた．表3-2に各定位情報のスコア化の基準と例を，表3-3に実際のスコアを示す．実際のスコアは，満点を100とした場合の換算値である．表3-3を見ると，出来事の特定に重要な「誰」「どこ」「いつ」への言及は，年齢とともに高くなっている．これらは何をどのように記憶し，どのように報告するかという方略的な能力の発達を反映しているといえるだろう．

　ところで，自分の認知的な状態や認知的な活動を意識し，モニター（監視）したりコントロールする活動をメタ認知（metacognition）という．メタ認知と

表 3-2　出来事の各定位情報のスコア化の基準と例

	1 点	2 点	3 点
誰	代名詞のみ	名前のみで関係性が示されていない（サリーと遊んだ）	名前と関係性（友達のサリー）
どこ	部分的場所	地理的位置や訪問先との関係性がない（ゲイルの家に行った）	地理的情報または訪問先との関係（エリー湖，ジョアンおばさんち）
何	特定なし（それ）	名称が述べられている	
いつ（絶対時間）	一部，特定の時間への言及あり（「夜」）いつの夜かの言及はない	十分な時間への言及がある（去年のイースター，4歳のとき）	
どのように	不完全か，起きた活動が欠落している	聞き手が完全または十分に理解できる	
なぜ	因果関係か時間的系列（叩かれた，泣いた等）が述べられている		

（出所）　Menig-Peterson & McCabe（1978），pp.584-585 より筆者作成。

表 3-3　出来事の各定位情報のスコア

年齢	誰	どこ	何	いつ	どのように	なぜ
3.5～4.5	63	54	83	12	86	41
4.5～5.5	72	65	95	20	92	71
5.5～6.5	86	61	97	18	93	80
6.5～7.5	75	72	96	21	96	69
7.5～8.5	77	70	98	23	94	88
8.5～9.5	84	71	96	30	92	79

（出所）　Menig-Peterson & McCabe（1978），Figure 4 より筆者作成。

は，認知を（外から／一段上から）認知することであり，自分の心の状態を把握すること，情報源を理解すること，覚えていることと覚えていないことを区別すること，記憶する方法（イメージを作る，繰り返す等）や思い出す方法（何があったか順番に思い出してみる等）を用いることなどが含まれる。メタ認知の発

達は就学前から児童期にかけて進むとされる。就学前から児童期を通して進むエピソード記憶の発達には，このメタ認知の発達も関わっている。

◆ レミニシングスタイル

ここまでで見てきた認知発達は，主として前頭前野や海馬，側頭葉内側部などの発達を反映している。しかし，これらの発達は，時間軸に沿った神経生理学的成長にのみ依存するわけではない。

特に，体験する出来事の何に注目し，どのように記憶するか，何を思い出してどう話せばよいかには，日々のコミュニケーションや，過去の出来事の報告を求める会話のスタイルが関わっている（このような過去の出来事の報告を求める会話スタイルを，レミニシングスタイルという。レミニシングは「思い出させる」ことである）。例えば，子どもが「食べた」と言ったときに，それで終わらせることなく，母「何食べたの？」- 子「パンパン」- 母「そうね，パンパンおいしかったわね」- 子「パンパン食べた」- 母「そう，たくさん食べたものね。パパもお姉ちゃんもたくさん食べたものね」などと拡張することや，「誰」「どこ」「いつ」などの情報に言及することが，子どもの記憶の形成や記憶の報告の仕方に関わるとされる（Peterson & McCabe, 1996）。

実際，ハーレイとリースは 19 〜 32 か月の幼児とその母親について調査を行い，幼児が 2 歳台でミラーテストに通過するかどうかと，母親のレミニシングスタイルとが，子どもによる過去の出来事の報告の仕方を予測するとしている（Harley & Reese, 1999）。

また，ピーターソンらは 3 歳半の幼児の報告能力を調査した。そして，母親ができるだけたくさん子どもに報告を求めるように促す介入を，1 年間続けた。その 1 年後，すなわち幼児が 5 歳半になった時点で再度，報告能力の調査を行ったところ，介入のあった幼児では報告の仕方に向上が見られたという（Peterson et al., 1999）。このようなトレーニングは幼児においても効果が見られるが，シングらは前頭前野が発達する学童期において，練習の効果はより大きいであろうとしている（Shing et al., 2010）。時間軸に沿った認知能力の発達と，認知能力と相互作用する経験の在り方とがエピソード記憶の発達と関わっている。

コラム3 子どもによる体験の報告 【尾山智子】

　子どもが幼稚園や学校から帰って来ると、親は「今日はどんなことがあった？お話しして」と尋ねるだろう。子どもが浮かない顔をしていれば「何か悲しいことがあったの？　何があったかお話しして」と聞くかもしれない。こういった働きかけは、日常生活だけでなく、事件や事故に巻き込まれた、あるいはそういった出来事を目撃した子どもに事情を尋ねる場合（司法面接）にも重要である。

　「どんなことがあった？」と尋ねられれば、子どもは記憶の中から求められる出来事や体験を選び出し、適切に伝えるために、「誰」「どこ」「何」「いつ」「なぜ」「どのように」「どうした」などの要素を押さえた報告をしなければならない。さらに、体験や出来事と感情の結びつき（〜したことそのものが楽しかった／悲しかったのか、楽しかった／悲しかったから〜したのか、あるいは〜したから楽しかった／悲しかったのか等）についても情報を提供することが求められるかもしれない。

　では、子どもは、体験したポジティブな出来事やネガティブな出来事について、何をどのように話すのだろうか。この疑問を明らかにするため、筆者らは5,6歳児を対象とする面接調査を行った（尾山・仲、2013）。面接では、幼児に体験したポジティブな出来事とネガティブな出来事について自由報告、すなわち子ども自身の言葉による自発的な報告を求めた。得られた発話内容を分析した結果、次のことが明らかになった。

ポジティブな出来事はよく話す　この調査では、幼児はポジティブな体験を、ネガティブな体験よりも、よりよく報告した。その理由としては、幼児においてはそもそもネガティブな体験が少ないであろうこと（久保、1996）、また、日本人はネガティブな感情の表出を抑制する傾向があり（e.g., Matsumoto & Ekman, 1989）、そのような文化的特性をもつ養育者に育てられる子どもも、ネガティブな感情を他人に話さない可能性がある、等が考えられる。

　感情語について、子どもは「〜して嬉しかった」や「嫌だったから〜した」など、行動や行為の原因や結果として感情を述べるよりも、「〜が楽しかった」や「〜が嫌だった」等、物事へのコメントや評価に感情語を使うことが多かった。心情の吐露のように自分の気持ちを他者に話すには、自分が感じていることを適切に伝えるための語彙や表現方法だけでなく、内省力や思考の意識化といった認知能力の発達も必要である。このような能力は小学校高学年以降に発達すると考えられており、幼児では自分の気持ちを自発的に十分に表現するのはまだ難しいようである。

「何をどうした」はよく話す　出来事の「誰」「どこ」「何」「いつ」「なぜ」「どのように」「どうした」についての報告量を調べたところ、まず、「何をどうした」の報告が多かった。一方で、自発的報告がほとんど得られなかったのは「いつ」「な

ぜ」であった。「いつ」「なぜ」については，面接者が「それはいつのこと？」や「なぜそうなったの？」などと質問しても，「わからない」や「覚えてない」という応答が多かった。幼児は1日の時間スケールを理解していても，曜日，月，季節といった，より詳細で大きな単位の時間パターンを使えるようになるのは8, 9歳になってからだといわれている（下島, 2008）。「いつ」というかたちで幼児に時間・時期に関する詳細な情報を求めるのは困難だといえるだろう。なお，「どこで」「誰が（誰と）」については，「どこで～が起きたの？」や「誰が（誰と）～したの？」と質問することで情報を得られることが多かった。幼児はこれらの内容を覚えていないのではなく，自発的に情報提供することが難しいのだと推察される。さらに年齢別に見てみると，特に年少児（5歳児）の自由報告には行為や活動の主体が抜けていることが多く（「遊んだ」と報告するのみで，誰が遊んだのかがわからない等），話の内容が理解しにくいことも確認された。

　以上の結果をまとめると，5, 6歳児は体験した感情的な出来事について話すことはできても，WH質問による大人の支援がないと，出来事全体について情報を漏れなく報告できない可能性がある。加えて，認知能力に制約があるため，幼児は，出来事の「いつ」「なぜ」情報について，手掛かりを与えられても答えられないことがある。司法面接では，被面接者からの自発的な報告をできる限り聴取し，その上で，必要に応じてWH質問を行うことが有用だと考えられる。被面接者の認知能力に配慮した面接を行うことが重要である。

第4講

誘導と被暗示性

　ここでは子どもから情報を得る際に，最も気をつけなければならない誘導と被暗示性の問題について見ていこう。また，マクマーチン事件での面接を参照しながら，面接における具体的な問題を示す。ここを読むことにより，面接において何が問題か，何に気をつけなければならないのかを理解することができるだろう。

1　誘導と被暗示性

◆ 記憶の変容

　記憶は1度書き込んだら2度と変化しないという，写真や録画のようなものではない。詳細で字義的な情報はすぐに失われ，意味だけが残ったり，複数の情報が混じりあったり，一般的な知識（スキーマやスクリプト）に沿って記憶が再構成されることもある。こういった記憶の変化を，記憶の変容（ディストーション：distortion）といい，その特徴を記憶の可変性（モーリアビリティ：malleability）という。記憶の変容が生じるメカニズムとしては，以下のようなものが知られている。

・忘却：記憶した内容が消失する，あるいは存在していても検索できなくなることを忘却という。忘却は指数関数的に，つまり初期には急速に，時間が経つにつれより緩やかに進む。知覚的・字義的な詳細情報は失われ，そこから抽出された意味だけが残りやすい。

・干渉：後で学習したことが，前の学習に影響を及ぼしたり（順行干渉），すでにあった情報が，後に入ってくる情報に影響を及ぼす（逆行干渉）。類似

した情報間では特に干渉が生じやすい。
- 再構成：スキーマ，スクリプトなどの枠組み的な知識に沿って，記憶の断片から「記憶」（したと認識されるもの）が作られる。
- ソースモニタリングの失敗：情報を得たソース（情報源）の監視（モニタリング）ができなくなり，情報源の混乱が生じる。すなわち，見たり，聞いたり，体験したことと，考えたり，空想したこととの区別がつかなくなったり（リアリティモニタリングの失敗），見たのか，聞いたのかなどの外部の情報源間での混乱（外的 - 外的ソースモニタリングの失敗）が生じる。

これらの記憶の変容を表す指標として，近年では以下のような測度を用いることが多い。
- 誤再認：実際にはなかったものを提示すると，それを「あった」と判断する。
- 作話：実際にはなかったものを，あったかのように作り出してしまう。
- ソース（情報源）健忘：覚えている内容は合っていても，その情報源についての判断を誤る（実際には人から聞いたのに，自分で体験したと報告する等）。これをソースモニタリング・エラー，ソース・エラーと呼ぶこともある。

このような変容を防ぐ能力は，前頭前野によって支えられている方略成分（第3講）と関わっているとされる。事実，シャクターらによれば，前頭葉が損傷されると，知能は保たれていても，また健忘はなくとも，上記のような問題が生じることがあるという（Schacter et al., 1995）。そして，前頭前野の発達途上にある子どもにおいても，記憶の変容は生じやすい。

◆ 子どもの記憶と認知

実際，子どもではソースモニタリングのエラーや誤再認，作話が多いことが知られている。ドラミーとニューコムは，シャクターらの示唆に基づき，4～8歳の子どもを対象にソース・メモリ（情報源の記憶）を測定する課題と前頭葉の機能を測定する課題を行い，関係性を調べた。それぞれの課題は次のようなものであった（Drummey & Newcombe, 2002）。
- ソース課題：まず，実験者，またはパペットが子どもに新しい知識を与える（例えば「声を出さない動物は何か？」-「キリン」など）。その1週間後，子

どもに以前尋ねたものと同じ質問と新たな質問とを行う。そして，答えを知っている場合（例えば，上の課題の「キリン」など），誰に教えてもらったかというソースを尋ねる。

・前頭葉の機能を測定する課題：前頭葉の機能は，ひとりでに思い浮かぶものをどの程度抑制できるかによって調べることができる。例えば，言語流動性課題という課題では，特定のカテゴリ（例えば「動物」）に含まれる事例（ライオン，トラ，キツネ，……）を，重複しないようにできるだけたくさん言ってもらう。すなわち，すでに言ったものは抑制し，新たな情報を検索し，報告するよう求める。また，ウィスコンシン分類課題では，多数のカードを図柄の色や形によって分類するよう求める。この際，被検者は，実験者によって与えられる「正しい」／「正しくない」というフィードバックによって，色で分けるのか，図柄で分けるのかといった規則を自分で発見しなければならない。一定数正解が続くと，実験者は別の規則に基づきフィードバックを行う（最初は「色」だったが，次は「図柄」等）。この課題では，規則を発見し，規則が変わったら前の規則を抑制し，新しい規則で課題を遂行することが求められる。

その結果，ソース課題の「答」（「キリンは声を出さない動物である」等）を覚える能力は年齢とともに高まること，その情報源をモニターする能力は4～6歳で急速に高まることが示された。4歳児では，前頭葉に損傷をもつ人と同様のソース健忘，例えば実験者から聞いたものをパペットから聞いたとする誤りのみならず，親から聞いたなどとするエラーが生じたが，6～8歳ではそのようなエラーは相対的に少なかった。また，ソース記憶は，すべてではないが前頭葉の機能を測定する課題の成績と相関があった。

シャクターらによれば，前頭葉に損傷をもつ人は，記録に以下のような問題が見られることが多いという（Schacter et al., 1995）。

・出来事の順序の記憶
・出来事の頻度の記憶
・想起手掛かりを用いた検索
・どれくらいよく記憶できるかというモニタリング／判断

こういった特徴は，子どもにおける順序や頻度の誤り，想起手掛かりを用い

た検索の失敗，展望的な判断の誤りと類似していると，シャクターらは言う。前頭葉の働きはニューロンの密度の増加やミエリン化（ニューロンがミエリンと呼ばれる組織によって覆われ，伝達が効率化されること）により充実してくる。このような発達には，先述のように，学童期中盤から思春期，青年期までかかるとされ，これらが子どもの特殊性をもたらしていると考えられる。幼児や児童においては，格別の配慮が必要な所以である。

◆ **誘導質問・語法効果・事後情報効果**

　誘導質問とは，その形式や内容において，証人にどのような答えが望ましいかを暗示する，あるいは望まれる答えに導くような質問である（Loftus & Palmer, 1974）。しかし，質問者が「望ましい」と思わなくとも，被面接者は質問に含まれる情報により「誘導」されることがある。このような誘導の研究は，アメリカのロフタスらによって始められ，法と心理学の基礎を築いた。

　有名な古典的実験を紹介する（Loftus & Palmer, 1974）。ロフタスらは，実験1として，参加者に5〜30秒程度の交通事故の映像を示し，事故について記述を求めた上で，数々の質問に答えてもらった。その中でも重要な質問は次の問いであった。

　　「車が（　　）とき，車はどれくらいのスピードを出していましたか」

　この質問には5つの条件あり，（　　）に入る言葉は「激突した」「衝突した」「ぶつかった」「当たった」「接触した」のいずれかであった。例えば，激突条件の参加者は「車が<u>激突したとき</u>，車はどれくらいのスピードを出していましたか」と質問され，接触条件の参加者は「車が<u>接触したとき</u>，車はどれくらいのスピードを出していましたか」という質問を受けた。つまり，参加者は車の「スピード」を推定するよう求められるが，質問に含まれる言葉が事故の様子を暗示していた。実際，参加者が推定した時速には表4-1のような違いが見られた。

　この研究の実験2において，ロフタスらは参加者に「激突した」または「当たった」という動詞のみを用いて速度を尋ねた。加えてその1週間後，これらの参加者に「映像のなかで割れたガラスを見ましたか」と尋ねたところ，「激

表 4-1　誘導質問による語法効果

用いられた動詞	評定されたスピード（マイル／時）
激突した	40.8
衝突した	39.3
ぶつかった	38.1
当たった	34.0
接触した	31.8

（出所）　Lofts & Palmer, 1974, Table 1 より筆者作成。

突した」が含まれる質問を受けた参加者の32％が「見た」と答えた。「当たった」が含まれる質問を受けた参加者で「見た」と言ったのは14％であり，これは，まったく質問されなかった人の場合と変わらなかった。誘導質問は，このように記憶を作り替えてしまうことがある。こういった，質問の語法によって誤りがもたらされることを語法効果（wording effect）という。

　もう1つ，ロフタスらによる古典的実験を示す。

　この実験で，ロフタスらは，目撃後に示される情報によって記憶が変容することを示した（Loftus et al., 1978）。彼らは参加者に交通事故に関する一連のスライドを見せた。その中の重要な1枚は，赤いダットサン（車）の横に「停止」（ストップ）または「道を譲れ」（イールド）標識が写っているスライドであった。スライドを見た後，参加者は多くの質問を受けたが，問題となる問いは「赤いダットサンが（　　）標識で停車したとき，他の車が横切りましたか」であった。半数の参加者は，目撃したのと同じ標識が含まれる質問を受け（一貫条件），半数は異なる標識が含まれる質問（誘導条件）を受けた。

　その20分後，参加者は各スライドにつき，見たか見なかったかの判断を求められた。その結果，問題のスライドを正しく再認できたのは，一貫条件では75％，誘導情報では41％であった。この実験は，わずか20分前の記憶でさえ事後の質問によって書き換えられてしまうことを示している。このように，事後に与えられた誤情報が記憶に影響を及ぼすことを事後情報効果（misinformation effect）という。

2 被暗示性

◆ 被暗示性とは何か

　被暗示性とは，他者からの示唆や暗示，誘導，指示等を過度に受け入れ，あるいは従ってしまう傾向性をいう（コールマン，2004）。ロフタスらが示した質問に埋め込まれた暗示はもとより，「Aだったか」と尋ねられれば「Aだ」，「Bではなかったか」と尋ねれば「Bだったかもしれない」などのように，他者の言葉に影響を受け，時には記憶や報告が変わってしまうことを，被暗示性が高いという。

　グドジョンソンは，被暗示性の源泉には認知的要因と対人的要因があるとした（Gudjonsson, 1984, 1987）。第3講や第4講第1節でも示したように，幼児や児童では，情報を記銘することにおいても，検索し想起することにおいても，認知能力が十分に発達していない。ソースモニタリングが不十分であるために，誤再認や作話も多くなる。

　加えて，幼児や児童は常に大人の庇護のもとで生活しているため，大人の言うことは絶対だと信じていることが多い。例えばシーガル（Siegal, 1996, 1999）やプールら（Poole & Lamb, 1998）は，子どもは次のような語用論的知識（言語の使用，すなわち発話が特定の文脈においてどのような意味で用いられるかに関する知識）をもっているとしている。

- 質問には必ず「答え」がある。質問は知識を試す道具である。
- 質問されるからには，そのこと（質問の内容，主題）は実際にあったことに違いない。答えがわからないのは，自分の記憶力が悪いからだ。
- 大人はその「答え」を知っている。大人は答えを知らないから聞いているのではない。確認のために尋ねているのだ。
- 答えるまで質問され続ける。
- 答えると褒められる。
- 質問に答えなかったり，「わからない」「知らない」と言うと馬鹿だと思われたり，協力的でないと思われる。
- 質問が繰り返されるということは「前の答えは間違っている，別のことを

言わなくてはならない」ということである。
・質問が終わるということは、正解を言ったからに他ならない。

このような前提に立ち、幼児や児童は答えを知らなくても「思い出そう」としたり、大人から「ヒント」をもらうことを期待したり、「ヒント」を積極的に受け入れようとする。

◆ 幼児や児童の被暗示性

幼児や児童の被暗示性を示した研究は多い。ブラックらが行った典型的な実験を紹介しよう（Bruck et al., 2002）。この実験では16人の4歳半の幼児に、4種類の出来事について報告を求めた。次のような出来事である。

- 現実・ポジティブ：実際にあった出来事で、内容がポジティブなもの（デイケアで転んだ女性を助け、本やパズルを運ぶのを手伝った）
- 現実・ネガティブ：実際にあった出来事で、内容がネガティブなもの（親に叱られた）
- 虚偽・ポジティブ：実際にはなかった出来事で、内容がポジティブなもの（公園で、ペットのサルを逃してしまった人を助けてあげた）
- 虚偽・ネガティブ：実際にはなかった出来事で、内容がネガティブなもの（デイケアで男の人が食べ物を盗んだ）

面接は1週間に1度の割合で、5回繰り返した。1回目の面接では「デイケアで転んだ人を助けてあげた？」「デイケアで、男の人が食べ物を盗んだのを見た？」などと尋ね、「もっと話して」と促すのみだが、2回目以降は「他のお友達は○○と言っていたわよ」と詳細情報を告げたり、子どもが「覚えていない」と言っても「見たつもりでお話しして」と告げるなどした。ある回の面接ではセドリックというパペットが登場した。子どもが話してくれないとセドリックは「どうして話してくれないの」と悲しむ。このようにして5回面接を繰り返したところ、最後の面接でこの出来事の内容を肯定した子どもは、現実・ポジティブで81％、現実・ネガティブで94％、虚偽・ポジティブで81％、虚偽・ネガティブで75％であり、ほとんどの幼児が「出来事はあった」と反応した。興味深いことに、虚偽の出来事の報告には、現実の出来事の報告よりも多くの詳細情報が含まれていた。

筆者らが小学校2年生と5年生を対象に行った実験も紹介しよう。この実験の目的は，第一に，どのように聴取すればより正確な情報が得られるかを4つの条件で比較すること，第二に，1度目の面接は，2度目の聴取にどのような影響を及ぼすかを調べることであった。

　まず児童に5分間の映像を見せた。その後，児童を4つの条件に分け，それぞれに対し「聴取」を行った。第1群では見た内容を紙に書いてもらった（自由再生群）。第2群では，目を閉じて1分間イメージを思い出してもらった後，紙に書いてもらった（イメージ群）。第3群では，実験者が「（登場した）おじさんはどんな服装をしていたかな。帽子を被っていたかな」などとWH質問やクローズド質問をした（質問群〔ここでの「帽子」は実際にはない，誤情報である〕）。そして第4群では「何があったかお話しして」などのオープン質問を主とした面接を行った（面接群）。

　その結果，学年による差と条件による差が見られた。正確な情報は2年生よりも5年生のほうが多かった。また，正確な情報は，WH質問，クローズド質問を主とする質問群では最も少なく，オープン質問を主とする面接群で最も多かった。オープン質問の優位性が，この実験でも確認された。

　次に，1度目の「聴取」が2度目の「聴取」に及ぼす影響を検討した。2度目の聴取では，映像に関する20の内容を口頭で述べ，児童に「自分の目で見たか否か」を答えさせた。ただし，20のうち15は，ありそうだが実際にはなかった内容である（例えば，「おじさんは帽子を被っていた」等。このような項目を虚項目という）。実際にはなかった内容に対し，どの程度「見た」という反応が生じるかを調べるためであった。

　さて，このような虚項目に対し，2年生では平均4.7個，5年生でも平均3.0個，「見た」という反応が生じた。2年生は，相対的に被暗示性が高いといえる。実際にはなかったことについても「見たか」と問われれば，見たような気がしてしまったものと思われる。また，重要なこととして，2年生では1度目の聴取の影響が見られた。1度目にイメージを作ったイメージ群と，質問を行った質問群では，他の群に比べ，「見た」とする誤った反応が約1.5倍多かった。イメージ群では色など，視覚的イメージに由来すると考えられる誤りが多く，質問群では質問に含まれていた誤情報（帽子など）に由来する誤りが

多かった。質問という外部から与えられた情報のみならず，イメージ（本人によって作り出された情報）によっても記憶は汚染されるといえるだろう。

3　マクマーチン事件における面接

◆ 面接の問題点

しかし，ブラックらの研究も仲の研究も「実験」である。現実の事件ではどのような面接が行われているのだろうか。「悪い面接」には，具体的にどのような問題があるのだろうか。

筆者は，第2講に挙げたマクマーチン事件の弁護団が著した本を翻訳したことがある（バトラーほか，2004）。そこに引用されている面接事例（表4-2：発話部分）を分析し，面接の問題点を考えてみることにしたい。

この面接では，面接者（専門機関で福祉司として働いていたカスリーン・マクファレン）が8歳の少年に幼稚園当時のことを尋ねている。面接者はサルのパペットを手につけ，子どもにはワニのパペットを渡し，面接者は子どもを「ワニさん」と呼んで面接を行っている。パペットは事実確認以外の面接であれば，リラックスした環境で子どもから話を聞き出すことができるという促進的な作用をもたらす（内田・大宮，2002等）。しかし，法的な面接においては，重要性の認識を低下させたり，子どもを想像的な語りに誘うなどの問題がある。

表4-2のやりとりを見れば，明らかに誘導的な感じがするだろう。しかし，具体的にどこが誘導になっているのだろうか。

問題として，まず，面接者の言葉が多いことが挙げられる。面接において情報をもっているのは子どもである。しかし，この面接では，子どもではなく面接者がたくさん話している。発話数や発話文字数を数えてみよう。発話とは，発話者が話す1回分の発言であり，ターン（番）ともいう。表4-2に示される発話数は全部で27，面接者が14，子どもは13であり，発話数には差はない（交互に話しているので当然である）。しかし，発話文字数は面接者のほうが多い。ここでの発話文は翻訳であり，漢字仮名まじりで表記され，クエスチョンマークや「……」なども入っているので厳密ではないが，文字数を数えてみると，面接者は平均（つまり1発話あたり）約79文字，子どもは約34文字である。面

表 4-2 マクマーチン事件における面接者と子どものやりとり

No	話者	面接者の発話	子どもの報告
1	面	おサルさんはちょっと怖がり。それに，裸のゲームのことはあんまり覚えていないの。でも，あなたは覚えているでしょう。あなたたちがやっていた裸ゲームのことは聞いているし，他の子たちも話してくれました。「裸の映画スター」っていうのよね。ワニさん，ゲームのこと覚えてる？ それともワニさんは記憶力が悪いのかな？	
2	子	うーんと，えーと，それは，うーん，ちょっとした歌だと思う。僕と○○（友だち）が聞いたことのある。	ちょっとした歌だと思う 僕と友だちがきいたことある
3	面	そう。	
4	子	えーと，誰かが大きな声で「裸の映画スター，裸の映画スター」って歌うのを聞いたことがある。	誰かが大きな声で歌うのを聞いたことがある
5	面	そう，覚えてるのね，ワニさんは。やっぱり頭がいいのね。他の子が知ってるのと同じ歌だし。見かけよりずっと頭がいいんだってことがわかるわ。だから，頭が悪く見えるようなことはしないでね，ワニさん。	
6	子	うーんと，全部をちゃんと聞いたわけじゃないんだ。ただ，誰かが大きな声で叫ぶのを聞いただけ。見てみたら，誰かが叫んでたんだよ。	ちゃんと聞いたわけじゃない 誰かが大きな声で叫ぶのを聞いただけ
7	面	もしかしたら，ワニさん，あなたは窓からのぞいて，みんながやってるのを見たのかもしれないわね。だったら，それを思い出して助けてちょうだい。	
8	子	うーんと，いや，「裸の映画スター」なんてゲームを誰かがやってるのは見たことないよ。歌を聞いただけ。	「裸の映画スター」ゲームをやってるのは見たことはない 歌を聞いただけ
9	面	本当に頭がいいのかな？ 頭が悪いのに違いないね。	
10	子	うーん。よくわかんない，うーん，誰かがやってるのを見たかどうかなんて。だって，僕はそこにいなかったんだし。みんながそれをやってるときにはいなかったんだよ，僕は。	見たかどうかわからない そこにいなかった

面接者が示した情報	成分	成分	成分	成分	成分	成分
あなたは（裸ゲームのことを）覚えている あなたたちがやっていた裸ゲームのことは, 私たちも聞いている 他の子も話した そのゲームは「裸の映画スター」という	あなたは覚えている	あなたたちがやっていた裸ゲームのことは聞いている	他の子たちも話した	「裸の映画スター」という	ワニさん[子ども]は記憶力が悪いか	
（子どもが言う歌は）他の子も知っているのと同じ歌 あなたは覚えている	あなたは覚えている	頭がいい	他の子が知っているのと同じ歌	頭が悪く見えるようなことをしないで		
あなたは窓からのぞいて見たかもしれない	あなたは窓からのぞいて	みんながやってるのを見たかもしれない				
	頭がいいのかな	頭が悪いのに違いない				

No	話者	面接者の発話	子どもの報告
11	面	いなかったの？ いなかったの？ あなたこそが助けてくれると思っていたのに。ね，ここにいる他のパペットはみんな見てなかったのよ。でも，何があったか知りたいの。	
12	子	うーん，けんかならたくさん見たことがあるよ。	けんかなら見たことがある
13	面	でも，あなたなら助けてくれると思うわ。だって「裸の映画スター」は簡単なゲームだし，私たちもそのゲームのことを知ってるし，だって，今だって20人の子どもたちがそのゲームについて話してくれたんだもの。今朝は小さな女の子が来て，実際にやって見せてくれて，ちょうど同じように歌ってくれたわ。私が質問をしたら，考え帽子を被って思い出してくれるかな，ワニさん，どう？	
14	子	たぶん。	
15	面	はいか，いいえで答えてね。「裸の映画スター」の写真を撮ったのは誰か覚えてる？ あの秘密の機械［ビデオカメラのこと］に向かってやってくれれば最高，そうすれば終わりだからね。他の子たちがみんなやったようにね。覚えているかどうかなずくだけでいいのよ，ほら，あなたの記憶はなんていいんでしょう。	
16	子	［パペットの頭を動かす］	
17	面	そう，覚えてるのね？ ああ，なんてすばらしいんでしょう。お口にポインターをくわえることができる？そうすれば，しゃべらなくてもすむでしょう，○○（被面接者の子ども）は何も言わなくてもいいからね。指すだけでいいのよ。	
18	子	［ワニのパペットを使って，おもちゃのカメラを男性ドールの上に置く］ときどき，こうしたよ。	〈カメラを人形の上に置く〉
19	面	頭をなでてあげたいわ，なんて頼りになるんでしょう。あなたのおかげでみんなが大助かり。とっても頭がいいんだから……。じゃ，みんなは，写真を撮ってもらうのに変な格好をしたかしら？	
20	子	うーん，ほんとのカメラじゃないんだ。ただ，遊びで……。	本当のカメラじゃない遊び
21	面	ワニさん，これから，……これから質問しますからね。他の子どもたちの話から，カメラは本物だってわかってるんです。だからウソっこをしなくてもいいのよ。いい？ お約束でしょ？	

面接者が示した情報	成分	成分	成分	成分	成分	成分	成分
	助けてくれると思っていた						
「裸の映画スター」は簡単 20人が話した 女の子がやって見せてくれた	あなたなら助けてくれると思う	「裸の映画スター」は簡単なゲーム	私たちもゲームのことは知っている	20人の子どもたちがそのゲームについて話した	小さい女の子が実際にやって見せてくれて, 同じように歌った		
写真を撮ったのは誰か	はいかいいえで	「裸の映画スター」の写真を撮ったのは誰か	ビデオカメラにやってくれれば最高, それで終わり	他の子たちがみんなやったように	うなずくだけでいい	あなたの記憶はなんていいんでしょう	
	ポインターで指すだけでいい	覚えてるのね	なんてすばらしい				
写真を撮るのに変な格好をしたか	頭をなでてあげたい	頼りになる	大助かり	写真を撮ってもらうのに変な格好をしたか			
カメラは本物だとわかっている	話を遮る	他の子どもたちの話からカメラは本物とわかっている	ウソっこをしなくてもいい				

第4講 誘導と被暗示性

No	話者	面接者の発話	子どもの報告
22	子	うん，それはおもちゃのカメラで，僕たちはそれで遊んだんだ。	おもちゃのカメラで遊んだ
23	面	そう，じゃ，フラッシュはついた？	
24	子	うーん，フラッシュはつかなった。	フラッシュはつかない
25	面	フラッシュはつかなかったのね。カシャっていった？ 小さな写真がズズッと出てきたかしら？カメラから出てきた？	
26	子	覚えてない。	（小さな写真が出てきたのは）覚えてない
27	面	そう，覚えてないの。でも，よくできたわ，ワニさん。握手しましょう。	

接者が子どものほぼ2倍の量，話していることになる。

　一般に，面接者が子どもよりも多く話している面接は要注意である。面接者が子どもの話したことを繰り返しているだけであればまだしも（しかし，そうであれば子どもの発話よりも多くはならないはずである），子どもが話していない事柄を提供することで，それが誘導となったり，記憶を汚染したりする可能性が高まるからである。

◆ **子どもの発話**

　面接者の発話に誘導となる情報が含まれているかどうかを見る前に，子どもの発話を見てみよう。表の子どもの発話をパラフレーズしたもの（「子どもの報告」の欄に示されている）を，以下に示す。子どもが「裸の映画スターゲーム」について述べているのは，下記の項目である。

・ちょっとした歌だと思う
・誰かが大きな声で歌うのを聞いたことがある
・ちゃんと聞いたわけじゃない
・誰かが大きな声で叫ぶのを聞いただけ
・裸の映画スターゲームをやってるのは見たことはない
・歌を聞いただけ

面接者が示した情報	成分	成分	成分	成分	成分	成分
フラッシュはついたか	フラッシュはついたか					
カシャっていったか 小さな写真がズズッと出てきたか	カシャっていったか	写真がズズッと出てきたか				

- 見たかどうかわからない
- そこにいなかった
- けんかなら見たことがある

つまり，子どもは「歌を聞いただけだ」としている。また，「写真を撮ったのは誰か」という質問に対し，子どもは「カメラを人形の上に置く」動作をしたが，

- 本当のカメラじゃない
- 遊び
- おもちゃのカメラで遊んだ

と述べている。「フラッシュがついたか」については「ついてない」，「小さな写真が出てきたか」については「覚えてない」という応答であった。つまり，子どもは「誰かが歌を歌うのを聞いたことはある」が，「裸の映画スターゲームは見たことがない」とし，「カメラは本物ではなく，遊び」とだけ述べている。

◆ 面接者の発話

面接者は，何を伝えようとしているのか。表4-2の面接者の発話を見てみよう。面接者は冒頭で「おサルさんはちょっと怖がり。それに，裸のゲームのことはあんまり覚えていないの。でも，あなたは覚えているでしょう。あなたた

第4講 誘導と被暗示性

ちがやっていた裸ゲームのことは聞いているし，他の子たちも話してくれました．『裸の映画スター』っていうのよね．ワニさん，ゲームのこと覚えてる？それともワニさんは記憶力が悪いのかな？」と述べ，以下の内容を示している．

- あなたは（裸ゲームのことを）覚えている
- あなたたちがやっていた裸ゲームのことは，私たちも聞いている
- 他の子も話した
- そのゲームは「裸の映画スター」という

裸ゲーム（「裸の映画スター」）はまさに問題となっている事柄であり，これを面接者側から導入していることになる．

また，「ゲームのこと覚えてる？ それともワニさんは記憶力が悪いのかな？」とも述べている．このことにより，思い出せるかどうかを「記憶力の良し悪し」（ワニさんは記憶力が悪いのかな）の問題として提示している．

ここで子どもが「歌だと思う」と述べたところ，面接者は次のように述べた．

- （子どもが言う歌は）他の子も知っているのと同じ歌
- あなたは覚えている
- あなたは窓からのぞいて見たかもしれない
- 裸の映画スターは簡単
- 20人が話した
- 女の子がやって見せてくれた

「みんなそう言っている」は同調への圧力となる．加えて「やっぱり頭がいいのね」「あなたなら助けてくれる」と告げ，報告できるか否かを頭の良し悪しや，「助けるか否か」の問題に置き替えている．つまり，記憶力が良ければ，助ける気持があれば話すはずであり，話さなければ頭が悪い，意地悪だ，ということになる．

その後，面接者は問題となる新しい情報を「『裸の映画スター』の写真を撮ったのは誰か覚えてる？」として提示した．これは重要な発話である．子どもは「写真を撮った」とは一言も述べていない．そうであるにもかかわらず「誰が写真を撮ったか」と尋ねることは，子どもに「写真を撮る」という出来事があったかのような印象を与える（このような，被面接者が述べていないことを前提として尋ねる質問を，暗示質問という）．大人であれば「いえいえ，誰と聞か

れても，そもそも写真など撮っていませんから」と異議を申し立てることができるかもしれない。しかし，子どもは「誰か」を一生懸命思い出そうとするかもしれない。

　さらに面接者は「はい／いいえで答えればよい，答えなくてもポインターで示すだけでよい」とし，次のように述べた。

・写真を撮るのに変な格好をしたか
・フラッシュはついたか
・カシャっていったか
・小さな写真がズズッと出てきたか

　さらに「カメラは本物だとわかっているんです」という情報提供も行っている。面接者の言葉により「写真を撮る，変な格好をする，フラッシュ，カシャ，小さな写真がズズッ……」という情報が子どもの頭の中に送り込まれることになる。

　以上をまとめると，面接者は思い出せるかどうかを頭の良し悪しや助ける心の有無に置き換え，発話を単純な「はい／いいえ」の形にし，「みんなも言っている」「あなたは覚えている」という圧力のもとで報告を求めた。また，「写真を撮る，変な格好をした，フラッシュ，カシャ，小さな写真がズズッと出た」などの詳細で具体的な情報を提供した。これらの情報は，子どもがその場のイメージを作るのを助けた可能性がある。1度ありありとしたイメージが作られてしまったならば，それが面接者の言葉に由来するものなのか，現実の体験に由来するものなのかを判断することは，子どもにとっても面接者にとっても困難であるだろう。

コラム4　面接を繰り返す効果面接の繰り返し　【鈴木愛弓】

　司法面接では，面接は早い段階で1度だけ行うことが推奨されている。これは，多くの先行研究で，面接を繰り返し行った場合に不正確な報告が増えるということが示されてきたためである。しかし，現実の事案では家庭，学校，警察，児童相談所などで面接が繰り返されることもあり，また，同じ機関内でも複数回の面接が必要となる場合がある。司法面接は，誘導のない，正確な報告を引き出すための方法として開発されたものであるが，司法面接を用いた面接であっても，面接を繰り返した場合，不正確な報告は増えるのだろうか。ここでは，先行研究で示されている面接を繰り返し行うメリット，デメリット，および実際に司法面接を用いて行った実験について紹介する。

面接を繰り返し行うメリット　まず，面接を繰り返し行うことのメリットとして，レミニセンス（reminiscence）とハイパームネジア（hypermnesia）という現象が挙げられる。体験した出来事を繰り返し報告させた場合，前に報告されなかった情報が後で出てきたり，報告される情報の全体量が増加したりすることがある。前者をレミニセンス，後者をハイパームネジアという（厳島ほか，2003）。つまり，1度目の面接で報告されなかった情報が，後の面接で報告される可能性がある。

面接を繰り返し行うデメリット　他方で，想起を繰り返し行うことが記憶の変容をもたらすことは，古くから指摘されてきた（e.g., バートレット，1983）。近年では，事後情報効果（post information effect）や強制作話の効果（forced confabulation effect）などが知られている。事後情報効果とは，例えば，何らかの出来事を目撃し，その後，その出来事についてメディアや他者などからそれに関する情報を受け取った場合，記憶がその情報に影響を受けて変容することをいう。強制作話の効果とは，意図的に「なかったこと」を「あったこと」として作話した場合であっても，後に「本当にあったこと」として報告されることをいう。このような効果が先行研究で指摘されてきたため，司法面接はなるべく早い段階で1度だけ行うことが推奨されている。

実　験　井上・仲（2012）は，面接を繰り返し行った場合に，司法面接の手法が報告内容に与える影響について調査した。実験では，80名の参加者を司法面接条件と統制条件に割り当てた。各条件40人の参加者は，それぞれ面接者役と目撃者役に20人ずつ割り当てられた。目撃者役の参加者に対しては，面接の前に，聴き取りの対象となる1分程度の万引きシーンを想定した映像を呈示した。面接者役の参加者に対しては，条件ごとに面接方法を教示した。司法面接条件の面接者には，NICHDプロトコルに従って面接を行うように教示し，統制条件の面接者には自由に面接を行うように教示した。面接は，映像呈示5分後と，その1週間後の2回

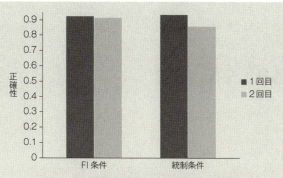

図 C4-1　各面接条件における報告の正確性

行った。なお，面接者が，教示通り面接を行っていたかどうか確認するため，面接で発せられた質問の種類をカウントした。その結果，司法面接条件ではオープン質問の使用が多く，統制条件ではクローズド質問の使用が多かった。

　さて，結果である。正しく想起された項目数は司法面接条件のほうが統制条件よりも多かったが，ここでは「正確性」という指標で測定した結果を報告する。正確性は，全報告内容のうち正しい報告が占める割合を示す。正確性について分析した結果，司法面接条件では，面接1回目と2回目で報告された内容の正確性に差は見られなかった。一方，統制条件では，面接1回目よりも2回目で報告された情報の正確性が有意に低下していた。面接を繰り返し行う場合，正確な情報を引き出すには司法面接の手法が有効であるといえる（図 C4-1）。

まとめ　　以上の研究からは，面接を繰り返し行った場合，司法面接であれば報告の正確性は低下しないことが示された。しかし，不正確な報告も一定量引き出されている。正確な報告を得るには，不必要な面接の繰り返しは避けるべきである。しかし，実際の場面では，1回の面接では十分な情報が引き出されないこともあるだろう。再度の面接が必要になった場合にも，司法面接の手法は有効だと考えられる。

第5講

子どもの人物識別

※本講は杉村智子による。

　この講では，まず，人物識別の鍵となる顔が，情報としてどのように子どもに認識されるかを述べる。次に，写真によって人物識別を行わせる手続きと，人物の容貌についての言語供述を求める際の手続きをまとめ，最後に，子どもにそれらの手続きを適用するときの留意点を述べる。

1　顔認識のしくみと発達

◆ 顔認識のしくみ

(1) 顔の認識は特殊か

　人は他者と接するときには常に，「この人は知っている人だ」「この人は知らない人だ」「見覚えはあるけれど名前は思い出せない」というように，その人が自分の記憶の中に存在する人であるかそうでないかの判断を行っている。このような判断を，人物識別という。人物識別には，体格や声などの様々な手掛かりが用いられるが，やはり一番の手掛かりとなるのは，顔であろう。それでは，人は，この顔の違いを情報としてどのように認識しているのだろうか。
　顔の認識過程は，他の事物の認識過程とは異なり特殊なものであるという考え方については，インなどによって倒立効果の現象が示されて以来，多くの議論がなされている（Yin, 1969）。倒立効果とは，顔を逆さまに提示すると，顔の特徴や表情を読み取ることが困難になる，という現象のことである。家や飛行機などの顔以外の事物を逆さまに提示しても特徴の読み取りが阻害されることはなく，この現象は，顔特有であるとされている。
　例えば，図5-1のAとBの写真は，トンプソン（Thompson, 1980）による

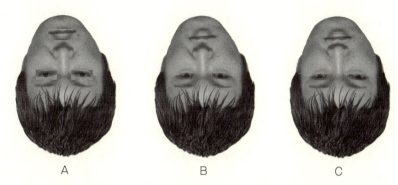

図5-1 サッチャーの錯視の例（AとB）と2次的関連の処理の例（BとC）

サッチャーの錯視を参考に作成したものである。Aの写真はBの本来の写真の目と口の部分を切って逆に貼り付けたものだが，図のように逆さま（倒立）提示をすると両者の表情の違いはさほど気にならない。しかし，この本を逆さまにして本来の方向（正立）で見ると，2つの表情の違いは際立ち，切り貼りをしたAの写真は実は怖い顔であることに気づくだろう。

このような現象が起きる理由の1つは，本来顔は，顔としての全体のパターン（2つの目の下には鼻があり，その下には口があるような1つのまとまり）として認識されるためである。倒立提示をすると，口の下には鼻がありその下に2つの目がある，というように，本来の認識パターンではなくなってしまうため，全体のパターンの認識が阻害され，正確な特徴の読み取りが困難になるのである。

(2) **顔の情報はどのように処理されるか**

顔の認識は，顔に含まれる情報を処理することによって可能になる。顔の情報処理にはいくつかの異なる過程がある。

第一は，顔のどんな情報に注目するか，である。上述したように，顔全体の特徴を1つのまとまった情報として処理することを，全体的処理（holistic processing）と呼ぶ。それに対して，目だけに注目する，鼻だけに注目するといったような，部分部分の情報の処理を，分析的処理（analytic processing）と呼ぶ。例えば，人混みの中で，ある人をぱっと見た瞬間，知人ではないかと思ったが，よく見ると鼻のわきに大きなほくろがあり，目の大きさもすこし違うようで，全体的に似てはいるが別人だとわかった，としよう。この場合，最

初は全体的処理を行い顔の全体的な印象を捉え，あとから個々の部分についての分析的処理を行ったといえる。

　第二に，2次的関係（second-order relations）の処理がある。2次的関係の処理とは，基本的には顔を1つのまとまりとして認識する全体的処理ではあるが，その際に，目，鼻，口等の距離関係の微妙な違いに気づいているような，より高度な処理を指す。例えば，先ほどの図5-1を見てみよう。倒立の状態では全体的処理が阻害されるためにわかりにくいが，本を逆さまにして正立の状態で図のBとCの写真を見てみると，成人であるならば，目と鼻の位置関係が微妙に異なっていることに気づくであろう。これは，2次的関係の処理がなされたからである。

　最後は，外的特徴（external feature）の処理と内的特徴（internal feature）の処理である。外的特徴とは，輪郭も含めた髪型部分の特徴を指し，内的特徴とは髪型以外の目，鼻，口，頰等の顔の内部の特徴を指す。例えば，知らない人に挨拶されてどぎまぎしたが，よく顔を見るとそれは，以前は長かった髪をばっさり切った知人であったとしよう。この場合，最初は外的特徴のみを処理したために髪型が変わった知人を知らない人だと思ったが，内部特徴を処理した結果，それは知人であると気づいたということになる。

◆ 子どもと成人の情報処理の違い

(1) 2次的関係処理の発達差

　それでは，前項で述べたような顔の情報処理において，子どもと成人とではどのような違いがあるのだろうか。まず，低年齢の子どもであっても，成人と同じように部分的処理や全体的処理を行っていることが明らかにされている。例えば，ピコッジらは，3～4歳の子どもを対象として顔の記憶課題を行ったところ，正立提示よりも倒立提示において記憶成績が悪くなった（Picozzi et al., 2009）。つまり，この年齢の子どもであっても，顔全体を1つのまとまった情報として処理する全体的処理を行うことができるといえる。

　しかし，子どもは成人と異なり，2次的関係の処理，すなわち，目，口，鼻等の，距離関係の微妙な違いに気づくことが難しい。モンドロッチらは，2つのペアの顔写真について，それらが同じ顔か違うかを判断させる単純な課題を

行った (Mondloch et al., 2002)。例えば，図5-1の写真Bと，Bの目，鼻，口の距離を微妙に変化させた写真Cのようなペアについては，6歳児はこの2つの顔の違いに気づくことが成人よりも困難であった。

(2) 外的特徴と内的特徴の処理の発達差

子どもと成人の最も大きな違いは，顔を判断する手掛かりとして，髪型等の外部特徴の情報を優先的に用いるか，目，鼻，口，頬，等の顔の内部特徴を優先的に用いるかである。子どもが顔の同一性（同じ人物の顔であるか）や性別の判断をする時には，成人と異なり，適切な情報である顔の内部特徴ではなくて，不適切な外部情報（髪型）を手掛かりとした判断を行うことは，多くの研究により示されている。

例えば，杉村は，5〜6歳児と成人に様々な髪型の人物の写真の性別判断を行わせた。その結果，5〜6歳児は成人と異なり，女性のような髪型をした男性を，女性，男性のような髪型をした女性を，男性であるというような誤った判断をする傾向が見られた (Sugimura, 2011a)。また，杉村は別の研究でペアの写真が同じ人物であるか違う人物であるかを判断させた。その結果，5〜6歳児は同じ髪型をした違う人物のペアを，同じ人物である，違う髪型をした同じ人物のペアを，違う人物であると誤って判断する傾向があったが，成人にはそのような傾向はまったく見られなかった (Sugimura, 2013)。

また，これらの研究では，子どもや成人が顔のどの部分に注目して判断を行っているかを調べるため，眼球運動を測定する装置を用いて視線情報の分析を行った。その結果，子どもも成人も外部特徴の髪型には注目せず，顔の内部特徴を注視しており，顔の内部特徴への注視時間は子どものほうが多かった。この結果から，子どもが成人と異なり性別判断や同一正判断を誤るのは，適切な情報に注目できないためではなく，注目していない外部特徴からの影響を無視できないためであるといえるだろう。以上のように，子どもと成人の顔情報を処理するやり方にはいくつかの点で違いがあり，それが，現実場面の人物識別の正確さに影響しているのは言うまでもない。今後の顔識別の発達差に関する研究の課題としては，適切な情報に注目するプロセスだけではなく，不適切な情報を無視するプロセスの発達差にも焦点をあて，十分な検討がなされる必要があるだろう。

2 写真による人物識別の特徴と課題

◆ 顔識別の正確さに及ぼすラインナップの方法の影響

(1) ラインナップとは何か

　それでは実際に，事件の目撃者に犯人等の顔を識別してもらう際にはどのような方法を用いるのだろうか。代表的な方法は，ラインナップである。ラインナップとは，例えば事件等で犯人を目撃した人に，複数の人物の中からその犯人を選んでもらう（再認してもらう）手続きのことである。ラインナップには，実際の人物で構成する場合，ビデオを用いる場合，写真を用いる場合の3種類があるが，ここでは，写真を用いる場合を取り上げ，写真によるラインナップを，ラインナップと呼ぶことにする。

　現実の事件では，ラインナップに犯人が含まれているかどうかを真に知っているのは犯人だけである（事件の目撃者や被害者であっても，犯人の顔を見ていなかったり，忘れてしまうことがあるかもしれない）。しかし，ラインナップの効果を調べるには，実験者は，実験参加者に特定の人物（ターゲットという）を見せ，後でこのターゲットをラインナップから選ばせる，ということをする。この場合，ラインナップには，ターゲットが含まれるラインナップ（プレゼントラインナップ）と，ターゲットが含まれないラインナップ（アブセントラインナップ）を設定することがある。例えば，図5-2のように，6枚の顔写真で構成されたラインナップを考えてみよう。左は，ターゲット人物A（実際に目撃された犯人等の人物）の写真が6枚のうちに含まれているようなラインナップである。それに対して右では，6枚の写真はすべて無関係の人物であり，ターゲット人物Aが含まれていない。

　この他，ラインナップの効果を調べる際，同時提示法と継時提示法を区別することもある。同時提示法とは，図5-3に示したように，例えば6枚の顔写真を1度に6枚並べて提示し，その中に目撃した人物がいるかいないか，また，いるとすればどの人物かを選んでもらう方法である。これに対して，継時提示法では1枚ずつ写真を提示し，そのつどその人物が目撃した人物か否かを判断してもらう。

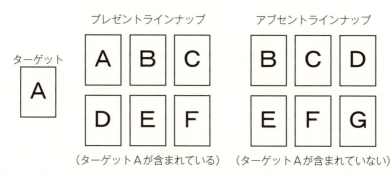

図5-2 プレゼントラインナップとアブセントラインナップ

　ラインナップによって顔識別を行わせる際の誤再認（誤ってターゲットではない無関係の人物を選ぶ）を減らすために，コーンケンらは，写真を選択させる前に次のような点に留意すべきであるとしている（Koehnken et al., 1996）。まず「ラインナップの中には，その人物がいるかもしれないし，いないかもしれない」ということを伝える。次に，「思い出せないことや，わからないことも，答えの1つである」ということを認識させることである。犯人がその中にいることを前提に写真選択を行うことや，わからないと言ってはいけないという圧力がかかっている場合は，判断にゆがみが生じてしまう。したがって，写真選択を行わせる場合は，これらの点に必ず留意する必要があるだろう。

(2) 子どものラインナップ判断の特徴と有効な方法

　ラインナップの方法によって，子どもによる顔再認の正確さに影響が出ることはよく知られている。ポズローとリンゼイは，様々な条件下での再認成績を検討した研究のまとめを行っている（Pozzulo & Lindsay, 1998）。これによれば，子どもは，(1)で述べたようなプレゼントラインナップでは成人と同等の再認成績を示すが，アブセントラインナップでは，この中にはターゲットはいないと正しく判断できず，どれかの写真を誤再認してしまう傾向があるという。また，子どもには継時提示法よりも同時提示法が有効ではあるが，同時提示法には，このようなアブセントラインナップにおける誤再認が増えるという欠点があることが指摘されている。

　近年は，同時提示法の欠点を補うことを目指す，消失提示法という方法が考

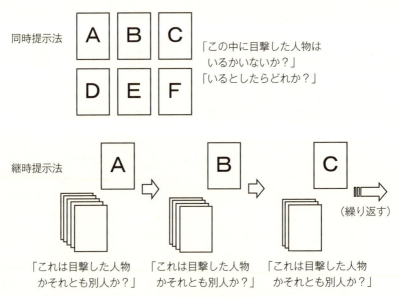

図 5-3 同時提示法と継時提示法

案されている。ポズローらは，3～6歳児を対象として，この消失提示法と，従来の同時提示法とを比較した。消失提示法ではまず，例えば6枚の写真を6枚同時に提示して，見たと思う人物と一番似ていると思う人を1人選択させる (Pozzulo et al., 2009)。次に，選択されなかった5枚の写真は片づけて，選択された写真のみを再び提示し，その人物が見た人物と本当に同じかどうかをもう1度判断させる。ポズローとバルフォアの研究では，消失提示法は，アブセントラインナップで誰かを選択してしまう誤再認を減らす効果が見られた (Pozzulo & Balfour, 2006)。

　日本の3～6歳児を対象として消失提示法の有効性を検討した研究例には，杉村（2012）があるが，この研究では，アブセントラインナップにおける誤再認を減らす効果は見られなかった。しかし，消失提示法の有効性については研究例が少なく，今後，どのような条件であれば，消失提示法が有効に機能するのかについての，詳細な検討が必要であろう。

(3) **ラインナップによる顔識別を繰り返し行うとどうなるか**

　子どもから言語供述を得る場合，面接では同じ質問を繰り返さないことが望

ましいとされる。では，ラインナップによる顔再認を複数回行わせると，子どもの反応はどうなるのだろうか。杉村の研究では，3～6歳児を対象にして8分間程度の出来事を目撃させ，出来事を目撃してから1日後と約1か月後の2回，異なる質問者によって，次のような方法で顔識別を行わせた（Sugimura, 2011b）。まず，出来事に登場した人物の写真1枚と無関係の人物の写真5枚の計6枚のラインナップを同時提示し，その中に出来事に登場した人物が「いる」か「いない」か「わからない」かの再認をさせた。そして，このときに「いる」と答えた者のみ，写真選択を行わせた。

再認では75名中26名（34.7％）の反応が変化し，特に，1日後にはわからないと言っていたのに1か月後には，ラインナップにいる，もしくはいないと何らかの判断をする者が増える傾向が見られた。写真選択については，41名中30名（73.2％）の反応が変化し，特に，1日後と1か月後で異なる人物の写真を選択する者，また，1日後にはわからないと判断したが1か月後には誰かの写真を選択する者が多いという傾向も見られた。このように，複数回の判断を求めるだけで，子どもは判断を変化させたり，「わからない」という正しい自己のモニターができなくなり，何らかの（自己の記憶を反映しない）判断をしてしまう可能性が高くなると考えられる。

このようなことから，同一人物に対する顔再認を複数回行わせることは避けなくてはいけないといえるだろう。特に，最初の「わからない」という反応は尊重されるべきである。1度「わからない」という反応をした場合，再び同じ顔再認を行わせるべきではないと考えられる。

◆ 目撃時と識別時の外観の変化の影響
(1) 髪型などの変化に惑わされやすい子ども

第1節の「子どもと成人の情報処理の違い」の項でも述べたように，子どもは，顔識別をするためには重要な手掛かりとなる，目，鼻，口などが含まれる顔の内部特徴の情報よりも，帽子や髪型などの顔の外部特徴の情報に基づいて人物識別を行う傾向がある。例えば，父親が帽子や髭などをつけてサンタクロースに変装したときに，大人から見ると本人であることがあからさまな変装であっても，幼児期くらいの子どもには，それが父親であることがわからない

ことが多い。

　それでは，実際の目撃証言場面ではどうなのだろうか。例えば，事件などで犯人が帽子をかぶり眼鏡をかけていた場合，その犯人が帽子をかぶらず眼鏡もはずした状態での写真でラインナップを構成すると，犯人を正しく再認することは難しくなるのだろうか。

(2) 人物の外観が目撃時と再認時で変化しているとどうなるか

　杉村は日本の3～6歳児を対象として，目撃時の人物の髪型や眼鏡の有無などの容貌がラインナップの写真と異なることが，顔の再認成績に与える影響を検討した（Sugimura, 2010）。この研究では，顔再認テスト時のラインナップの写真と同じ普通の顔の人物を目撃する「普通群」と，ラインナップの写真とは髪型が異なり眼鏡をかけた人物を目撃する「変装群」を比較した。その結果，正再認率は普通群（21.6％）よりも変装群（5.1％）が低く，目撃時の人物の髪型や眼鏡の有無などの容貌が再認時の写真と異なる場合には，写真による人物識別の信憑性はほとんどないことが示された。

　しかし，変装群の判断は誤棄却（ラインナップの中にその人物がいるのにいないと判断する，もしくはいるかいないかわからないとする）が大半を占めており，誤再認（誤って他の人物を選ぶ）をすることは少なかった。つまり，再認時の写真が目撃時の外観と異なっている場合には，ラインナップの写真はすべて別人であると判断しがちであり，誤再認をする可能性は低いといえるであろう。

　以上のことから，子どもによる顔再認の信憑性を判断するためには，目撃時の人物の外観と，再認時の写真の外観が髪型や眼鏡の有無などの点で異なっているかどうかが問題になるといえる。しかし，次の第3節で詳しく述べるが，子どもの言語供述から顔の特徴についての情報を得ることは難しく，眼鏡をかけていたか，いなかったかなどのクローズド質問を行うことは，子どもを誘導することにつながるので望ましくない。いずれにせよ，目撃時の人物の外観に関する情報は慎重に扱う必要があり，子どもの顔再認や人物供述に及ぼす影響を常に考慮しておかなくてはならない。

3 言語供述による人物識別の特徴と課題

◆ 人物の容貌についての言語供述

(1) 子どもの言語供述の特徴

　人は，人物の容貌について，例えば「その人物はどんな顔でしたか」と尋ねられた場合，どのように答えるだろうか？　おそらく成人であるなら「丸顔で髪は肩くらいの長さ，目はつりあがっていて細く，鼻は低くて……」というように，全体の顔の印象や部分的な特徴を述べるだろう。

　しかし，子どもの場合はどうであろうか？　人物の容貌に限らず，従来から子どもの自由再生による供述からは情報が得にくいことが指摘されている。例えば，マリンらによると，5,6歳児の供述の長さは，成人の約6分の1であるという（Marin et al., 1979）。また，幼児の会話の特徴を分析したハーデンらの研究でも，幼児の発話には人物や時間，場所などに関する記述は少ないことが示されている（Haden et al., 1997）。ポズローも，子どもが人物の特徴や容貌等に関する内容を話すことは成人と比較すると非常に少ないことを指摘している（Pozzulo, 2007）。

　このように，年少の子どもから自発的に人物の情報が含まれているような供述を得ることは大変難しい。オープン質問による自由再生を用いて，人物そのものに関する自発的な情報をより多く得ることは重要だが，人物の呼び名，人物との会話，人物の行動など，人物の特定を可能にするような情報も広く収集することが必要であろう。加えて，子どもの人物記述には頼りすぎないことにも留意したい。

(2) 人物の容貌についての言語表現

　それでは，人物の容貌について子どもはどのように言語表現，すなわち言語化をするのだろうか？　欧米と日本で行われた研究例を紹介するが，両者の研究結果にはかなりの違いが見られる。まず，カナダで行われたポズローらの研究では，3～6歳の子どもが，女性がお面作りを見せるという8分間のイベントを体験した後，その女性について，お面作りの先生はどんな人だったか思い出すように言われた。その結果，人物の特徴のうち，髪の色に言及した者が

58％，以下同様に，髪の長さ（20％），背の高さ（7％），肌の色（6％），目（1％）であった（Pozzulo et al., 2009）。

これに対して，日本で行われた杉村の研究では，Pozzulo et al.（2009）と同様に，3～6歳の子どもに女性が紙芝居を見せる8分間のイベントを体験したあと，紙芝居をしてくれた人はどんな人だったかという質問に対して，約半数の者が性別について述べるにとどまり，顔の特徴について言及した者は，19名中，髪の毛の長さに言及した1名のみであった（杉村，2010）。さらに具体的な，どんな顔だったかという質問に対しては，人物識別の手掛かりにはならない「かわいい」などの主観的な印象を述べる傾向が強かった。

これらの研究結果の違いの背景の1つには，欧米では，髪や肌，目の色等，人物の形態的な特徴が多種多様であり，日常的にその違いを意識する機会が多いが，日本のようにほとんどの人の髪や肌の色が同じ環境においては，形態的特徴の差異に言及するような習慣が形成されないという可能性が考えられる。また，「どんな人」や「どんな顔」という質問が，形態的特徴ではなく全体的な印象を述べる質問であると子どもに解釈された可能性もある。

以上のことから，文化的背景の違いや使用言語の特性を十分に考慮した上で，人物供述を行わせる際の発問方法の検討を行う必要があるといえる。特に，成人の質問が子どもにどのように解釈されるかについては事前に複数の可能性を想定しておくことが望ましい。

◆ 人物の特徴についての言語化が写真を用いた顔再認に与える影響

(1) 言語隠蔽効果とは

人物識別を行ってもらう方法として，第2節で写真による人物識別，前項では言語化による識別を取り上げたが，これらの方法を両方用いることによって生じる現象に，言語隠蔽効果というものがある。言語隠蔽効果とは，人物識別をする前に人物の容貌について言語化すると，写真による再認成績が悪くなるという現象を指す。言語隠蔽効果を検討した先駆的な研究である Schooler & Engstler-Schooler（1990）では，銀行強盗のビデオを見せたあと，犯人の顔の特徴について詳細な言語記述を行わせたあとに8枚の写真から犯人を選択させると，言語供述を行わなかった場合と比べて正答率が低くなった。

この研究以降，成人を対象として言語隠蔽効果が生じる，または生じない条件について多くの研究がなされている。例えば，類似性の高い顔を弁別する時（Kitagami et al., 2002）や，あやふやなことでもよいので，とにかく多くのことを記述するように教示された場合（Meissner, 2002）に言語隠蔽効果が起きやすいことなどが明らかにされている。

(2) 子どもに言語隠蔽効果は見られるのか

　子どもを対象とした言語隠蔽効果の研究はほとんど例がないが，まず，欧米で行われたものには，Memon & Rose（2002）がある。この研究では，8～9歳児を対象とし，見知らぬ女性が教室に来て写真を見せながら話をするという約8分間の出来事を目撃させ，24時間後に，女性の特徴について言語報告をしてから6枚の写真から犯人を選択する言語化群と，言語報告をさせずに写真選択をする統制群の正再認率を比較した。その結果，言語化群12名のうち正再認を行った者は8名（66.6%）で，統制群17名のうち正再認を行った者は14名（82.3%）であり，言語化をさせると正認率が悪くなる傾向はあったが，統計的には差が見られなかった。

　日本では，杉村が，3～5歳児を対象としてMemon & Rose（2002）と類似した手続きで実験を行った（杉村，2010）。見知らぬ女性が教室に来て紙芝居をするという8分間程度の出来事を目撃させ，出来事を目撃してから24時間後に，言語化群と統制群の正再認率を比較した。その結果，言語化群19名のうち正再認を行った者は1名（5.3%）で，統制群18名のうち正再認を行った者は7名（38.9%）で，言語化をさせると正再認率が悪くなる傾向があった。この結果から，幼児において言語隠蔽効果が見られることが示唆された。

　このようなことから，少なくとも，写真選択をする前に人物の特徴の言語化を行わせることで再認成績が下がることはあっても，上がることはないといえる。したがって，写真識別を行わせる場合には，顔のようなイメージ的な記憶への負の影響が一番少なくなるように，言語供述を行わせるタイミングや質問方法等を考慮する必要があるだろう。

◆ 子どもに人物識別を求めるには

　最後に，以上の研究を踏まえ，子どもに人物の識別を求める場合，考慮すべき事柄について述べる。子どもから情報を得ようとする専門家は，少なくとも，以下のことに配慮することが必要である。

- 「思い出せない」ことや「わからない」ことも，答えの1つであることを十分に認識させた上で手続きを進める。
- ラインナップを行う時は「その中には，その人物がいるかもしれないし，いないかもしれない」ということを伝える。
- ラインナップを複数回行うことは避ける。
- ラインナップの写真の髪型等の外観が目撃時と異なっている可能性がある場合は，ラインナップを行うことは避ける。
- 人物の容貌に対する子どもの言語記述には頼りすぎず，人物との会話や行動などの情報を幅広く収集する。

コラム5　子どもの人物識別事例　【杉村智子】

　子どもの人物識別が裁判の焦点となった事例を紹介しよう。小学校低学年の子どもがわいせつ行為を受けた事件で，犯人を特定する証拠がその子どもの人物識別のみであったが，人物識別の手続きに問題があると判断され，無罪になった事例である。

　まず，事件の概要は次のようである。被害者の子ども（A児）は，家の近くで男から声をかけられて近くの林に連れ込まれ，服を脱がされて触られるといったわいせつ行為を受けた。男は人に見られそうになり走ってその場から逃げた。この間，約10分間の出来事であった。この後，通報をうけて警察官が駆けつけた以降の状況について，人物識別に関する手続きに内容を絞ってまとめると，以下のようであった。

① **事件直後の犯人の容貌に関する聴き取り**　　事件直後に通報をうけて駆けつけた警察官は，事件の状況や犯人の特徴を聴取した。その結果，A児からは，「ぱっちりした目，やさしそう，ぽっちゃりした顔，160cmくらい，小太り，中，高校生くらい，黒か藍色のフード付きジャンパー，眼鏡をかけたり外したりする」等の供述を得た。その供述から犯人の似顔絵と全身像を作成したところ，似顔絵については，A児は「犯人と75%くらい似ている」と言った。

② **事件発生から1か月以内に行われた写真による人物識別**　　事件発生から1か月以内の間に，5回くらいにわたって，10枚から20枚くらいの，この事件と同じような事件を起こした前歴者等の写真をA児に示したが，その中には犯人は見当たらないということであった。提示した写真については，警察の捜査課が所有する前歴者のうち，手口，人相，着衣，身体特徴，土地鑑等から抽出した10枚くらいの写真のほかに，その後の捜査により浮上した容疑者の写真が提示された。しかし，これらの写真がどのような写真であり，またどのような方法で提示されたのかは記録されておらず，不明であった。

③ **事件発生から1か月後の単独面通し**　　事件から約1か月後に，ある男がわいせつ行為により緊急逮捕された。この時，A児の事件を担当していた警察官は，この男がA児の事件の犯人なのではないかと考え，A児の家族に対して，「他の事件で捕まっている者がおり，犯人に似ているので確認してほしい」という趣旨の連絡をした。これを受けた家族は，A児に「犯人が捕まったかもしれないから一緒に警察に行こう」と話しかけたが，A児がおびえて承知しないため，「犯人はあなたが一番よくわかっているから一緒に見て。もしその人だったらもうあんたは何もされないから，一緒に行ってみよう」などと説得し，A児は家族とともに警察に行った。警察でA児は，面通し室からマジックミラー越しに，取調室の男が犯人かどうか

確認するように言われたが，おびえて面通し室へ入ることを拒んだ。家族から，「向こうからは見えていない様子だったから頑張って見ようかね」などと声を掛けられた後，面通し室に入り，ミラー越しに取調室の男を見ると，「あの人だ」と言ってすぐにしゃがみ込んで，身体を震わせていた。

④ **事件発生から約半年後に行われた写真による人物識別** A児は約半年後の裁判の公判に証人として出頭したが，それより少し前に自宅で警察官から写真識別を求められた。被告人（③で，A児が面通しにより犯人だと特定した男）を含めた10名の若い眼鏡をかけた男性の写真帳が提示された。はじめA児は泣き続けてこれを見ようとしなかったが，家族から，「もしかしたらこの中にいるかもしれないから，写真を頑張って見ようかね」などと説得されて，10枚の写真を2度にわたって見てから「この人だ」と言って1枚の写真を選び出した。公判では，同じ写真帳を示され，「今の中に悪いことしたお兄ちゃんいた？」との問いに，「はい」と答え，1番から5番の写真を順に示されていた間は沈黙していたが，「6番目の人？」との問いには，「6番目の人」と答え，「7番目の人から後は見なくても大丈夫？」との問いには，「大丈夫です」と答えた。6番の写真は被告人のものであった。

この裁判では，④の，犯人として被告人を選択したA児の写真選択の信憑性が問題となったが，以下の理由から，この写真選択には信憑性があるとはいえないという判断がなされた。一番の大きな理由は，③の段階で単独面通しが行われていることであった。単独面通しは，目撃者にその人物が犯人かもしれないという暗示や先入観を与えて誤認を誘発しやすい方法であるとして，よほどの事情がない限り用いるべきではないとされている。この事例では，「犯人が捕まったかもしれない」という前提のもとに単独面通しを行っていたことから，暗示や先入観がより強いものとなった可能性も指摘された。また，A児が被告人の写真を選択したのは，面通しの際に被告人を見たことが影響している可能性もあるとされた。さらに，単独面通しを行っていることに加えて，②の段階での写真識別の方法が記録に残されていないといった，不適切な識別手続きも問題視された。

第6講
面接法研究

　第4講では，誘導や暗示に関して問題の多い面接を示した。ここでは，どうすればより正確で，より多くの情報を引き出せるかを扱った研究を紹介する。この講を読むことで，司法面接で推奨される質問形式や面接の構造の重要性が理解できるだろう。

1　面接の在り方

◆ 推定変数とシステム変数

　面接の在り方を考える上で，ウェルズが提唱した推定変数（estimator variable）とシステム変数（system variable）という概念は有用である（Wells, 1978）。ウェルズは目撃記憶の正確性に関わる変数を分析し，目撃記憶の正確さに影響を及ぼすであろうと推定はされるが，事件が起きてしまった以上，どうすることもできない変数を推定変数と呼んだ。例えば，視認状況（目撃時の明るさや距離等），事件の種類（情動を喚起するような事件か，そうでないか等），被面接者の特性（年齢や能力等）などがこれにあたる。一方，システム変数とは，捜査者や調査者がコントロールできる変数であり，例えば，通告があったならばできるだけ速やかに面接を行うことや，適切な面接技法を用いることなどが挙げられる。

　面接に関わる変数についても同様の分類が可能である。幼児や児童の特性，発覚までの期間，面接を受けるまでの周囲からの影響（周囲の大人があれこれ聞いてしまった等）などは，記憶の正確さに影響を及ぼすであろうが，推定変数であり，後ではどうしようもできない。しかし，通告があったならば，それ以

上記憶の状態を悪化させないためにも，迅速に，できるだけバイアスをかけることなく，より正確な情報を得る努力をすることが重要である。これはシステム変数にあたる。以下，面接法というシステム変数を構成する種々の要素について見ていくが，まずは，不適切な圧力と不適切な質問形式について，おさえておくことにしよう。

◆ 圧　力

第2講で見たように，シシとブラックは，不適切な面接技法として，面接者のバイアス，質問や面接の繰り返し，被疑者に対するネガティブなステレオタイプ，誘導的な面接技法（情動的に面接を行う，権威ある者として面接を行う，他の人も言っていると告げる，補助物を使う）などを挙げた（Ceci & Bruck, 1995）。イスラエルではハーシュコヴィツらが，現実の事例の分析に基づき，取り引き（話してくれたら助けてあげられる）や重大化（話してくれないと大変なことになる）を不適切な圧力として挙げている（Hershkowitz et al., 2006）。また，アメリカの司法面接研究者で被疑者取り調べの研究もしているメイスナーらは，矮小化（たいしたことではない），重大化（重大なことだ），補助証拠（目撃者がいる）等が被疑者取り調べなどにおいて虚偽自白を引き出す重要な要因だとしている（Meissner et al., 2010）。この他，アキルとザラゴザは空想させることの影響を（そのつもりで話してみて〔Ackil & Zaragoza, 1998〕），レポアとセスコは告発的な口調で面接を行うことが子どもを誘導することを示している（Lepore & Sesco, 1994）。加えて，子どもが述べた言葉を，被面接者の仮説に沿って言い換えることも不適切である（「当たった」を「叩いたのね」，「ドンした」を「足かけた」など〔仲，2011a〕）。マクマーチン事件では，面接者は望まれる回答だけを強化した。これらを箇条書きにすると，以下のようになるだろう。

① 仮説に適合することだけを追求する：面「叩かれた？」「つねられたりもした？」「蹴られることもあった？」
② 仮説に適合しないことを無視する：子「叩かれたかもしれないけど，当たっただけかもしれない」−面「やっぱり叩かれたんだ」
③ 同じ質問を繰り返す：面「叩かれたの？」−子「ううん」−面「叩かれたんじゃない？」−子「ううん」−面「本当に叩かれてない？」など，子ども

が「うん」と言うまで同じ質問を繰り返す。
④ 取り引き：「話が終わったらすぐに帰れるよ」「話してくれたらすっきりするわよ」
⑤ 重大化：「話さないと大変なことになる」
⑥ 矮小化：「たいしたことではないから，さっと言ってしまいなさい」
⑦ 補強証拠：「他のみんなも言っている」「証拠があるんだ」「やっぱりそうか」
⑧ ステレオタイプ：「（被疑者）は悪いやつだ」「そういうことをすると思っていた」「前もそういうことをした」
⑨ 言い換える：子「当たった」－面「叩かれたのね」
⑩ 推測や空想を促す：「他に似たようなことなかった？」「間違ってもいいからあったかもしれないこと，お話しして」

これらの問題ある圧力は，すべて面接者の口から出る情報によって伝達される。面接者の発話を最小限にすれば，こういった圧力が伝えられることは低減できるだろう。しかし，面接者がまったく話さないということは不可能であり，質問は不可欠である。そのため，面接においてはどのような質問を行うかが大変重要な課題となる。

◆ **不適切な質問形式**

質問については，すでに語法効果や事後情報効果を紹介した。ここでは形式的にわかりにくい，不適切な質問について述べる。
ウォーカーは裁判における5歳児への尋問を取り上げ，検事や弁護人が発した1184の質問を分析した（Walker, 1993）。そして，これらの質問には以下のような法律家特有の言い回しや特徴が含まれているとし，こういった言葉を法律家言葉（Lawyerese）と呼んだ。
① 子どもの年齢にふさわしくない難しい言葉や概念：subsequent（後続の），amplified（増幅された）等（日本語では面接において「状況」「状態」「態様」「態勢」などが用いられることが多いが，これらも伝わりにくい言葉である）。
② 長い発話：「ルレーネ，ダグが，ね，ダグ見たでしょう，ダグに何かあったその1, 2日後，ドライブしている時，そのことを話して，ダグをいじ

めた人の誰かが住んでいる家だと指差したのを覚えてる？」等。文が長く，何を尋ねられているのかが伝わりにくい。

③ 埋め込みのある質問：「その日誰かがダグにナイフを投げたのをリンに話したのを覚えていますか？」等。文法的に複雑であり，子どもが「はい」または「いいえ」と答えても，質問のどの部分に対して答えているのか不明である。

④ 指示代名詞：代名詞（あの，その）や拡張参照（「今まで話したこと全部」）等。こういった参照が何を指しているのか子どもには理解できないことがある。

⑤ 否定形：「頭を殴ったんじゃないんじゃない」等。否定文は認知的に負荷が高く，処理に時間がかかることが知られている。また，「はい」「いいえ」の反応が殴ったのか，殴らなかったのか，どちらを意味するのか不明である。

この他，次のような質問もわかりにくく，誤った反応を引き出しがちである（Kebbell & Johnson, 2000; 仲，2001; Perry et al., 1995 等）。

⑥ マルチ質問：「白い服を着て，黒いズボンをはいていたんですか」など，複数の命題を1つの質問で尋ねるような質問。大人であれば「服は白かったけれど，ズボンは覚えていません」などと分けて答えられるだろうが，子どもはどちらか一方について「はい」「いいえ」と答えてしまう可能性がある。

⑦ 誘導質問：「～したのね」「～したんでしょう」など，「はい」という反応を引き出しやすい質問。

⑧ 暗示質問：被面接者が述べていない事柄を含む質問。ロフタスの実験にあるような「○○標識で止まったとき，他の車が通過しましたか」等の質問や，マクマーチン事件で紹介した，被面接者が話していないことに関する質問（子どもは「写真を撮った」とは言っていないのに「誰が写真を撮った？」と尋ねる等）（第4講）。

ペリーらは，幼児，小学生，大学生を対象とし，法律家言葉の特徴①～⑥を含む質問と通常の質問を行った場合とで，回答に違いがあるかどうかを検討した（Perry et al., 1995）。その結果，法律家言葉による質問では，そうでない場

合に比べ正答率が低かった。加えて，特に年少児では質問や応答に対するメタ認知が困難になることが確認された。つまり，実際には質問は難しく，誤った回答をしていたとしても，それを自覚できず，理解できたか否か，正答か否かにかかわらず「理解できたし答えられる」を思い込んで回答していることが多かった。ケベルとジョンソンも，①〜⑦の法律家言葉による質問について検討し，これらの質問が誤った反応を引き出すことを示している（Kebbell & Johnson, 2000）。

筆者も子どもに対する法廷での尋問を分析したことがある。裁判官，検事，弁護人による797の質問を分析した結果，上の①〜⑦のような要素を含む質問に対しては「文による応答」が少なく，なされたとしても短い反応しか得られないことが示された（仲，2001）。これらの質問は子どもを混乱させ，本来ならば聴取可能な情報も聴取できなくしてしまう可能性がある。

2 望ましい質問

◆ 良い質問

それでは，どうすればよいだろうか。誘導，暗示，不適切な情報が面接者の口から出てくることを考えれば，一番良いのは，質問するのではなく，被害者や目撃者に何があったか紙に書いてもらうことかもしれない。事実，先述した2年生と5年生を対象とした実験では，ただ用紙に書き出した場合，その情報は他の条件よりも正確であり，また，虚項目に対する「見た」反応も起きにくかった（仲，2012a;第4講）。しかし，書き出すことによって得られる情報は，面接を行った場合に比べ格段に少ない。特に文字を学んでいない幼児や，自発的な検索方略を十分に用いることのできない児童では，面接というかたちで発話を促すことが必要となる。そうなると，面接者側から情報を出すことなく，できるだけ子どもの自発的報告を促す質問こそが「よい質問」だといえるだろう。これらが，いわゆるオープン質問である。

オープン質問には以下の4種類がある。
① 誘いかけ質問：「話してください」「何がありましたか」など，回答の範囲を定めずに自由報告を促す発話。面接の本題に入った際，最初に用いる

質問である。

② 時間分割質問：出来事は時間軸上に並んでいる。子どもが「叩かれた」とだけ述べたとしても，「叩かれる前，何があったかどんなことでも全部話してください」「叩かれた後，何があったかどんなことでも全部話してください」等，子どもが述べたことを区切りとして，前，後を話してもらうことができる。「叩かれる前」に「おじさんから怒鳴られた」と子どもが言えば，「おじさんから怒鳴られてから，叩かれるまでにあったことをどんなことでも全部話してください」と間を埋めてもらうこともできる。

③ 手掛かり質問：子どもが述べたことについて，さらなる情報を得る質問を「手掛かり」質問という。手掛かりとは，面接者が「服装は？ 模様は？ 色は？」と手掛かりを出すことではない。子どもが言及した事柄（「嫌なことがあった」）を手掛かりとし，それをもっと詳しく話してもらうための質問である。例えば「嫌なことがあったと言ったけれど，何があったか最初から最後まで全部話してください」と尋ねることができる。これに対し，子どもが「おじさんが叩いた」と言えば，「『叩いた』と言ったけれど，叩いたときのことを最初から最後まで全部話してください」「『おじさん』と言ったけれど，おじさんのことを，どんなことでも全部話してください」などと，さらなる拡張を求めることができる。

④ それから質問：子どもの報告をできるだけ持続させ，多くを話してもらうために，「そして」「それから」「それで」「その後は」などと尋ねる質問を「それから質問」という。時間軸に沿って進行していく出来事（エピソード記憶）について話してもらっているのであれば，「そして」「それから」「その後何があった」と尋ねることで，時間軸に沿ったさらなる情報の報告が期待できる。「おじさんは帰った」－「その後は」－「で，私は寝た」－「その後は」－「もうない。次の日の朝になった」のように，子どもが「終わり」「もうない」と言うまで，あるいは安全が確認される情報が報告されるまで「それから」と尋ねていく。また，意味記憶に属する情報（例えば，「おじさん」について）を話してもらっているのであれば，「他には何か知っていることある」「もっと話して」ということで，やはり，さらなる情報の報告が期待できる。これらも「それから質問」として分類できる。

以上は面接者から情報を提示することなく，被面接者自身に出来事の記憶を検索させ拡張させる，誘導・暗示のない質問である。これらに加えて，次のようなファシリテーター（促進子または促し：会話を促進させるうなづきやあいづち）も有効である。

⑤ エコーイング：被面接者の言葉の最後を繰り返す。子「おじさんが叩いた」-面「叩いた」

⑥ あいづち：子「おじさんが叩いた」-面「うん」

　ただし，これらのファシリテーターは報告の一部だけを強化したり，急かしたり，時には子どもの声と被ってしまうことがあるので注意が必要である。

◆ オープン質問の効果

　クローズド質問が与えられた選択肢からの回答を迫り，WH質問が「いつ，どこ，誰」などの焦点化された情報を引き出すための質問であることを考えれば，応答に制約をかけないオープン質問がより多くの情報を引き出すというのは，当然予想されることである。また，質問に含まれる情報が被面接者の記憶や応答の仕方に影響を及ぼすのであれば，オープン質問のように，面接者からの情報が含まれない質問は，より正確な情報を引き出すであろうことが期待される。第4講で示した2年生と5年生を対象とした実験（仲，2012a）でも，質問条件に比べオープン質問を主とする面接では，より正確な情報がより多く得られた。同様に，プールとホワイトは子どもが実験室で体験した出来事について，アグニュウらは虐待を受けたとされる子どもの現実の面接について，オープン質問がより多くの情報を引き出すことを示している（Agnew et al., 2006; Hershkowitz & Elul, 1999; Lamb et al., 2007b; Lamb et al., 2009; Orbach & Lamb, 2001; Poole & White, 1991; Sternberg et al., 1997）。

　スタンバーグらはNICHDプロトコルを用いた面接50件とそうでない面接50件について，各種質問がどの程度行われているか，子どもがどの程度詳細情報を報告しているかを比較した（Sternberg et al., 1997）。子どもの年齢は4～12歳であった。その結果，プロトコル面接では非プロトコル面接よりもオープン質問がより多く用いられ（15 v 5），WH質問やクローズド質問は少なかった（WH質問は17 v 26，クローズド質問は12 v 21）。また，プロトコル面接と非プ

ロトコル面接では，得られた詳細情報数には差はなかったものの（165 v 169），プロトコル面接ではオープン質問により得られた情報の割合が52％であったのに対し，非プロトコル面接では20％であった（しかも，クローズド質問，暗示質問による情報がその39％を占めていた）。

　重要なこととして，プロトコルが用いられたか否かによらず，オープン質問はWH質問やクローズド質問よりも多くの情報を引き出した。図6-1は，スタンバーグらの結果から算出した質問の効果（それぞれの質問を1回行った場合に得られる詳細情報の数，つまり1質問当たりの詳細情報数）を示したものである。これを見ると，どちらの面接でもオープン質問はWH質問やクローズド質問よりも多くの情報を引き出していることがわかる。非プロトコル面接における4～6歳児のデータではオープン質問の効果は小さいが，プロトコル面接ではやはりオープン質問の効果が見られる。ラポール形成や出来事を思い出して話す練習が，4～6歳からオープン質問でより多くの情報を得ることを可能にしていると思われる。

　なお，9～12歳群の結果を見ると，プロトコル面接のほうが非プロトコル面接よりもオープン質問に対する平均詳細情報数が少ないが，これは多くのオープン質問が行われ，1オープン質問あたりの情報項目数が相対的に少なくなっているためであろう。おそらく，「それから」「それから」などにより，報告されるべき情報が出尽くしたことを反映しているのだと考えられる。実際，オープン質問で得られた詳細情報の総数はプロトコル面接で102であり，非プロトコル面接での56のほぼ2倍であった。

　スタンバーグらの研究はアメリカで行われたものであるが，ラムらは同様の調査をイギリスで行い（Lamb et al., 2009），また，アグニュウらはカナダのケベック州においてフランス語によるNICHDプロトコルの効果を調査し（Agnew et al., 2006），類似の結果を得ている。イスラエルではハーシュコヴィツらが身体的虐待に関する面接を分析し，やはりオープン質問がWH質問，クローズド質問よりも多くの情報（語数）を引き出すことを示した（Hershkowitz & Elul, 1999）。仲も日本において専門家が行った模擬面接を分析し，どのような質問がどの程度情報を引き出すかを分析した。第Ⅱ部で示す通り，この研究でも，①誘いかけ，②時間分割，③手掛かり質問，④それから質問において，

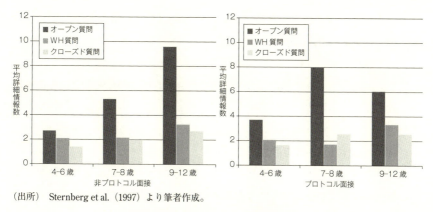

(出所) Sternberg et al. (1997) より筆者作成。

図6-1 スタンバーグの調査結果

WH質問やクローズド質問よりも多くの情報が得られることが見出された（仲, 2011b）。

　ところで、現実の事例では「真実」が何かを知ることは難しい（当事者であっても、何が起きたのかを詳細に記憶しておくことは困難であるだろう）。しかし、ラムらは現実の司法面接を対象に、興味深い検討を行った。被面接者が面接で報告した情報間の矛盾について分析したのである。矛盾するということは、どちらか一方が誤っている可能性が高いと考えられ（両方とも誤っている可能性もあるだろうが）、実際、裁判でも証言の一貫性は信用性を査定する上での重要な指標だとされる。

　ラムとフォーシャーは、どのような質問が矛盾する情報を引き出しやすいかを検討した。24件の面接（対象児童の年齢は平均6.5歳）を分析したところ、オープン質問への応答では矛盾情報は生じず、クローズド質問、すなわち選択質問や暗示質問において矛盾が生じていた（Lamb & Fauchier, 2001）。オーバックとラムは5歳女児の面接を事例的に分析し、矛盾情報の9割はやはり選択質問や暗示質問において生じること、オープン質問ではこういった矛盾は生じていないことを示している（Orbach & Lamb, 2001）。

　こういった研究から、オープン質問はより正確な情報を、より多く引き出すといえるだろう。

3　グラウンドルール

　次に面接の構造，特に導入におけるグラウンドルールの意義とその有用性に関する研究について述べる。

◆ **グラウンドルールの有用性**

　グラウンドルールとは，テニスコート，球場（グラウンド），あるいは教室など，特定の場所での活動に関する約束事である。司法面接では，正確な情報をできるだけ多く話してもらうという目的に即したグラウンドルールが用いられる。

- 本当：今日は，本当のことだけを話すのがとても大切です。本当にあったことだけを話してください。
- わからない：もしも質問の意味がわからなかったら，「わからない」と言ってください。
- 知らない：もしも質問の答えを知らなかったら，「知らない」と言ってください。
- 間違い：もしも私が間違ったことを言ったら，「間違ってるよ」と言ってください。
- その場にいない：私はその場にいなかったので，何があったかわかりません。どんなことでも，あったことを話してください。

それぞれのルールの有用性を検討した研究を紹介する。

◆ **本当と嘘**

　「嘘をつく」とはどのような行為だろうか。ストリチャーツとバートンによれば，嘘とは「事実」「信念」「意図」によって構成される行為である（Strichartz & Burton, 1990）。例えば，①ある事実（外は雨が降っている）があり，②自分もそのことを信じているが（外は雨が降っていると信じている），③他者に別の信念（外は晴れである）を信じ込ませようとする意図をもって，「外は晴れだよ」と言うならば，それは「嘘」だということになる。嘘をつくには，情報

源の区別（外で起きている事実と，自分の信念の区別）や，心の理論（自分の信念と他者の信念の区別）の理解が必要である（第2講；コラム6）。

ストリチャーツとバートンは，3歳，6歳，10歳，そして20代の成人を対象に，①発話（例えば「リーは部屋にいる」）が「事実」と一致するか否か，②発話が発話者の「信念」と一致するか否か，③誤った信念を信じ込ませようという「意図」があるか否かを操作した小話を作り，それが「嘘か本当かそれ以外か」を尋ねた（Strichartz & Burton, 1990）。

その結果，3歳児の3割が課題を理解できなかった。また，理解できたとしても，6歳までの幼児は「事実と異なること」（反事実）を「嘘」だと判断した。つまり，発話者が誤った信念のもとで（リーは不在なのに「リーは部屋にいる」と信じて）事実と異なること（「リーは部屋にいる」）を言った場合，これを「嘘」だと判断した。しかし，10歳になると信念を考慮した判断が可能となり，信念と異なる発話は「間違い」などと判断されるようになる。

このような信念や意図を考慮しての判断は容易ではない。しかし，少なくとも「事実」と「反事実」の区別ができるならば，「本当のことを言う」という法的な要請には応えることができるだろう。コラム6で示すように，上宮・仲（2009）は3〜6歳児を対象に，嘘の理解と産出に関する調査を行った。その結果，3〜4歳児であっても，完全にではないが，事実と一致すれば本当，事実と異なる内容であれば嘘と言うことができることが示された。これが確実になるのは5〜6歳であり，「事実と一致する」という意味での「本当」の理解は，5〜6歳児であれば十分に可能だといえる。

では，「本当のことを話してください」と教示することには意味があるのだろうか。NICHDプロトコルでは，本当のことを話してくださいと強調し，加えて「私の靴が（実際，黒い靴を履いているときに）赤いと言ったら，これは本当ですか，本当ではないですか」「子どもが（実際は座っているときに）座っていると言ったら，これは本当ですか，本当ではないですか」などと問う。

このように本当と本当でないことについて話をすることを，「本当（Truth）と嘘（Lie）についての議論（Discussion）：TLD」という。ロンドンとヌネズは，3〜6歳児を対象に次のような実験を行った（London & Nunez, 2002）。子どもに動物の声を聞かせ，おもちゃの小屋の中にいる動物を当てさせるのだが，この

ゲームの途中で実験者は「小屋の中を見ないでね」と教示して退席する。そして，子どもが小屋の中を見るか，あるいは5分間経過するまで待つ（実際，81％の子どもは小屋の中を見てしまう）。その後，面接者の「友人」たる人物が現れ，本当と嘘の区別を問うショート版のTLDか，架空の物語を示して本当と嘘の区別を求め，嘘／本当の良し悪しについても尋ねるロング版のTLDのどちらかを行う。これに加え，会話をするだけの対照群も設けられた。

その後，面接者は子どもに「小屋の中を見た？」と質問をするが，そこで「見ていない」と嘘をついたのは，ショート版，ロング版にかかわらず，TLDを行った条件ではおよそ6割（58％）であった。一方，会話をしただけの対照群では9割（87％）の子どもが嘘をついた。なお，重要なこととして，TLDの質問への回答の質と嘘をつくかには関連がなかった。つまり，嘘，本当という概念について説明できるか否かよりも，議論することそのものが，より誠実な反応を引き出すといえる。

この研究は，面接において嘘，本当に関するグラウンドルールを行う上で重要である。すなわち，TLDは子どもに「嘘」と「本当」の理解ができているか否かを確認するための課題ではない（上述のように3～4歳児であっても嘘，本当の理解はできる）。そうではなく，TLDは，嘘と本当を頭に思い浮かべ，本当のことを話すよう動機づけるための課題だといえる。

NICHDプロトコルの研修を行っていると，
　　面：私の靴は黒いですか。
　　子：はい。
　　面：そうですね，よくわかっていますね／はい，正解ですね。
というかたちでやりとりが終わることがあるが，「はい，〇〇さんは，本当と本当でないことの区別がよくわかっていますね。今日は本当のことを話してください」と，一歩進めて告げることが重要である。「本当のことを話してください」という約束が誠実さを高めるのだという指摘もある（Lyon, 2011）。

◆ 知らない・わからない・間違っている

第3講で，記憶に関わる方略成分について述べた。記憶にどの程度効率的，効果的にアクセスできるかは，記憶の方略成分により支えられている。また，

心に思い浮かんだものをどう報告するかにも，方略成分は関わっている。コリアトとゴールドスミスは，想起には次のようなプロセスがあるとした（Koriat & Goldsmith, 1996)。まず，想起を求められたならば，人は記憶を検索する。そして，候補を挙げ，それが確からしさの基準に合っているかどうかを判断し，基準を越えるならば報告する。「間違えてもともと，思い出せるものがあればどんなことでも思い出してください」と教示すれば，人は基準を下げて，曖昧なことであっても口にするかもしれない。しかし，推測で誤ったことを言えば大きな問題が生じるような場合には，基準を上げて，できるだけ正確なことを言おうとするだろう。

　一般に，オープン質問はクローズド質問よりも正確な報告を引き出すが，コリアトらはこの問題を，自分の回答をコントロールできるか否かという観点から検討した（Koriat et al., 2001)。オープン質問がなされた場合，被面接者は何をどこまで答えるか，自分で回答をコントロールすることができる。確信があれば口にし，確信がなければ言わないでおくことができる。しかし，クローズド質問では選択肢の選択，または「はい」か「いいえ」の回答が要請されるため，確信がもてなくとも何らかの答えをしてしまいがちになる。特に学校や家庭では「わかりません」と言うことが負の評価を受けることもあるため，子どもは記憶が曖昧であっても答えてしまいがちである。そしてそのことが，回答を不正確にするのだと論じている。

　事実，彼らは2〜3年生と5〜6年生を対象とした実験を行い，選択式の質問であっても，「わからない」というオプションをとることが許されている場合には回答は正確になること，自由報告であっても「必ず答えなければならない」と教示すると，回答は不正確になることを示している。「知らない」「わからない」というオプションがあることを明示的に示すことは，回答をより正確にするといえるだろう。

　ウォーターマンとブレイズも類似の結果を見出している（Waterman & Blades, 2011)。彼らは6歳児と8歳児に2人の女性のやりとりを見せ，翌日，この出来事について面接を行った。その際，「基本条件」の子どもには「知らないことは知らないと言ってください」という教示だけを行い，「追加条件」の子どもには，この教示に加えて，「私はその場にいなかったので何があったかわか

りません。……私は答えを知らないので，答えを教えてあげることはできません」という教示を行った。その結果，特に6歳児において，追加群での（答えられないWH質問に対する）「わからない／知らない」反応が多かった。彼らはまた，上記のような教示でなくても，子どもに自由報告を求めること自体が，答えられないクローズド質問に対する「わからない／知らない」反応を増加させることを示している。丁寧に教示を行うことや自発的な報告を求めることが，より慎重な判断をもたらし，より正確な報告を可能にするものと考えられる。

　日本では越智と長尾が，4～5歳児を対象に次のような実験を行った（越智・長尾，2009）。まず，物語を提示した後に誘導質問を行い（「主人公のきつねの名前はコンタだったよね」〔実はコンチ〕），誤った答えを言わせた上で訂正するというトレーニングを行った。その際，こういった質問を1回だけ行う条件（1回群），この質問に加えて「○○ちゃんは女の子だよね」（実は男児である場合）等の質問を4回行う条件（4回群），および，教示ではなく，自由再生を促す目的で描画を求める条件（描画群）を比較した。その結果，特に4回群において，誘導的な質問に対し「わからない」という適切な反応が多かった。こういった教示，練習を行うことも効果的だといえるだろう。

◆ どんなことでも全部話してください

　コリアトらは，人は確信のある記憶は報告し，そうでない記憶は報告を差し控えるというコントロールを行っているとした（Koriat & Goldsmith, 1996; Koriat et al., 2001）。こういったコントロールのみならず，人は，聞き手の態度や期待に沿って報告するか否かを決定しようとするだろう。この内容は相手にとって重要だろうか，このようなことを話して笑われないだろうか，詳しすぎたら相手はうんざりしてしまうのではないだろうか……。思い出せることをすべて報告するわけではなく，自分でフィルターをかけて，報告する内容とそうでない内容とを取捨選択していると考えられる。

　司法面接の研修で行うロールプレイでは，被面接者役となった人が「自分ばかり話していると，相手が飽きてしまうのではないかと不安になる」という感想をもらすことがある。こういった反応も，被面接者が自身の発話をコントロールしていることを示唆している。とりわけ子どもは「大人は何でも知って

いる。大人は私の知識を確認しているだけだ」と考えがちである（Siegal, 1999）。そのため，面接者が「私はその場にいなかったので（私はあなたに会うのが初めてなので），何があったかわかりません。だからどんなことでも全部話してください」と告げることは重要である。

「どんなことでも全部話してください」という教示は，第7講で紹介する認知面接法（Fisher & Geiselman, 1992）でも用いられる技法である。認知面接では記憶をよりよく思い出し，報告してもらうために，「全部話してください」（悉皆報告），「文脈を詳しく思い出してください」（文脈再現），（最初から順に報告してもらった後）「今度は最後から逆向きに話してください」（異なる順序での想起），「視点を変えて（例えば犯人の視点から見えたものを）思い出してください」（異なる視点での想起）などの教示を行う。メモンらは，認知面接を扱った研究をメタ分析し（多数の研究結果を統計的に分析し，全体の傾向や効果を調べること），これらの教示のなかでも悉皆報告と文脈再現は効果が大きいこと，異なる順序での想起と異なる視点での想起については，効果があったとする研究と見出せなかったとする研究があることを示している（Memon et al., 2010）。筆者の研究室でも白石らが大学生を対象に悉皆報告の教示について検討した。その結果，この教示がある場合は，ない場合に比べ報告量が約4割増加した（白石ほか，2006）。ただし，低年齢の子どもでは，文脈再現が混乱をもたらす場合もあるので（仲，2012a），筆者らは悉皆報告だけを用いている。文脈再現についても研究が進めば，これを取り入れることも可能かもしれない。

以上，グラウンドルールについて見てきた。グラウンドルールは，より正確に報告するように子どもを動機づけ，また，正確に報告するための方法を教示する手続きだといえるだろう。本当についての教示は，子どもに本当のこととそうでないことを意識させ，本当のことを言うように促す。「私の質問がわからなかったら『わからない』と言ってください」「質問の答えを知らなかったら『知らない』と言ってください」「私が間違っていたら『間違っているよ』と言ってください」は，子どもがもっている語用論的知識（大人に対し，わからない，知らない，間違っているというのは不適切）を乗り越え，より正確に報告しようという態度を動機づけるだろう。そして，「どんなことでも話してください」は，「詳しすぎない」「話しすぎない」という会話の公準（Grice, 1975）

を解除する役割をもっているのかもしれない。これらのグラウンドルールは，省くことなく行うことが重要である。

◆ ラポール形成と出来事を思い出して話す練習（エピソード記憶の訓練）

ラポールとはフランス語で「持ち寄る」という意味である。臨床的なカウンセリングでは受容的，親密な関係性を表すが，司法面接におけるラポール形成はリラックスして話せる関係性の構築を目指す（英国内務省・英国保健省，2007）。MOGPのラポール段階では，子どもを安心させ，リラックスして話すことができるようにすること，認知発達や言語発達の程度を査定することが強調されているが（アルドリッジ・ウッド，2004），近年では，オープン質問を行い，自由報告で話してもらうことの効果が強調されるようになった。

例えば，スタンバーグらは，性虐待，性被害の申立をした4～12歳の子ども51人への面接を分析した（Sternberg et al., 1997）。そのうち25人については，オープン質問を多く含むスクリプト（台本）に沿ってラポール形成が行われ（オープン質問群：「ハヌカ（イスラエルのお祭り）の最初の夜にあったことを全部お話ししてください」），残り26人については，クローズド質問を多く含むスクリプトに沿ってラポール形成が行われた（クローズド質問群：「ハヌカの最初の夜，あなたはろうそくに火をつけましたか」）。その結果，本題における最初の発話の語数および詳細情報は，オープン質問群が，クローズド質問群の約2.5倍であった。また，オープン質問群の子どもは，面接の後半においてもより多くの情報を提供した。これは，かなりの報告がなされた後でも，また終盤で確認すべき詳細情報の収集においても，オープン質問によるラポール形成の効果が持続していることを示唆している。同様に，ブラウンらも出来事を思い出して話す練習をオープン質問，またはクローズド質問を用いて行った（Brown et al., 2013）。その結果，オープン質問を用いた練習のほうが，後の面接においてより正確な報告を引き出すことが示された。

では，WH質問によるラポール形成を行ったらどうだろうか。ロバーツらは，オープン質問によるラポール形成とWH質問によるラポール形成の効果を比較した（Roberts et al., 2004）。彼らの実験では，3～9歳のアメリカ人の子ども144人が写真スタジオを訪れ，海賊の衣装を身につけて写真を撮るなどの活動

を行った。その1週間後，または1か月後に，その出来事についての面接を行った。面接ではグラウンドルールを示し，オープン質問によるラポール形成（「あなたのことをお話ししてください」）か，WH質問によるラポール形成（「何歳ですか」）を行った。その結果，1週間後の面接においても，1か月後の面接においても，オープン質問によるラポール形成を行った条件で，子どもはより多くより正確な情報を提供した。

　こういった研究成果により，オープン質問によって自由報告を促し，自発的に話すよう動機づけることが，ラポール形成の大きな目的だと認識されるようになった。NICHDプロトコルでは，グラウンドルールの後，被面接者となる子どもの趣味（何をするのが好きか）を尋ね，報告してもらう。その後，過去の出来事を思い出して話す練習を行い，ここでも自発的な報告を促す。いずれにおいても，情報をもっているのは子ども自身であることを尊重し，リラックスしてできるだけ多くのことを話してもらう。そうすることにより，子ども自身も「自分はこんなに話せるんだ」と感じられるような事前準備が可能となる。

コラム6　子どもによる嘘・真実の理解　【上宮愛】

　子どもの証言能力を査定する上で，子どもが嘘（本当でないこと）や真実（本当のこと）をどのように理解しているかを知ることは重要である（Burton & Strichartz, 1991; Lyon & Saywitz, 1999; Myers, 1993; Walker, 1993; 仲・上宮，2005）。実際，欧米諸国の実務場面においても，面接の冒頭部分で，子どもに「（本当は車で来たにもかかわらず）『今日あなたはここにヘリコプターで来ました』と私が言ったら，私は嘘をついていますか，本当のことを話していますか？」「嘘とはどういうことですか？」など，嘘と本当の理解を調べる課題が実施されている（アルドリッジ・ウッド 2004; Huffman et al., 1999）。しかし，これらの質問で，はたして本当に子どもの嘘や真実の理解を査定することができるのだろうか。

子どもによる嘘・真実の概念理解の発達　　上宮・仲（2009）は，7種類の課題を用いて，日本の子どもの嘘や本当[1]の理解について検討を行った。3〜6歳の幼児73名（年少児20名，年中児28名，年長児25名）を対象に，①人形の発話が嘘か本当かを判断する（同定課題），②嘘／本当の発話について「良い」か「悪い」かを判断する（善悪判断課題），③嘘／本当の定義をする（定義課題），④嘘と本当の違いについて説明する（弁別課題），⑤嘘をつくとどうなるかについて説明する（結果の予測課題），⑥嘘と単なる誤りを弁別する（嘘・誤り課題），⑦2つの箱の中身について，一方については本当のことを述べ，他方については適切な嘘をつく（行動課題）などの課題を実施した。

　各課題の正答率を図 C6-1 に示した（図に示した正答率は3つの年齢群の参加者を合わせて算出したものである）。①同定課題（嘘が適切に同定できた率は年少65％，年中・年長100％；本当が適切に同定できた率は年少80％，年中・年長98％），②善悪判断課題（嘘を悪いとする率は年少70％，年中92％，年長100％；本当を良いとする率は年少65％，年中88％，年長100％）[2] などの二者択一式の課題では，正答率が高かった。4歳頃には，発話の嘘，本当をそれぞれ正しく同定でき，嘘は「悪い」，本当のことを話すのは「良い」という理解が可能になると言える。これは，海外での研究結果とも一致する（Bussey, 1992; Peterson et al., 1983）。

　これに対して，言語による説明が求められる，③定義課題（嘘を適切に定義できた率は年少30％，年中43％，年長59％；本当を適切に定義できた率は年少25％，年中42％，年長50％），④弁別課題（嘘と本当の違いを説明できた率は年少20％，年中22％，年長44％），⑤結果の予測課題（嘘の結果を予測できた率は年少35％，年中77％，年長87％；本当の結果を予測できた率は年少30％，年中58％，年長46％）では，正答率が低かった。海外の研究によれば，10歳児であっても，嘘や真実の定義やその違いについて説明するのは難しいとされる（Pipe & Wilson, 1994）。

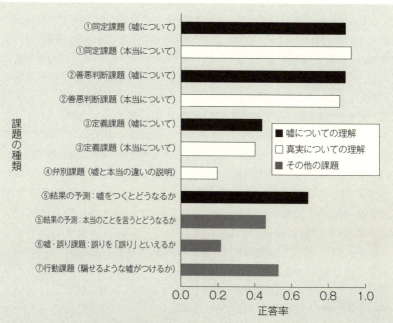

(出所) 上宮・仲(2009)を一部改変。

図 C6-1　課題ごとの正答率

　また，⑥嘘・誤り課題において，子どもが単なる誤りを「嘘ではない」と正しく回答した率は，年少児で5％，年中児で16％，年長児で44％であった。本研究では，先行研究に比べて⑥嘘・誤り課題の成績は比較的低かった。シーガルとピーターソンによれば，課題の内容をより日常的で具体的なものにすれば（例えば，腐っている食べ物を腐っていると知りながら，相手に「食べても大丈夫」と言う），3歳児で59％，4歳児で68％，5歳児で71％というように，より低い年齢の子どもでも嘘と誤りとを弁別できるという (Siegal & Peterson, 1996)。

　最後に，⑦行動課題において，相手を騙せるような嘘がつけた率は，年少児で15％，年中児で46％，年長児で44％であった。

　図 C6-1 の白色のバーは「本当」，黒色のバーは「嘘」について尋ねた課題である。「嘘」について尋ねた課題のほうが，「本当」に関する課題に比べて成績が高い傾向が見られる。言葉で説明を求める難易度の高い課題でも，⑤結果の予測課題では，嘘に関する年中児，年長児の回答率は比較的高い。これらの結果は，「本当」よりも「嘘」の概念のほうが先に獲得される可能性があることを示唆している。

第6講　面接法研究

最後に，①〜⑥の概念理解と⑦「行動課題」との関連について検討した。その結果，⑦「行動課題」で適切な嘘がつけるかどうかは，⑥「嘘・誤り課題」の一部である「誤信念の理解（相手の心の状態を理解する能力：心の理論課題）」でのみ予測できた。つまり，子どもが相手を騙すような嘘をつけるか否かは，①〜⑤の課題では測定できない可能性がある。

嘘や真実の概念理解と子どもの証言能力の査定　　上記の①〜⑤は，これまで実務の中で子どもの証言能力の査定に用いられてきた課題だが（アルドリッジ・ウッド 2004; Huffman et al., 1999），これらの課題では子どもの嘘をつく能力を予測することはできなかった。子どもの嘘や真実の理解について知ることは，証言能力を査定する情報の1つとなる可能性はある。しかし，近年の多くのガイドラインでは，嘘や真実の理解を問う質問に子どもが適切に回答できたからといって，その証言内容の信憑性が高いとはいえないとしている。また逆に，子どもがこれらの質問に回答できなかったとしても，その証言内容が正しくないとはいえない（Faller, 2007; Poole & Lamb, 1998; Walker, 2005）。NICHDプロトコルにおいても，本当のことを話すよう動機づけはするが，嘘と真実の理解の程度を測定することは，特段推奨していない。嘘や真実の理解を問う課題を通して子どもの能力のどの部分を測定しているのかは，慎重に検討しなければならないだろう。

注
1：幼児にとって「真実」という単語は難しく，理解できない可能性があるため，上宮・仲（2009）の課題においては「真実」の代わりに「本当」という単語を用いた。
2：必ずしも「嘘は悪い」「本当は良い」というのが正答とは限らないが，本研究では「法廷での証言」という観点からこれらを正答とし，分析を行った。

第7講
司法面接の展開：弱者への面接，被疑者・被疑少年への面接，家事面接

　第6講までは，被害が疑われる子ども，事件，事故の目撃者となった子どもへの面接を中心に，子どもの特性や面接法の工夫，特徴について述べてきた。ここでは，その他の対象者に対する広義の司法面接について述べる。ここを読むことで，読者は司法面接を相対化し，面接における重要事項をよりよく把握することができるだろう。

1　被害者・目撃者への面接法

◆ 近年の展開

　第1講で述べたように，狭義の司法面接は子どもの目撃者，被害者を対象としている。しかし，近年では狭義の司法面接と同様の手続きが，その他の対象者にも用いられるようになった。

　例えば，イギリスのガイドライン MGOP のアップデート版である ABE (Ministry of Justice, U.K., 2011) では，子ども（17歳未満から18歳未満へと引き上げられた）や知的障がい，身体障がい，精神障がいをもつ人，事件に遭遇したためにおびえている人にも同様の面接を行うことが認められた。また，イスラエルでは，殺人のような重大な事件を目撃した子ども，性加害の疑いのある少年，知的障がいのある被疑者の面接にも NICHD プロトコルが用いられている（被疑少年のプロトコルについては，Hershkowitz et al., 2004；本書付録2）。オーストラリアでも，実務において，性加害をしたことが疑われる少年被疑者や知的障がいをもつ被疑者に対し，司法面接が用いられている。

こういった拡大の背景には，「適切に話を聞いてもらう」という権利が意識されるようになってきたということがあるだろう。捜査への協力を申し出た目撃者が思い込みの激しい面接者により誘導されてしまったならば，その努力は無駄になり，事件の解決は遅れてしまう。被害者がやっとの思いで話したのにもかかわらず，正確な聴取・記録がなされなければ，事件は解決されず，被害者は困難な状況に取り残される。被疑者の場合，不適切な聴取の影響はより深刻である。犯罪を犯した被疑者から十分に話を聞けなければ，事件は解明されない。無実の被疑者が不適切な聴取を受け，虚偽自白をし，誤った判決が下されたとなれば，（死刑のある日本では）命にも関わる大問題である。正確な聴取，正確な記録は，人権を支える手続きの1つだといえるだろう（仲，2012c）。どのような事態であれ，人は適切に最良の方法で話を聞いてもらう権利をもっているといえるだろう。

　このことを達成するために，司法面接の特徴，すなわち正確な情報を得るためにオープン質問を用い自由報告を得ること，そして自由報告が得られやすいように面接を構造化することが，他の面接法でも活かされるようになってきたように思われる。まずは被害者・目撃者を対象とする他の面接法を概観し，被疑者面接と家事面接についても紹介する。

◆ 種々の司法面接

　表7-1は，ウォーカーとハントが1998年に示した，種々の司法面接法の比較である（Walker & Hunt, 1998）。これを見ると，司法面接の基本的要素は示されているが，今よりも事務的な情報を得ることが重視されていたようである。一方で，現在強調されている面接の練習はあまり用いられていなかった。また，当時は必要に応じてアナトミカルドールが用いられていたが，近年ではこういった補助物は用いられなくなった。人形については，人形を用いても言語で報告される以上の情報が得られないこと，特に幼児においてはファンタジーが引き出される可能性が増加することなどが，その理由である（Lamb et al., 2008; Thierry et al., 2005）（コラム7）。

　表7-1のうち，現在でも用いられている面接法を●印で示す。これらの面接法について説明する。

MOGP（現在のABE）については第1講，第2講ですでに見た通りである。開発当時は補助物（人形）が用いられていたが，2007年には使われなくなった。構造面接はドイツの面接法である。まず挨拶をし，ラポールを築く。その後グラウンドルールを行い，自由報告を行う。自由報告は，質問を挟んで3回行う。ステップワイズ面接はカナダで使われている面接法である。ラポールを築いた後，出来事を思い出して話す練習を行う。そこでは，事件と関係のない出来事を2つ思い出してもらう。その後，グラウンドルールを行い，自由報告に入り，質問をして終了する。

◆ 認知面接法

　すでに何度か言及したが，認知面接法は1980年代にフィッシャーとガイゼルマンが開発した，主として大人の目撃者を対象とする面接法である（Fisher & Geiselman, 1992; 第6講）。カリフォルニア警察で用いられ，その後アメリカの司法省によるガイドライン「目撃証拠：警察官のためのガイド」やイギリスのABE「最良の証拠を達成するために」にも引用され，広く用いられている。日本でも，2012年に警察庁から出された「取調べ（基礎編）」という取り調べの教本（警察庁, 2012; 田崎, 2013）に取り入れられている。

　この認知面接法も自由報告を重視している。面接者が一問一答のように会話をコントロールするのではなく，被面接者に会話をコントロールする役割を担ってもらう（コントロールの委譲という）。質問を行う場合は，被面接者が今まさに思い浮かべていることについて尋ねることを重視する（適合した質問という）。

　この面接法の特徴は，自由報告を促すためにいくつかの技法を用いることである。すでに第2講，そして第6講のグラウンドルールの箇所でも述べたが，よく知られている技法としては以下のようなものがある。「」内の教示文は，ミルン・ブル（2003），Saywitz et al.（1992），白石ほか（2006）を参考に作成した（仲, 2014c）。

・文脈再現：見たもの，聞こえたもの，匂い，手触りなどの文脈をできるだけ思い出してもらい，その上で報告を求める。「出来事を見た／体験したときのことを，○○さん（被面接者）が今そこにいるかのように思い描い

表 7-1 子どもの目撃者／被害者の面接法とその主要手続き

面 接 法	①ラポール	②面接の目的
●心理評価（米国虐待児専門家協会:APSAC）	○	
●認知面接（Fisher 他）	○	○
●構造面接（Köehnken）	○	○
●ステップワイズ面接（Yuille et al 1993 他）	○	
● MOGP（英国内務省）（後継版の ABE）	○	○
性的虐待児の面接（Jones）	○	
子どもの目撃者（Perry 他）	○	○
実務家のために（McGough 他）	○	
NCCAN レポート（Saywitz 他）	○	○
推奨%	100	55
実際%	60	62

(注) ○：推奨される手続き。△：必要な場合のみ用いる手続き。●：現在でも使われている面接法。
(出所) Walker & Hunt（1998）をもとに筆者作成。

てみてください。どんな場所だったか，思い出してください。どこにいましたか。その場所の様子はどうでしたか。見えたもの，聞こえたもの，明るさ，匂いはどうでしたか。他に誰かいましたか。どんな気持ちがしましたか。心の中で鮮明に状況を思い描いてください」。
・悉皆報告：被面接者が話し控えることのないように，すべてを報告するように教示する。「○○さんが重要でないと思うことでも，完全には思い出せないことでも，どんな些細なことでも，思い出せるすべてのことを話してください。あなたにとって重要ではないように思われることでも，私（面接者）にとっては重要かもしれません。頭に浮かんだことすべてを，○○さんのペースで話してください」。
・異なる順序での想起：順に報告を求めた後，出来事を逆の順序で話してもらう。そうすることで，抜け落ちていたことが思い出されることがある。「たくさん思い出すのに役立つ方法を試してみましょう。通常は出来事を

③グラウンドルール	④自由報告	⑤クロージング	⑥直接的質問	⑦補助物
	○		○	○
○	○	○	○	
○	○	○	△	
○	○	○	△	△
○	○	○	△	△
○	○	○	○	△
○	○	○	△	△
○	○		△	△
○	○	○	△	
88	100	77	33-100	11-66
25	2	41	100	88

最初から始めて最後に向かって思い出しますが，ここでは出来事を最後から順に話してください。○○さんが思い出せる，一番最後に起きたことは何ですか。そのすぐ前に起きたことは何ですか。さらに，そのすぐ前に起きたことは……」（被面接者が事件の最初に行き着くまで繰り返す）。

・異なる視点での想起：例えば，犯人の位置からはどのようなものが見えたと思うか，その観点で思い出してもらう。「それでは思い出すことを助けるためのもう１つの方法を試してみましょう。推測したりあてずっぽうでは話さないでください。○○さんが最初に事件を見た時とは異なる視点から，または事件の場にいた他の人の視点で，出来事を思い出してみてください。例えば，出来事で重要な役割を果たした人に自分を重ねてみたり，その人が何を見たのかを考えてみてください」。

認知面接法についての実験研究は多い。第6講でも触れたが，メモンらは57件の研究を対象にメタ分析を行い，認知面接法は対照条件に比べ正確な情

報をより多く引き出すこと，ただし誤った情報もわずかだが引き出されること，文脈再現と悉皆報告の効果が大きいこと，幼児と高齢者では，高齢者において認知面接法の効果が大きいことなどを示している（Memon et al., 2010）。

子ども用には，技法の数を減らした修正認知面接法（Modified Cognitive Interview）がある。修正認知面接法には文脈再現と悉皆報告の技法は含まれるが，異なる順序での想起，異なる視点での想起は難しいとされ用いられていない。また，筆者らの調査では，高学年の児童では文脈再現の効果が見られたが，低学年の児童では状況をイメージすることがかえって記憶に混乱を生じさせた（仲，2012a）。子どもに用いる場合は，年齢を考慮することが必要である。

◆ NICHDプロトコルの位置づけ

ウォーカーとハントの論文が公刊された1998年の時点では，NICHDプロトコルはまだ発表されておらず，表に含まれていない。NICHDプロトコルは，1990～2000年代の面接法研究の成果，ならびに種々の面接法で工夫されてきた諸要素を取り入れ，スクリプト化（文言を台詞化）したものとして位置づけられる。台詞化の理由は，専門家に司法面接の研修・トレーニングを行い，知識は伝達できても，面接を実施する具体的スキルの習得は困難であることが示されてきたからである（Lamb et al., 2008）。

アメリカで司法面接のトレーニングを行っているアメリカ児童虐待専門家協会（American Professional Society on the Abuse of Children: APSAC）のトスは，NICHDプロトコルと類似した面接法として，以下のような面接法を挙げている（Toth, 2012）。

- ステップワイズ面接（カナダ）
- MOGPとABE（イギリス）
- ミシガン州面接プロトコル（修正版）
- ワシントン州児童面接ガイド
- オレゴン州面接ガイドライン（第二版）
- オハイオ州児童のためのフレキシブル面接ガイドライン
- 国立児童権利擁護センター（NCAC: National Children's Advocacy Center）フレキシブル面接モデル

・ノースカロライナ州 RADER 面接法（NICHD プロトコルの適用）
・FBI 児童捜査面接

　司法面接は特定の「型」や「作法」のようなものではなく，子どもから自由報告を最大限得るために緩く構造化された，面接法の一般的名称だといえるだろう。

2　被疑少年への面接法

　犯罪被疑者に対しては，多くの国々で糾問的なアプローチ，すなわち自白を追求することを第一の目標とする尋問が用いられてきた。そこでは，重大化（証拠をほのめかしたり，「大変な罪だ」などと重圧をかけること）や矮小化（「そのような行為はたいしたことではない」「仕方がない選択だった」などと被疑者のメンツを保ち，罪は軽いという印象を与えること）などの技法も用いられてきた。しかし，現実事例においても実験研究においても，こういった技法は罪を犯した人のみならず，無実の人からも「自白」（この場合は虚偽自白）を引き出すことが指摘されている（Meissner et al., 2010; レビューとして仲，2012c，2014c）。

　筆者も複数の冤罪被害者（有罪となり，後に無実であったと判明した人）から話を聞いたことがある。これらの人たちからは，共通して次のような報告が出てきた。

・最初から「やった」と決めつけられ，話を聞いてくれない。
・周囲から孤立させられ見放されたという気持ちにさせられる。
・耐えられずに「やった」と言ってしまうと，詳細情報を求められる。
・やっていないのだから詳細はわからないのだが，「わからない」と言うと反省が足りないと責められる。
・ヒントを与えられたり，自分でも「間違わないように」して，詳細情報を作ってしまう。

　ある冤罪被疑者は「被害者はどのような服を着ていたか」と尋ねられ，あてずっぽうで「Tシャツか」と言った。すると「どんな図柄だったか」と尋ねられたので「図柄」があったのだと推測し「文字が書いてあった」と言ったところ「その通りだ。あなたはやはりやったんだな」と言われた（個人が特定されな

いよう，改変している）。図柄の話をしていないのに「どんな図柄だったか」と尋ねるのは暗示質問である。WH質問の形式はとっていても，被面接者を誘導する質問であることは，第4講，第5講でも触れた。

　こういった糾問的なアプローチの問題は諸外国でも認識されるようになり，近年は自白を求めることよりも，情報を収集することを目的とした情報収集アプローチへの関心が高まりつつある。以下，こういった情報収集アプローチについて述べる。イスラエルで用いられている被疑少年を対象とするNICHD被疑者面接プロトコル（知的障がいをもつ大人の被疑者にも類似の面接法が用いられる）と，イギリスで1992年から用いられているPEACEモデルである。どちらも自由報告を重視する，構造化された面接法である。

◆ NICHD被疑者面接プロトコル

　イスラエルでは目撃者・被害者への面接だけでなく，性加害が疑われる被疑少年に対しても司法面接が用いられている。ハーシュコヴィツらは，そのような少年72人の面接を分析した（Hershkowitz et al., 2004）。少年たちは9～14歳（平均12歳）であり，3人は性器，肛門，口への挿入，16人は服の下，22人は服の上からの接触，1人は露出の疑いがもたれていた。いずれも目撃者の報告，他の被害者の報告による補強証拠があり，蓋然性は高い事例だと推定された。

　被面接者のうち21人は否認し，28人は一部否認し，23人は加害を認めた。図7-1に面接者の発話，図7-2に被面接者の発話の分析結果を示す（12.5歳以下とそれ以上が分かれているのは，イスラエルでは，この年齢を境として法的対応が異なるからである）。なお，否認した人は何も情報を出さなかったので被面接者の図では省略されている。

　面接者は全体としてWH質問を最も多く用い，オープン質問はWH質問の1/3～1/2であった。しかし，図7-2を見ると，オープン質問によってより多くの詳細情報が得られていることがわかる。オープン質問はWH質問の1/3～1/2であるにもかかわらず，そこで得られた詳細情報は，WH質問で得られた詳細情報の1/2～2倍だからである。一部否認した子ども，特に12.5歳以下の子どもではオープン質問の効果が大きく，「そして」「それで」により多くの情報が産出された。

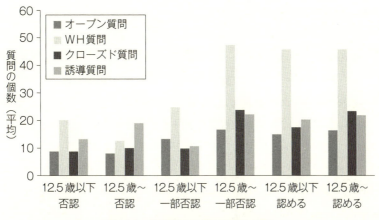

図 7-1　面接者の発話の種類と個数

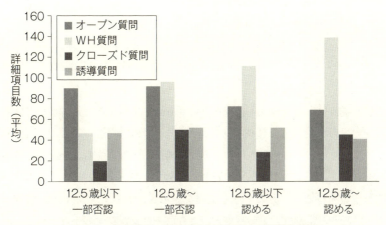

図 7-2　被面接者（被疑少年）が報告した詳細項目数

　ハーシュコヴィッツらの論文の付録には，用いられた面接法が示されているが，司法面接の場合と大きくは変わらない。その手続きに準じたプロトコルを付録2に示す。

第7講　司法面接の展開：弱者への面接，被疑者・被疑少年への面接，家事面接　　103

3　PEACEモデル

◆ PEACEモデルとは

　PEACEモデルはイギリスの被疑者面接法である。1970～80年代に起きた冤罪への反省から，イギリスでは，1984年警察刑事証拠法（Police and Criminal Evidence Act 1984）により被疑者取調べを録音するようになった。

　しかし，録音を意識することで捜査官が萎縮し，取り調べがうまく運ばないという問題も起きた（ミルン・ブル，2003；ブルほか，2010；Bull & Soukara, 2010；Shepherd, 2007）。このような問題を踏まえ，1990年初頭より検討され用いられるようになったのがPEACEモデルである。PEACEは以下の段階の頭文字をとったものである。

　・P：計画（Plan）と準備（Preparation）
　・E：説明（Explain）と引き込み（Engagement）
　・A：アカウント（Account: 説明，供述，弁解のこと）
　・C：クロージング，終結（Closure）
　・E：評価（Evaluation）

　まず，事前に十分な調査，捜査を行い「計画」を立てる。被害者や目撃者への面接で得られた情報を整理し（第10講で述べるSE3Rを用いる），重ね合わせ，事件の流れを把握するとともに，供述間の齟齬も明確にする。そして面接の見通しを立て，どのような質問で被疑者を「引き込む」か，どのようなトピックに関し情報を得るか，どのような証拠を開示し，チャレンジ（矛盾の指摘）を行うか，行うとすればどの時点でどのようにチャレンジするかについても計画を立てる。

　面接では，被疑者の権利，面接の意味や手続きを丁寧に説明し，被疑事実を簡潔に示し，黙否権について説明した後，的確な質問を行って被疑者を会話に「引き込み」，被疑者と対立することなく情報収集を行う。本題部分では，まずオープン質問で被疑者の「アカウント」（説明，供述，弁解の意）を尽くさせ，その上で捜査側が確認する必要のあるトピックについて情報を得る。ここでも主としてオープン質問を用い，嘘をついていることが明白であってもまずは情

報収集に徹する。その後，必要であれば計画的に証拠を開示したり，供述内の齟齬や証拠との齟齬を指摘し（チャレンジという），さらなるアカウントを求める。その上で面接のクロージングを行い，面接終了後，他の証拠と照らして供述の評価を行う。

◆ 面接の背景

面接では下記の項目が特に重要だとされる。
- 面接に当たっては，面接官に外圧がかからないようにする。また，面接官が自分自身に圧力をかけないようにする。手柄を立てる，失敗は許されないといった圧力がかからない立場の捜査官が面接を行う。
- 基本的欲求（睡眠，食事等）が満たされていなければ話はできない。被疑者においてこれらが満たされているか，確認する。
- 被疑者と対立しないように常に心がける。面接では第一印象が重要なので，房に被疑者を迎えに行く手続（ピックアップ）にも細心の注意を払う。
    - ノックをしてから入る。
    - 中立で，丁寧で，相手を尊重した態度をとる。
    - 自己紹介をし，名前，呼び方を確認する。
    - 食事，睡眠，体調，水分などの要請にも気遣う（利益供与ではなく，適切な体調が保てるようにである）。
- 被疑者がリラックスして話せるように配慮する。例えば，イギリスでは間に机を置かないなどの工夫をする。司法面接と同様ハの字型の位置（120度程度の角度）に座り，近づきすぎない。

なお，イギリスでは事務弁護士（ソリシター）の同席が許される。被疑少年の場合は「適切な大人」（コミュニケーションを助ける人）と保護者が立ち会う。

◆ 面接の手続き

イギリスでは被疑者を勾留できる期間は48時間であり，裁判所の許可があれば72時間まで延長が可能であるが，1回の面接は2時間と定められている（期間内に面接を数回繰り返すことは可能である）。この事情は日本とは大きく異なるが，それでも面接の構造からは学べることがあるだろう。筆者は，2012年

に3週間，イギリス・サセックス州で被疑者面接研修を受講する機会を得た。そこで得た知識をもとにPEACEモデルによる面接の手続きをNICHDプロトコルにならってまとめておく（付録3）。

なお，イギリス警察では5層の面接研修がある。第1層は職務質問などの面接の基礎であり，第2層は複雑でない事案の被疑者，被害者面接である（1～2週間程度）。これらの研修を受け，一定の経験を積んだ警察官は第3層の研修，すなわち強姦，強盗，殺人といった重い事案の被疑者，被害者面接の研修を受ける。第4層はトレーナー養成，第5層はコンサルタント養成である。筆者は被害者面接の第2層（1週間）と第3層（2週間），被疑者面接の第3層（3週間）を受けたが，面接法が構造化され，自由報告が重視されていることはどの層であっても共通している。

◆ オープン質問とラポール

被疑者取り調べの方法について検討した研究をいくつか紹介したい。

PEACEモデルによる被疑者面接については，ブルとスーカラが4つの研究を行い，PEACE導入後の計330件の面接を分析している（Bull & Soukara, 2010）。その結果，被疑者の協力と関係があるのはオープンマインド，柔軟性，ラポール形成，被疑者への反応性であり，推定有罪（最初から有罪だと仮定して臨むこと）や被疑者に適切に反応しないことは，被疑者の抵抗と相関があることが示された。また，オープン質問，証拠の提示，質問の繰り返し（これは本来適切ではないが）が自白と関わっていることも見出された。これらの研究は，現実の取り調べ（録音データ）を分析したものとして重要である。

その他，警察官や被疑者の意識を調査した研究も散見される。例えば，グッドマン-デラハンティは環太平洋諸国（オーストラリア，インドネシア，フィリピン，韓国，スリランカ）の警察官に対し，どのようなラポールが効果的だと思うかを尋ねた（Goodman-Delahunty & Howes, 2013）。①類似性・相性のよさを示す（共通点を見つけて話す，共通点がなくても体型，文化，好み等の相手との類似点をアピールする），②互恵性を示す（自分のことを話し，被面接者にも話してもらう），③希少価値のある物の提供（めずらしい飲み物を与えるなど），④好感を示す，⑤権威を示す（制服，立場など），⑥相手に同調する，⑦コミットメント（小さ

な頼みを聞いてもらうなどしてつながりをもつ），⑧連帯感を示す，などの方法について どの程度使用するか評定を求めたところ，よく用いられるラポール形成法は①類似性・相性，続いて②互恵性であり，⑤権威的な態度は負の効果をもつと評定された。ただし，このような方法が現実にどの程度用いられているのか，用いられているとしても，そのようにして築かれたラポールが聴取にどのような影響をもたらすかは明らかではない（例えば，迎合的な被疑者の場合，①②がさらに迎合性を高めてしまうこともあるかもしれない）。

　服役している囚人に対する調査でも，ラポールに関して類似の結果が示されている。スウェーデンの殺人・強姦等の犯罪者に対する調査では，被疑者は面接官から人道的（人間的）な態度をとってもらったときに罪を認めやすく，面接官が支配的であるときに否認しやすいと感じていることが示された（Holmberg & Christianson, 2002）。ケベルとハーレンはオーストラリアの性犯罪者に対し，「性加害を犯した被疑者に対する面接場面」の小話を示し，小話に含まれる条件のもとで，その被疑者が自白すると思うかを尋ねた（Kebbell & Hurren, 2008）。その結果，支配的な面接者に対しては自白は生じにくく，面接者が人道的，同情的である場合，自白がなされやすいであろうという評定がなされた。渡辺（2005）は自供後の85人の被疑者に対し，本当のことを話すきっかけを尋ねた。その結果「共感的理解」，次に「捜査情報に基づく説得」が最もよく選択されたという。

　しかし，「人道的な対応」を面接者個人の資質にだけ求めるのには無理があるだろう。フレキシブルで構造化された，効果的なラポール形成法の構築は重要である。

◆ **話したがらない被疑者からの聴取**

　否認する被疑者，黙秘を貫こうとする被疑者にはどのように対応すればよいだろうか。「人道的な対応」とは，親きょうだいや友人のように親身に親しくなるということではない。相手を悪者として決めつけることなく，オープンマインド（偏見のない，中立，公正な態度）で話を聞くことだとされる。以下は，PEACEモデルで推奨される事柄である。イギリスでは黙秘の不利益推定（被疑者が話さないならば，それについて法廷は被疑者にとって不利な推測を行う可能性が

ある）があり，日本とは事情が異なる。それでも参考になることはあるだろう。

① 面接者が被疑者に与える最初の印象は重要である。温かく，中立的な態度で挨拶をし，気遣いの言葉（眠れたか等）をかけ，面接を開始する。たとえ被疑者の態度がふてぶてしくても，面接者は引きずられることなくたんたんと，しかし温かく接する。

② 面接の趣旨や面接での約束事，被疑者の権利などを丁寧に説明する。「話さなくてもよい権利はあるが，この面接は録画される」と伝える。また，有罪かどうかを決めるのは面接者ではなく，裁判官や裁判員なのだということを伝えることもある（面接官が適切に取り調べを行っているにもかかわらず，口を閉ざす被疑者がいれば，その様子が録画される）。

・相手が話さないと「こういう証拠がある」と示したくなるが，最初にすべての証拠を示すと，被疑者は「全部知られているのであればこれ以上話す必要はない」と黙秘することがある。

・「話さないと帰れない」「全部わかっている」「やったんだな」などの言葉は被疑者との対立構造を作り出し，逆効果となる。

③ オープンマインドをもって中立的，客観的に（冷たく事務的というのではなく）被疑者の言い分を聞く。嘘だとわかっても，ここでは矛盾を指摘したり証拠を示して糾弾したりすることなく，相手の話を促す。話せるところを話してもらう。

④ 話せなくても（話さなくても）苛立たず，オープンマインドで待つ。矢継ぎ早に質問をするのではなく，十分に待つ。上述のブルとスーカラによれば，自白が生じる前の10～15分以内に用いられた方略は証拠の開示，オープン質問，質問の繰り返しであった（Bull & Soukara, 2010）。

⑤ できる限りオープン質問で質問する。相手が話さないと面接者は苛立ち，被疑者に対し否定的な感情も起きるが，被疑者には話したくない／話せない理由があるのだと考え，間をとりながら丁寧に質問する。

面接者：×月×日，□□で〇〇さん（＝被疑者）を見たという人がいます。その日のことを話してください。

被疑者：（無言）

面接者：○○さんは，その日，そこに行きましたか？（回答をしばらく待つ）

被疑者：（無言）

面接者：行っていなかったら，どこにいましたか，話してください。（回答をしばらく待つ）

被疑者：（無言）

面接者：話せない理由があったら話してください。（回答をしばらく待つ）

被疑者：（無言）

面接者：話さないほうがよい理由があれば，話してください。（回答をしばらく待つ）

被疑者：（無言）

面接者：○○さんのカバンからハンマーが出てきましたが，このハンマーがカバンに入っていた理由を話してください。（回答をしばらく待つ）

被疑者：（無言）

面接者：話せない理由があったら話してください。（回答をしばらく待つ）

被疑者：（無言）

面接者：話さないほうがよい理由があれば，話してください。（回答をしばらく待つ）

被疑者：（無言）

面接者：このハンマーのことを話してください。（回答をしばらく待つ）

被疑者：（無言）

面接者：このハンマーは○○さんのものですか。（回答をしばらく待つ）

被疑者：（無言）

　被疑者が答えなくても，こういった質問は被疑者の心に届くとされる（誘導せず，オープンに，中立・公正に聞くことが重要である）。この面接では話さなくても，次の面接では話し始めるかもしれない。

⑥ 被疑者が「そこには行っていない」と（証拠に反する）嘘を言ったとしても「では，その時どこにいたか話してください」とオープン質問を用いて

聴取する。被疑者が「ハンマーは仕事で使った後，しまうのを忘れただけだ」と言ったならば「では，ハンマーは何の仕事に使ったのか，話してください」と，やはりオープン質問で話してもらう。あとでチャレンジする（矛盾を指摘する）ためにも，ここでできるだけ多くの情報を得ておくことが重要である。こういった情報を得ないでおいて「ハンマーに被害者宅の窓ガラスの破片が付いていましたよ」と言っても，「前にその家の窓を直してやったことがあるのだ」などの言いつくろいが出てくる可能性がある（もちろん，それが事実だという可能性もある）。最初に「その家には行ったことがない」などの（犯罪を犯していたのであれば「嘘」の）情報を得ておくことが重要である。

⑦ 被疑者が話し始めたならば，特定のトピック（面接者が確認したい事柄）についてもできるだけ話してもらうように促す。矛盾していたら，あるいは嘘だとわかることがあったなら，「さっき○○さんはこう言いましたが，今はこう言ったので，わからなくなってしまいました。ここのところをもっと説明してください」「○○さんはこう言いましたが，私は目撃者から～だと聞きました。それでよくわからなくなってしまいました。何があったのか，その時のことをもっと詳しく話してください」などと言う。

⑧ 被疑者から多くの情報が得られれば，嘘も発見しやすくなる。必要であれば，チャレンジをする（「○○さんは，被害者宅に行ったことはないと言っていましたが，ハンマーに被害者宅の窓ガラスの破片が付いていました。このことを説明してください」）。被疑者が十分に話す前にチャレンジすると，被疑者はチャレンジされることを恐れて話さなくなってしまうので，チャレンジは後のほうで行う。なお，決定的な証拠を用いてチャレンジする場合は，特別の警告（付録3末尾を参照）を行う。

以上はイギリスのPEACEモデルに基づく方法である。こういった方法は話したがらない被害者にも適用できるかもしれない。

4 家事面接

◆ 子どもへの意向調査

　離婚訴訟などの家事事件においても，司法面接と同様のガイドラインが提唱されている。セイヴィッツらは，子どもの証言や面接法の研究を行っており，ナラティブ・エラボレーション（活動，場所，考え，などを表すカードを示し，自由報告を求める面接法）の提唱者でもある（Camparo et al., 2001）。彼らは1989年の国連の子どもの権利条約12条，すなわち「自己の意見を形成する能力のある児童がその児童に影響を及ぼすすべての事項について自由に自己の意見を表明する権利を確保する」を引用し，子どもは自分の人生に関する決定に参加すべきであること，そして，家事事件においても子どもの参加をより積極的に求めるべきであることを主張している（Saywitz et al., 2010）。実際，家事事件を経験した子どもへの調査では「自分の考えを聞いてほしかった」「意思決定に参加したかった」という意見が多いこと，積極的に関与した子どものほうが不安が少なく，家族によりよいイメージをもつなど，よりよく機能していることを示し，子どもを手続きに参加させることの意義を強調している。

　セイヴィッツらは子どもの参加を可能にするために，以下のような家事面接を行うよう提案している。

- 環境：注意を阻害するもの（ディストラクター）が少ない，年齢に適した個人的な空間で面接を行う。
- 雰囲気：サポーティブで受容的であり，かつ子どもを萎縮させることのない雰囲気で面接を行う。
- 面接者の態度：客観的で，非断定的な（子どもの言葉だけですぐに結論を下すのではない）態度で面接を行う。面接者は「すべての側面について喜んで聞きますよ」という態度で，子どもをせかすことなく聴取する。
- 言葉・概念：子どもの発達段階に見合った，子どもにとって理解できる言葉，概念を用いる。
- 説明：面接の目的，子どもの役割，専門家（実務家）の役割について，子どもの年齢に見合った説明を行う。

- ラポール：暗示的でないラポールを築く。
- グラウンドルール・練習・教示：会話のグラウンドルールを示し，自由報告で話す練習や教示を行う。
- オープン質問：「はい，いいえ」ではない，文による応答を引き出すような質問を行う。そのためには，オープン質問を用い，誘導質問は避ける。子どもが自分の言葉でより詳細に話すように促す。
- 誘導しない：誘導したり，バイアスをかけたり，面接者の期待を強化したり，「誰々もそう言っている」などの圧力をかけたり，相手方をステレオタイプ化したり，子どもにフリをさせたり，空想させたりしない。つまり，暗示的な技法は使わない。
- 面接で話し合うトピック：意思決定に関連する幅広いトピックについて発話を求める。すなわち「どこで暮らしたいか」「誰と暮らしたいか」という質問だけをするのではなく，様々な可能性についてその利点，欠点を考慮し，話してもらうように促す。

こういった要点は，司法面接の方向性と一致するものである。

◆ 家事面接の工夫

（狭義の）司法面接では，特定の日時場所で起きたエピソード記憶の想起を求めるが，家事面接では日常生活のルーチンや被面接者の意見や希望，感情を話してもらうことが必要かもしれない。それでも NICHD プロトコルと同様の構造で家事面接を行うことは可能であるように思われる。付録4に，そのような面接法の試案を示した。

実際，導入部を構造化，定式化することで，成果を上げている例がある（宮崎ほか，2013）。そこでは下記のような挨拶・説明とグラウンドルールが数枚の絵とともに示される。

- 1枚目：調査官の自己紹介と裁判所の役割が示される。
- 2枚目：父母および子どもそれぞれが自分の気持ちや考えをもっていることが示される。
- 3枚目：グラウンドルール(1)として，子どもが調査官に何を話したか，後で親が聞いたりはしないこと，子どもが思うことを話してよいことなどが

示される。
- 4枚目：グラウンドルール(2)として「これからお話を聞くよ。あなたの気持ちをお話ししてね」「知らないことは，知らないと言ってね」「質問がわからないときはわからないと言ってね」「わたしが間違ったことを言ったら，間違ってるよって教えてね」という約束事が示される。

宮崎らは，このような方法を4〜12歳の子どもが含まれる9事例で用いた。その結果，面接の目的が理解されやすい，面接の本題への導入となる，子どもが積極的に話した，親にも面接の意義が伝えられ等のポジティブな結果が得られた。

こういった導入部のグラウンドルール，出来事を思い出して話す練習に加え，どのようなトピックについて報告を求めるかも今後の重要な課題である。セイヴィッツらのいうように，「どちらの親と暮らしたいか」「どこに住みたいか」だけに焦点をあてることなく，広い話題について情報を得ることが望ましい。社会・対人的な事柄（S: Social），健康や身体・医療的な事柄（B: Biological），愛着や意思決定などに関わる心理的な事柄（P: Psychological），衣食住等環境的な事柄（E: Environmental）を調査し，そのなかで子どものニーズが満たされ，安全に暮らせそうか／暮らせているかを多角的に調査するのがよいと思われる。例えば，以下のようなトピックが考えられる。それぞれの成分をS，B，P，Eで示す。

- 教育：学校でのこと，必要な費用，参観日，運動会，友達といざこざがあったらどうするか，成績のこと，勉強のこと，部活のこと（S, P, E）
- 医療：病気になったら，けがをしたらどうするか（B, E）
- 住：自分の部屋，落ち着いて勉強できるか，友達を連れてこれるか（S, P, E）
- 食：食事は誰が作るか，どうやって食べるか，お母さん／お父さんがいないときはどうするか（B, E）
- 衣：着るものはどうやって選ぶか，買うときはどうするか（S, B, E）
- 経済：お小遣いはどうするか（S, P, E）
- 相談：困ったときはどうするか，相談にのってくれるのは誰か（S, P）
- 遊び：楽しいことをするときは誰と何をするのか（S, P）

・父母が別れる前・別れたとき・今・これからの生活：過去，現在を踏まえ，どのように未来を計画しているか（S, P, E）

　これらのトピックに関し，ルーチン，意見，考え，感情等を話してもらうのでもよいが，特定の過去の出来事を思い出して話してもらうことも，情報収集として有用だと思われる。現実の面接は子どもの年齢，状態，事案等により異なるだろう。それでも面接法を明示化し専門家の間で共有しておくことは，面接を個々人に合わせるための基準としたり，面接の評価を行う上で有益なことだと思われる。

コラム7　補助物の使用　【上宮愛】

　子どもへの面接で補助物を用いることについては大きな議論がある。特に，アナトミカルドールといわれる人形（anatomical dolls; anatomically detailed dolls：以下，ドールとする）に関しては細心の注意が必要である。ドールには，性器や胸のふくらみなどが備わっており，身体部位は解剖学的に正確に作られている（越智，1998）。性被害の聴き取りでは，言語発達，性的知識の欠如，恥ずかしさなどの問題から，子どもから言葉だけで報告を求めることが難しいとして，過去においては，子どもの報告を支援する道具としてドールが用いられることがあった。一方で，ドールのもつ性的な特徴が誘導として働くと指摘する研究もあり（DeLoache, 1995; Pool & Lamb, 1998），近年では用いられなくなってきている（Lamb et al., 2008）。

人形を用いて出来事を報告する　上宮・仲（2010）は，映像として示された（つまり本人が体験したのではない）出来事における登場人物の動作，人物・事物の空間的位置情報，身体部位への接触，事物の移動などについて，人形（アナトミカルドールではないデッサン用のプラスチック製人形で，1体は29cm，もう1体は27cm）を用いて報告させることの効果を検討した。幼稚園児21名（平均年齢5歳7か月，範囲4歳9か月～6歳6か月）に5つの映像を提示し，その直後に，映像の内容について報告を求めた。映像は，①動作・事物の移動（誤信念課題），②空間，位置情報（人がどこに移動したか），③身体の動作，④身体接触1（体のどこを触ったか），⑤身体接触2（体のどこを突き飛ばしたか）の5種類であった。参加者は，言葉のみの「言語条件」と，人形を用いる「人形条件」の2種類の条件で報告を行った。半分の参加者は言語条件を先に，残りの参加者は人形条件を先に行った。

　その結果，映像について正しく報告できた数（正情報）は，言語条件では平均14.43個，人形条件では17.43個であり，人形条件のほうが有意に多かった。映像に含まれなかった事柄についての誤った報告数（誤情報）は，両条件で差がなかった。また，映像に出てくる事物（椅子，机，箱，鞄など）の配置・移動について正しく報告できた数（空間的位置情報：言語条件0.29個，人形条件0.81個），映像の中で起こる出来事を正しい時系列で報告できた数（順序情報：言語条件2.71個，人形条件3.52個），事物の位置や場所，身体部位の右左について正しく報告できた数（左右情報：言語条件0.29個，人形条件1.29個）のすべてで，言語条件に比べて，人形条件のほうが有意に報告数が多かった。

　しかし，子どもが「これ」「ここ」「この」「こうやって」などの指示代名詞を用いた回数を分析した結果，言語条件に比べて，人形条件のほうが指示代名詞を使用する頻度が有意に多いことが示された（指示代名詞：人形条件10.14個，言語条件4.24個；図C7-1）。

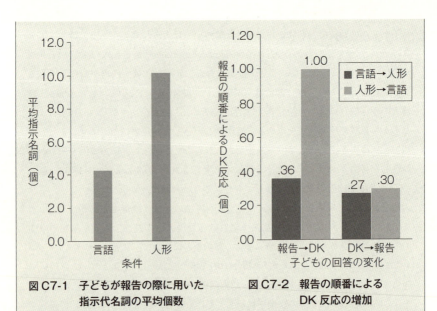

図C7-1 子どもが報告の際に用いた指示代名詞の平均個数

図C7-2 報告の順番によるDK反応の増加

　実験では，参加者の半分が最初に人形条件での報告を行い，その後，言語条件での報告を行った（人形⇒言語）。残りの参加者は，言語条件の後に人形条件での報告を行った（言語⇒人形）。同じ質問項目に対して，最初の条件では報告していたにもかかわらず，2度目の条件では「わからない」(Don't Know; DK) と回答を変更した反応（報告⇒DK）と，その逆（DK⇒報告）の反応について分析を行ったところ，統計的に有意な差は見られなかったものの，人形⇒言語の順で報告を求めた場合，最初の人形条件では答えていた子どもが，2度目の言語条件では，「わからない」と回答するようになる傾向が見られた。

本研究の限界　　結果より，空間的位置情報，順序情報，左右情報では，人形を視覚的に提示することが，報告する順番を整理したり，出来事を思い出す手掛かりとなる可能性があることが示された。しかし，実際の事件では，何か月も，時には何年も前の出来事について説明を求められる。この場合，人形のもつ視覚的なイメージが，事実とは異なる内容を引き出す可能性もある (Pool & Lamb, 1998)。実際に，先行研究では，人形を用いることで全体的な情報量は増加するものの，誤情報も同時に増加することが示されている。さらに，人形を用いても，言語のみで報告を行った場合と情報量に大きな違いが見られないとする研究もある (Bruck et al., 1995; Goodman et al., 1997)。

　とりわけ，人形は子どもの報告において指示代名詞の数を増加させ，子どもが，

自分自身の言葉で具体的に説明をする機会を奪ってしまう可能性がある（図C7-1）。また，面接の最初の段階で人形を用いると，後で言語による報告を求めた場合に「わからない」「できない」という反応が増加する可能性も示唆された（図C7-2）。Lamb et al.（1996）においても，言語で説明を求めた場合，人形を用いた場合に比べ，子どもの発話は長く詳細であった。これらの結果を考えると，補助物を用いざるをえない場合は，言語による自由報告を十分得た後に，順序や位置を確認する目的で使用するのがよいだろう。なお，重要なこととして，この研究では，本人の体験ではなく，目撃した映像について報告を求めた。また，人形はアナトミカルドールではなく，目鼻，詳細のないデッサン用の人形であった。こういった点が，配置や出来事の順序について，正確な情報をより多く産出させることに貢献した可能性がある。

　本人の体験を報告させる場合，子どもは自分を人形に投影し，人形が自分の象徴であることを理解する必要がある。しかし，これは3歳児では難しい（DeLoache & Marzolf, 1995）。また，上述のように，アナトミカルドールの詳細さが誘導として働く可能性もある。何が効果的で何が非効果的なのか，実証データに基づくさらなる検討が必要である。

第8講
研修の取り組みと効果

　司法面接の考え方は有用だが，知識を習得すればすぐに使えるというものではない。ここでは，専門家に対し司法面接研修を行ってきた取り組みを紹介し，その効果や，そこでのフィードバックを受けて行われた研究などを紹介する。司法面接が，諸研究とともにあることがわかるだろう。

1　北海道大学での研修

◆ 経　　緯

　筆者は1999年にイギリスの司法面接ガイドライン「よき実践のためのメモ」に出合った。すぐに翻訳を思い立ったものの実際に出版できたのは2007年であった。ちょうど2006年にイギリスでの司法面接の使用や面接法の研修（トレーニング）の様子を視察する機会があり，筆者自身も研修を受けたいと思うようになった。そこで，2007年にロンドンのメトロポリタン警察で2週間の研修を受け，帰国後，福祉，司法，医療に携わる専門家や，大学院生を対象に研修を開始した（その後，米国でのAPSAC研修，RATAC研修，NICHD研修，イギリスでのさらなる被害者面接，被疑者面接の研修を受けることとなった）。

　2008年に科学技術振興機構（JST）の研究課題として「犯罪から子どもを守る司法面接法の開発と訓練」プロジェクトを立ち上げた。司法面接支援室を北海道大学文学研究科内に設置し，数人のスタッフを雇用して研修を開始するとともに，そこで得たフィードバックをもとに基礎的な研究も進めてきた。

　研修は，当初は1.5日の研修を1か月の期間を置いて2回，つまり4日間にわたる研修を1クールとし，これを年2回行った。このプロジェクトは2012

年に修了したが，2011年から開始した文部科学省の新学術領域研究「子どもへの司法面接：面接法の改善その評価」プロジェクト（2015年度まで），その後のJST「多専門連携による司法面接の実施を促進する研修プログラムの開発と実装」プロジェクト（2015年度より）では，2日間の研修を年3回実施している。これらのプロジェクトでも基礎研究を行い，成果を研修内容として専門家に提供し，そこで得るフィードバックを再び基礎研究に投入するというサイクルで研究を進めている。

2 効果測定

2008年度から3回にわたり，研修の効果を検討してきた（Naka, 2014）。その概要を示す。

◆ 方　法

方法は以下のようなものである。研修参加者には，研修前（事前）にパッケージを送付する。パッケージにはDVDの映像，ICレコーダー，教示文などが入っている。研修者は身近な協力者（子どもないし難しい場合は大人）に被面接者になってもらい，以下のように面接を行う。まず，朝食のことなどラポール形成を目的とした会話をした後，1分程度のDVDを被面接者だけに見てもらう（研修者は部屋の外に出る）。その後，面接者は被面接者からDVDの内容を聴取する。この面接をICレコーダーで録音し，面接終了後，面接者はICレコーダーを北大に送付する。

研修後（事後），研修者は同様のキット（ただし，被面接者に見てもらうDVDの内容は異なる）を受け取り，同様の面接を実施する。なお，DVDにはABCの3種類があり，事前にAを行った人は事後はB，事前にBを行った人は事後はCなど，映像の内容が偏らないようにカウンターバランスをとった。

この効果測定でもそうであるし，面接の適切性に関する評価一般にもいえることだが，以下のようなことを問題にする（Lamb et al., 2008）。

・質問の種類：一般に，オープン質問で引き出される情報は，クローズド質問で引き出される情報に比べ，より正確で，相互の矛盾も少ないとされ

(Lamb & Fauchier, 2001; Orbach & Lamb, 2001)。そこで，研修前と後とで，オープン質問が増える，あるいはクローズド質問が減っていれば研修の効果があると考える。

・引き出される情報の量：概して面接者の言葉が多ければ多いほど，面接者からの情報が被面接者の記憶を汚染したり，被面接者の発話を誘導する可能性が高くなる。そこで，面接者の発話量，被面接者の発話量を調べる。研修前よりも研修後のほうが面接者の発話量が減り，被面接者の発話量が増えていたならば，研修の効果があったということになる。

・情報の正確さ：聴取内容はDVDで示される映像であるから，得られた情報の答え合わせをすることで正確さを評価することができる。研修前に比べ，研修後でより正確な情報が得られていれば，研修の効果はあったということになる。

◆ 結　果

ここでは2011年に分析した資料（仲，2011b）を再分析，追加分析した結果を紹介する。面接は研修の事前と事後に，32人の専門家によって上記のような手続きで行われた。各面接は，朝食のことを話してもらう「出来事を思い出して話す練習」とDVDの内容を話してもらう本題からなる。

まず，1回の面接の中で面接者，被面接者が何回発話しているか（ターン数）をカウントする。また，発話された全文字数や面接者による質問の種類などを分析する。例えば，以下のような会話があったとする（架空の会話である）。

　　面接者　　：何があったか話してください。
　　被面接者：緑色の車が見えた。
　　面接者　　：それから。
　　被面接者：その車が信号の前で急停車するのが見えた。

この場合，面接者が2発話，被面接者が2発話，計4発話である。また，文字数をカウントする。上記の発話では，句読点も入れると，14，9，5，20文字となる。つまり，面接者は19文字分，被面接者は29文字分，話していることになる。品詞分解をして品詞を数えたり，ひらがなにしてモーラ（拍）数を

数えるほうが厳密であるが，ここでは書き起こしの表記は安定していると考え，漢字仮名まじり文の文字数を数えた。

また，面接者の発話の種類を表 8-1 のように分類した。例えば，「何があったか話してください」は「誘いかけ質問」，「それから」は「それから質問」となる。

各面接につき，面接者，被面接者ごとの発話数をカウントしたところ，全体の面接時間は，事前 999 秒，事後 1070 秒，出来事を思い出す練習と本題における面接者の全発話数は，事前も事後もそれぞれ 19，72 であり，統計的な差はなかった。ただし，発話の大半は「うん，うん」（返事）であり，表に●をつけた実質的な発話（質問）の数は，事前では約 36 であったのに対し，事後では約 25 と減少した。

発話の種類にも事前，事後で違いが見られた。図 8-1 は，面接者による各発話の頻度（平均）を，種類ごとに率で示したものである。誘いかけ質問，時間分割質問，手掛かり質問，それから質問，WH 質問はインプット・フリー，つまり誘導情報の入らない発話であり，クローズド質問（YN 質問と AB 質問を足したもの）と誘導質問は，面接者からの情報が含まれている。事前では，インプット・フリーの質問は 50％であったが，事後では 78％になった。

また，面接者，被面接者の発話量（発話文字数）にも変化が見られた。図 8-2 は事前，事後の出来事を思い出して話す練習と本題における発話文字数を示している。事前では，面接者のほうがたくさん話している。本題の DVD は被面接者しか見ていないにもかかわらず，面接者の発話量が多い。しかし事後の面接では，面接者の発話量が 3/4 に減り，被面接者の発話量が増え，事前のおよそ 1.4 倍となった。

面接で報告された内容がどの程度正確か，予備的な分析を行ったところ，「正答」（単に「はい」などと肯定するのではなく，被面接者自身の言葉で述べられた正しい情報）は，84％から 92％に増加した。

被面接者：黒っぽい色の車でした。
面接者　：そうですか，黒，でいいですか。
被面接者：はい。

表 8-1 面接者による発話の分類

名称と記号	定義と例
●誘いかけ質問	「何／どんなことがあったか話してください」「何／どんなことがあったか」等，応答に制約をかけない質問。DVDの視聴が前提となっている場合は「どんなDVD／お話でしたか」等の，内容を特定しない質問も含める（「どんな服でしたか」などはWH質問として分類する）。また，「話して／教えて／言って＋くれますか／もらえますか／くれませんか／もらえませんか」等は，はい／いいえで答えるクローズド質問とも捉えられるが，こういった質問は要求として機能することが多いことから（仲ほか，1982），誘いかけ質問とした。また，「何があったか覚えてますか」も情報の要求として機能しうることから（Walker, 1993）誘いかけ質問とする。
●時間分割質問	時間の分割（A～Bまでの間等）を含む質問。「その人が来てから帰るまでの間のことを，全部話してください」等。
●手掛かり質問	被面接者が述べたことについて，より多くの情報を得るための質問。「(さっき話していた)～について話してください／教えてください／説明してください」等。
●それから質問	被面接者の言葉を遮ることなく，さらなる情報を引き出そうとする質問。「あとは／そして／それから／それで／ほかには」等。「それから何がありましたか／それからどうしましたか／あとは何かありましたか／他に何があったか覚えていますか」等の，さらなる情報を尋ねるオープンな質問もここに含める。
●WH質問	制約のない「いつ／誰／どこ／なぜ／どんな／どのように」および何歳，何人，何色等をWH質問とする。「何／どんなこと／どうか」のうち，広く出来事を尋ねる質問（「その日は何がありましたか」等）は誘いかけに分類する。NICHDガイドラインでは焦点化質問（focused prompt），指示的質問（directive prompt）と呼ぶこともある。
●クローズド質問（YN質問）	クローズド質問のうち，具体的な内容につき「はい／いいえ」での応答を求める質問。「何があったか話してくれますか」「何色か覚えていますか」等はYN質問とも言えるが「何があったか」を問う前者は誘いかけ質問に，「何色か」を問う後者はWH質問とする。ただし，「赤だったか覚えていますか」は，具体的な内容を含むため，YN質問とする。「何か（something）しましたか」「誰か（someone）いましたか」等も「したかしないか」「いたかいないか」を尋ねる質問として，YNと分類する。NICHDプロトコルでは，下記のAB質問とも合わせて選択質問（option posing）と呼ぶこともある。

●クローズド質問 （AB質問）	クローズド質問のうち，AかBか（Cか）の複数の選択肢を含む質問。NICHDプロトコルでは，上のYN質問と合わせて選択質問と呼ぶこともある。	
●誘導質問	「○○したのね」「○○でしょう」などを語尾とする，肯定を期待するような質問。タグ質問ともいう（仲，2001）。また，問題となる内容（例えば，「叩く」）を直接尋ねるようなクローズド質問を誘導質問と呼ぶこともある。	
語尾なし質問	語尾のない質問で，「○○については？」等，他の発話タイプには分類できないもの。「それは家？」等はYN質問，「家の中？外？」等はAB質問，「誰？」等はWH質問の省略形として分類する。	
補足	面接者が被面接者の言葉を補ったり，言い足す発話。被面接者「家」―面接者「があった」等。	
情報提供	面接者からの情報提供。	
コメント	コメント。「ほんと／すごいね／○○なんだ」等。	
繰り返し	被面接者の言葉を繰り返す発話。完全な繰り返しはエコーイングとし，それ以外を繰り返しとする。	
その他	説明，教示，関連のない発話等。	
返事	「うん，うん」，などの返事。	
エコーイング	完全な繰り返し。被面接者「家だった」―面接者「家だった」等。	

（注）●は，以下の分析で用いる指標を示す。
（出所）仲（2011b）を改変。

などと応答が特定されていくよりも，

> 被面接者：黒っぽい色の車でした。
> 面接者　：そうですか，では，黒っぽい色の車のことを，もっと詳しく話してください。
> 被面接者：はい。黒っぽいといっても真っ黒ではなくて……，焦げ茶のもっと濃い感じです。

などと詳細に話してもらうことで，より正確な情報が得らやすくなるものと考えられる。

第8講　研修の取り組みと効果

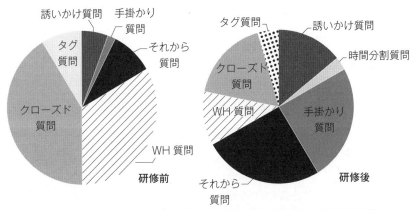

図 8-1　面接者による各発話の頻度（平均）（%）：研修前，研修後の変化

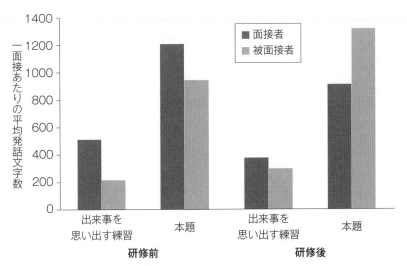

図 8-2　面接者と被面接者の発話文字数：研修前，研修後の変化

　これらの分析は，研修を受けることで，インプット・フリーの質問が増え，より多くの，より正確な情報が引き出せるようになることを示唆している。

3　近年の動向

◆ **フィードバックと改善**

　上述のように，2008年より司法面接研修を行うようになり，そこで受けたフィードバックや基礎研究をもとに研修プログラムを改善してきた。最初の年度はイギリスのガイドラインであるMOGPを基盤に研修を行い，翌年度からはNICHDプロトコルを用いるようになったが，それもフィードバックを得ての結果である。こういった過程で得られたフィードバックと改善策は以下のようなものである（Naka, 2014, 2015）。

(1) **事実確認とカウンセリングの区別**

　研修を開始した当時は，司法面接は被害を受けた子どもにとって負担が多いのではないか，より受容的・共感的なアプローチが必要なのではないか，という質問やご意見をたくさんいただいた。しかし，英国の司法面接ガイドラインMOGPに明記されているように，事実確認はカウンセリングとは異なる。カウンセリングは未来に向けて回復を支援していく活動だが，事実確認では過去に目を向け，出来事を克明に思い出すことが求められる。被害を訴える人には受容・共感的なカウンセリングと，出来事をできるだけ正確に聴取する司法面接の両方が必要だが，目的も方向性も異なるこれらの面接を1人の面接者が同時に行うことは困難である（だからこそ，多専門連携アプローチが重要であるともいえる）。そこで，講義においては，事実確認とカウンセリングを対比させ，両者は共に重要だが，異なるものであることを強調するようになった。

(2) **チームの形成と各メンバーの役割**

　初期の研修では，研修者は隣同士ペアを組んで演習を行っていた。しかし，司法面接が目指すものは連携的なアプローチである。そこで4人1組とし，A，B，C，DとIDを振り，様々な役割を担っていただくこととした。最初の演習（自由報告を得る練習）では，まずA（面接者）とB（被面接者）がペアになり，C（面接者）とD（被面接者）がペアになり，演習を行う。続いてもう1度，今度はB（面接者）とC（被面接者），D（面接者）とA（被面接者）を組み合わせ，再度演習を行う。こうするとAはBとD，BはAとC，というようにチームの

3人と会話をすることができ，その後のチームでの活動が容易になる。

その後のロールプレイでは，①面接者，②被面接者，③バックスタッフ1（面接で得た内容をSE3Rを用いて整理し，面接を支援する），④バックスタッフ2（逐語録を作成し，面接を支援する）の役割を順に割り当てていく（ローテーションをとる）。そうすることで，チームのすべてのメンバーが①〜④の役割を経験し，協力して課題にあたれるようにする。誰かが「監督」となったり「傍観者」「評価者」になることのない協力体制ができ，機能している。

(3) オープン質問とWH質問の区別

筆者がTEDと呼ばれる「オープン質問」の3つの形式（Tell, Explain, Describe: 話してください，説明してください，記述してください）に出合ったのは2006年，イギリスでの司法面接研修の視察時であった。当時は学会や学術誌においてもWH質問がオープン質問と呼ばれることがあり，WH質問とオープン質問の区別は現在よりも曖昧であったように思われる。事実，研修でも，WH質問とオープン質問の違いがよくわからないというコメントをよくいただいた。そこで初期の研修では，研修参加者が自分の面接を書き起こし，各発話をオープン質問，WH質問，クローズド質問等に分類する演習も行った。しかし，書き起こしに時間がかかり，また，非定型的な発話も多く（表8-1の「語尾なし質問」や「補足」等），発話の分類から質問の種類を理解することは容易ではないことが徐々に明らかになってきた。そのため，質問がより明示的に示されているNICHDプロトコルを基盤として研修を行うこととし，最初の講義でオープン質問の4つのタイプ（誘いかけ質問，時間分割質問，手掛かり質問，それから質問）を導入することとした。このことにより，質問の種類に関する質問はほとんどなくなった。

(4) エピソード記憶と意味記憶の区別

特定の事件の聴取を行っているつもりが，いつの間にか「常日頃のこと」（「おじさんは昨日私を叩いた」ではなく，「おじさんはいつも私を叩く」等のルーチン）の聴取になっている，ということが，演習でも現実の面接でも起こりがちである。そこで，以下の3つの方法で，エピソード記憶（「いつ，どこで」がありありと思い出せる特定の体験）と意味記憶（知識）の区別を図ることとした。

第一は，講義において，両者の区別を明確にすることである。第二は，

NICHDプロトコルの質問6（「そういうことがあったのは1回だけですか，それとも1回より多いですか」）を強調することである。この質問を用い，もしも出来事の回数が多いとわかれば，特定の1回（一番よく覚えているときのこと，一番最後にあったときのこと等）を選んで話してもらうように教示する。第三は，時間軸上の出来事（エピソード記憶：時間軸に沿って何が起きたか）と知識（意味記憶：加害したとされる人物や場所についての知識等）の区別を促すことである。そして，まずは時間軸上の出来事を聴取するように強調し，出来事を最初から最後まで話してもらった後，意味記憶的な情報を収集するように教示する。すなわち，出来事1（おじさんが来た）→知識1（おじさんについて話して）→出来事2（おじさんはお酒を飲んだ）→知識2（どんなお酒を飲むの？）→出来事3（おじさんは私を叩いた）→知識3（どんなときに叩くの？）ではなく，出来事1→出来事2→出来事3→（終わり）となったあと，知識1，知識2，知識3を収集するよう強調する。これは，SE3Rを用いることで，より容易になる（第10講）。

(5) **チェックできる事実情報（checkable facts）**

　先の「エピソード記憶」の収集とも関わるが，どのような情報を収集するかは大変重要な課題である。私たちは被害内容の詳細さ（手のどこが当たったか，手は動いていたか止まっていたか等）や被害者の気持ち（どんな気持ちだった？）に焦点をあてたくなる。もちろん被害者にしか語れない詳細，感情を聞くことも，実際に被害があったかどうかを推定する上で重要である。しかし，詳細，感情は必ずしも外部の証拠と対応づけられる（あるいはウラがとれる）とは限らない。むしろ，事件の前や事件の後に，報告の信頼性を推測する上で重要な働きをする情報（補助証拠）が見つかる場合もある。

　例えば「事件の前，図書館で借りて来た本を読んでいた」「事件の途中で宅急便が来た」などは，時間の特定に役立つかもしれない。報告された場所，衣服，使用された事物などが現場で見つかれば，これらも子どもの供述の補助証拠として使えるであろう。このように，外部の情報と照合できる「チェックできる事実情報」（checkable facts）を収集することが重要である。チェックできる事実情報の重要性は，イギリスの被疑者取り調べにおいて強調されていたことであるが，筆者らの研修でも重視するようになった。

(6) 構造の重要性

　ある研修において○×式の小テストを行った。その結果，事実確認とカウンセリングの区別，オープン質問とWH質問の区別，意味記憶とエピソード記憶の区別を問う質問には9〜10割の正答率が得られたのに対し，次の2つの質問への正答率は低かった。第一は，「グラウンドルールは相手との信頼関係を築くために行う」であり正答率は4割弱であった（グラウンドルールは面接での約束事を示し，より正確に，より多くを話してもらうように被面接者を動機づけるものであり，正解は「×」である）。もう1つは「時間が足りない場合は出来事を思い出して話す練習を省いてもよい」であり，正答率は7割弱であった（出来事を思い出して話す練習は記憶を検索し，自発的に話すための練習であり，自由報告を得るために重要な活動である。また，子どもがリラクタントか否か（すなわち，話したがらない子どもかどうか）を見極める手だてともなるので（第16講），この段階を省くことは適切ではない）。この結果は，各段階にそれぞれ機能があることを十分に伝えきれていなかったことを示唆している。そこで，以降は，グラウンドルールの重要性，ラポール形成やエピソード記憶の効果について，研究成果なども挙げながらより詳しく説明することとした。

　これらの改善事項を量的に表すことは困難だが，面接研修の効果を上げる上で重要だと考えている。

◆ 心理学研究

　研修を行うなかで，私たちはいくつかの基礎研究を行ってきた。例を挙げると以下のようになる。

(1) 幼児・児童による出来事の報告の特性

　子どもの記憶，コミュニケーション，被暗示性などについて基礎的な調査を行った。これらの知見は何をどこまで，どのように聞くかの目安となる。

　① いつ：時間表現（仲，2013，2014b）　事実確認において時間の特定は必須である。しかし，幼児，児童がどのような時間概念をもち，時間を表す言葉をどの程度正確に使用できるのかについての知見は限られていた。そこで，理解・産出できる時間語彙の発達的変化を109人の幼児および児童を対象に調べ

た。その結果，3～6歳の幼児は，「昨日」についてはある程度語彙もあり，記憶の検索もできるものの「一昨日」以前の報告は困難であること，「一昨日」が可能になるのは7～8歳頃からであり，「1週間前」は9～10歳，「1か月前」は11歳以降にようやく可能になること（しかし，それでも完全ではないこと）などが示された。これらの結果は，「出来事の報告の練習」を行う場合，昨日や1週間前のことではなく「今日」のことを話してもらうのがよいことを示唆している。

② **どうした：出来事の報告（トピック，発話量）**（尾山・仲，2013）　子どもがどのように出来事を語るかは，事実確認の中核となる重要な課題である。特に，ポジティブな出来事のみならず，ネガティブな出来事についての報告の特性を明らかにすることは，面接で収集できる情報の質や量を推定する上でも有用である。尾山・仲の研究（尾山・仲，2013）では50人の幼児を対象とし，5つの報告を求めた。すなわち，(i)日常のルーチン，(ii)親がトピックを選んだポジティブな出来事，(iii)親がトピックを選んだネガティブな出来事，(iv)子どもがトピックを選んだポジティブな出来事，(v)子どもがトピックを選んだネガティブな出来事である。その結果，子どもは親の選んだトピックについて，また，ポジティブな出来事についてより多く報告すること，年中児から年長児になると発話量や発話の内容が増加することなどが示された（コラム3）。

③ **どう感じた：感情語彙**（仲，2010a；Naka，2011）　気持ちや感情は出来事の重要な要素であり，司法場面においても有用な情報となる。そこで，子どもが気持ちをどのように表現するのかを発達的に調査した。幼児，小学校1年，2年，4年，6年の計127人に，10の人形劇（なくした眼鏡を見つける，無理矢理遊びに誘われる，理不尽にどなられる等）を示し，登場する人形の気持ちや，人形に対する自分の気持ちについて質問したところ，全体として，ポジティブな気持ちよりもネガティブな気持ちに関する語彙の種類のほうが多かった（これは大人でも同様である〔Shaver et al., 1987〕）。また，年齢発達とともに内的状態（悲しい等）や，行動（○○している），期待（○○したい），疑問（どうして○○になったのか）などに言及することで，人形の気持ちをより表現できるようになることも示された（仲，2010a）。しかし，幼児においては1/3の反応が"わからない"であり，特に自分の気持ちを報告することは困難であることも示唆された

(Naka, 2011)。「どういう気持ちか」と尋ねるよりも「それからどうした」「それから何があった」と尋ねることで，「泣いた」「逃げた」等の気持ちを推定できる情報を得ることができるかもしれない。

(2) 幼児・児童から報告を求める方法

① **面接法：自由再生，イメージ化，質問，面接**（仲，2012a）　出来事の報告を求める際，どのような方法を用いれば，より正確な情報をより多く聴取できるだろうか。249人の児童（8歳と10歳）を対象に，(i)思い出して用紙に書いてもらう条件（自由再生群），(ii)イメージ化をした後，用紙に書いてもらう条件（イメージ群），(iii)誤情報を含む質問を行う条件（質問群），(iv)オープン質問を主とする面接を行う条件（面接群）の比較を行った（第4講）。方法は，児童に動画を提示し，直後に4つの条件のいずれかにより出来事の想起を求めるというものであった。加えて，同日，「見たか，見なかったか，わからないか」の再認テストを行った。また，その5～6日後に再度，自由再生と「見たか，見なかったか，わからないか」の再認テストを行った。

　その結果，面接群では，他のどの群よりも正確な情報がより多く引き出された。また，イメージ群は，高学年の児童においては誤りを増やすことなく正確な情報を引き出したが，低学年の児童では，後の再認が不正確になることが示された。自由再生群は，両学年とも産出される情報量は相対的に少なかったが，引き出された情報は直後，5～6日後ともに比較的正確であった。なお，低学年の児童においては，イメージ群，質問群で，再認テストでの成績が不正確になった。オープン質問を主とする面接は，正確な情報をより多く引き出すばかりでなく，後の面接に比較的影響を及ぼしにくいというメリットもあると考えられる。

② **補助物の使用：ドール，描画**（上宮・仲，2010）　司法面接において補助物（例えば，性器を備えたアナトミカルドール等）を用いることについては，有用だとする説，誘導になるという説が混在している。補助物の利点や問題を日本の幼児を対象に検討しておくことは重要である。本研究では（性的なトピックへの誘導の可能性が低い）一般的な人形を用い，こういった人形が子どもによる出来事の報告にどのような影響を及ぼすのかを検討した。幼児26人に動画を提示し，その内容について，人形を用いて報告させる人形条件と，言語のみで報告

させる言語条件とを比較した。その結果，人形を用いると代名詞が増加し，言語報告が少なくなること，空間的位置，順序情報などについては，人形条件でより正確な情報が得られることが示された。人形を用いることの有効性と危険性について議論した（コラム7）。

③ 子どもは「だいたい」と「正確」を区別できるか（佐々木・仲，2014）　面接では「詳しく話して」「だいたいでよいから教えて」など，報告の詳細さについて指示することがある。大人であれば指示に応じて大雑把に，あるいは詳細に話すことができるだろうが，児童ではどうだろうか。このことを調べるため，小学校1年生と4年生を対象に，数や線分の長さを問う課題（数量課題）と色や位置を問う課題（言語課題）を用い，「だいたいでよいので教えて」「正確に教えて」といった教示に子どもが応じることができるかどうかを検討した。どちらかの教示を1つ与えられた場合，1年生では教示に応じたレベルのコントロールは困難であった（4年生では可能であった）。しかし，最初に「だいたい」，次に「正確に」など，2つの教示を対比して行うと，1年生であっても数量課題において教示に応じた応答をすることができた。ただし，総じて言語課題は難しく，1年生では言語課題のレベルを調整することはできなかった。児童においては「だいたい」「正確に」といった指示を行うよりも，思い出して話す練習を行い，覚えていることは何でもすべて話すように求めることが重要かもしれない（コラム15）。

(3) 幼児・児童の報告に対する専門家・非専門家の意識

① 「子どもの証言は信用できるか」（Naka et al., 2011）　司法面接法は「子どもは被暗示性が高い」「子どもの供述は正確性が低い」という認識を前提としている。そうであるからこそ誘導や暗示のない面接を行うことが重要となる。一般成人が子どもの供述・証言の信用性についてどのような意識をもっているかは，司法面接を用いるかどうかの選択や，子どもの供述・証言の評価に大きな影響を及ぼすだろう。

この研究ではより大きな調査（裁判員裁判に関する意識調査）の一環として，子どもの証言の正確性や子どもの被暗示性についての意識を調査した。調査1では294人の社会人に，調査2では90人の大学生に，目撃証言に関わる様々な命題とともに(i)「幼児の証人は成人の証人に比べ正確さの度合いが低い」，

(ⅱ)「幼児は大人よりも，事情聴取時における暗示や他者からの圧力，その他の社会的影響を受けやすい」にどの程度「同意」するか，評定を求めた。先行研究によれば，法と心理学の専門家は(ⅰ)については62％，(ⅱ)については93％が同意している（つまり，子どもの証言は信用できない，という方向に傾いている〔Kassin et al., 2001〕）。しかし，本研究での同意率は(ⅰ)は9％（社会人）と31％（大学生），(ⅱ)についても同意率は79％（大学生のみ）で，専門家の同意率より低かった。これは，先行研究の専門家の判断に比べると，子どもの証言は信用できるとする方向での判断である。こういった意識が司法面接の必要性を軽んじる判断につながっているとすれば，問題である。子どもはどのようなときに有能で，どのようなときに脆弱なのかを，専門家以外の市民にも伝えていく必要があるだろう。

② 質問法，録画法が証言の信用性判断に及ぼす効果（仲，2013） 司法面接は原則的に録画する。録画という媒体で示される子どもへの面接は，どのように評価されるのだろうか。本研究では，(ⅰ)面接方法（オープン質問による面接かクローズド質問による面接か）と(ⅱ)録画方法（被面接者である子どもを重点的に録画するか，面接者と子どもの両方を録画するか）が，子どもの供述の信用性評定にどのような影響を及ぼすかを検討した。「おじさんが妹のおなかを蹴った」という架空の供述を，面接方法（オープン／クローズド）×録画方法（録画なし／子ども中心／面接者と子ども）の6パターンで作成し，刺激材料として大学生に提示し，供述の信用性や「おじさん」が有罪となる可能性について判断を求めた。その結果，オープン質問による面接が提示されたときのほうが，全体的に信用性の評価が高く，有罪判断も多かった。また，録画方法の効果は「一般に何歳くらいから証言できると思うか」の判断においても見られ，子ども中心の映像を見た参加者は，他の刺激を提示された参加者よりも，証言できる年齢を低く，つまりより年少でも証言可能と判断した（前者は約7歳，後者は約10歳と評定した）。しかし，面接の評価には，録画方法よりも面接方法（つまり，どのように聴取するか）のほうが影響力が大きいといえる。

このほか，児童相談所に保護されている児童を対象とした研究（コラム8），面接を繰り返し行うことの効果（コラム4），面接における教示（例えば「どんなことでもすべて報告してください」と述べること）の効果（白石ほか，2006）などに

ついて，研究を進めている。

4　今後の課題と展望

　図8-3は，2008年から2015年の間に，筆者らが行った司法面接研修の研修参加者の内訳を示したものである。2008年度は21名であったが，道外でも研修を行うようになり，2015年度末までには計4000人を超える専門家が研修に参加した（図8-3）。

　山本らの調査によれば，全国にある206の児童相談所のうち，司法面接の方法を用いた相談所は2007年には12箇所（4%）であったが，2010年には65箇所（48%）となり，2011年には160箇所（78%）であったという。2013年の調査では，法的措置等が想定される限られた対象に関しては，該当した児童相談所の94.8%が実施していた（山本，2013；山本ほか，2015）。また，山本らは，司法面接を含むガイドラインの周知の有無と実際の対応との関連を調べた。その結果，統計値は参考であるとしながらも，周知している機関では，児童相談所における一次保護の割合が高かったという（山本，2012）。児童相談所で実施した司法面接が法的な手続きを開始する端緒となった例もある。このように，福祉・司法の現場において，司法面接は少しずつ使われるようになっている（仲，印刷中）。

　再び図8-3を見ていただきたい。2008～2011年は，研修者の大半が児童相談所の職員であったが，取り調べの可視化（録音・録画）が試行されるようになった2012年頃からは司法関係者も増え，2013年度以降の研修者は，福祉・司法関係者がおおよそ半々となっている。警察大学校や都道府県の警察での継続的な研修も行われるようになった（渡邉，印刷中）。そして，2015年10月に厚生労働省，警察庁，最高検察庁が関係機関の連携を求める協同面接（三者による司法面接）を提唱する通知を出してからは（警察庁，2015a；厚生労働省，2015b；『北海道新聞』2015年12月21日付等），関係機関が連携して事案にあたるということも増えてきた。

　例えば，協同面接に限らず以下のような事例がある（抽象化して示している）。

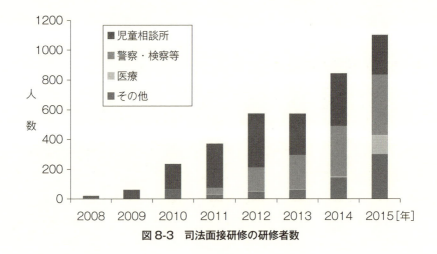

図 8-3　司法面接研修の研修者数

- 児童相談所職員が，児童相談所で行う面接において，警察官，検察官，弁護士などから法的なアドバイスを受ける。
- 警察官や検察官が，心理学者から司法面接についてアドバイスを受ける。
- 検察官が，児童相談所の職員にバックスタッフに入ってもらい，面接を行う。
- 病院からの通告により，児童相談所，警察，検察が集合し，面接を行う。

　子どもの証人は法廷で主尋問，反対尋問を受ける必要がある。しかし，法廷で証言できない，あるいは法廷での証言に変遷があるといった場合，かつ相手方の同意があれば，捜査段階での供述を証拠として用いることが可能である。このとき，警察官，検察官が司法面接を行っていれば，そこでの供述を法廷で用いることができるかもしれない（稲川，印刷中；緑，印刷中）（ただし，反対尋問は受けなければならない）。

　児童相談所等での司法面接は伝聞証拠とみなされ，そのまま証拠になることはない。しかし，公的機関につながったときの客観的聴取は，それ自体が行政機関における法的判断の根拠となったり，刑事捜査の端緒となる可能性もある。児童相談所での面接は捜査のためのものではないが，それでも初期の，より正確な供述を聴取し記録できれば，それは種々の手続きに関わるすべての人に

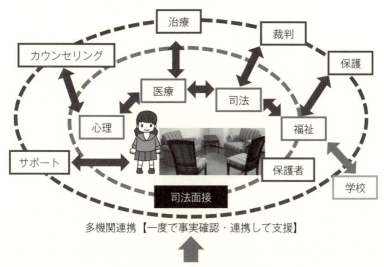

図8-4　多職種連携による司法面接のイメージ

とって有益であるだろう。

　事件・事故の被害や目撃が疑われる子どもに対しては，どの機関においても適切な対応や支援のために正確な聴取が必要である。その場合，子どもが機関を巡るのではなく，機関が司法面接の場に集まることが重要である。そうすれば，これらの機関は情報を共有できるだけでなく，連携して子どもを支援することも促進されるだろう（図8-4）。

　司法は「事件」になれば継続するが，事件にならなければそれ以上の対応はできない。医療も治療が終了すれば，子どもを病院に置いておくことはできない。このようなとき切れ目のない支援ができるのは，児童相談所のような行政機関やNPO，精神的なケアをするクリニックなどである。情報共有により切れ目のない支援が可能になれば，建物はなくとも，バーチャルなワンストップセンターができるだろう。

コラム8　一般児童と保護児童を対象とした司法面接の検討【五十嵐典子】

　事件に遭遇した可能性のある子どもへの聴取技法として司法面接が有効であることは，すでに多くの研究が示してきたことである。しかし，虐待などの被害を受けて児童相談所に保護される子どもは，自由な言語表現を抑制されていたり，表現能力が未熟である可能性がある。そこで本研究では，一般家庭で生活している児童（一般児童）と児童相談所で保護されている児童（保護児童）を対象に，司法面接法の効果を検討した。

　筆者が児童相談所での勤務を通して経験してきたこととして，保護児童は，保護所で1週間程度生活する中で生活言語の改善が見られるということがある。そこで，保護開始時と保護後1週間後の2回，面接を行った場合，報告の量（発話量：発話文字数による）に何らかの違いがあるのか，違いがあるとすれば，それは保護所で1週間生活したことによる効果なのか，面接を2回行ったことによる効果なのかを検討することとした。

　参加者は一般の小学校に通う1年生，4年生，中学校3年生の男女各20名，計60名と，児童相談所で保護されている5〜16歳の男子17名，女子16名，計33名であった。

　一般児童，保護児童ともに，「1回目の面接」を行った1週間後に「2回目の面接」を実施した。さらに保護児童については，保護所に入所した1週間後に，1回のみ面接を実施する対照群を設けた。それぞれの面接では，まず，出来事を思い出す練習（面接室に来るまでにあった出来事を報告するエピソード課題）を行い，次に，1分程度のビデオを見て内容を報告するビデオ課題を行った。つまり，児童は「1回目の面接」でエピソード課題とビデオ課題，「2回目の面接」でもエピソード課題とビデオ課題と，計4回の報告を求められたことになる。

　報告で得られた発話量を調べたところ，一般児童では発話量に発達差が見られ，小学校4年生と中学校3年生の発話量は，小学校1年生の発話量よりも有意に多かった。また，いずれの学年においても「誘いかけ質問」に対する発話量が最も多かった。保護児童では，発話量は一般児童に比べ少なかったが，やはり「誘いかけ質問」に対する発話量が最も多かった。特に「2回目の面接」，つまり保護開始時に1回目の面接を行い，1週間後に2回目の面接を行った場合のビデオ課題では，オープン質問に対して，一般児童と同程度の量の発話が産出された。

　上述のように，保護児童においては「2回目の面接」のビデオ課題において特に発話量が多かった。このことが保護所で1週間過ごしたことによる効果なのか，面接を2回繰り返したことによる効果なのかを調べるために，上記面接の結果を対照群（保護児童における，保護後1週間後の1回のみの面接）の結果と比較した。その結果，

「2回目の面接」での発話量は，対照群の発話量よりも多かった。発話量の増加は，単に保護所で1週間生活したということよりも，1回目の面接でエピソード課題・ビデオ課題を行い，2回目の面接でもエピソード課題を行うという，いわば報告の練習を繰り返したことによりもたらされたと考えられる（ただし，保護児童は一般児童に比べて「時間分割」に対する発話量が少ないという傾向が見られた）。

　以上の結果から，一般児童か保護児童かによらず，また学年にかかわらず，オープン質問の「誘いかけ」は子どもから多くの発話量を引き出すこと，保護児童から多くの発話量を引き出すには報告の練習が有用である可能性があること，が示唆される。また，一般児童には有効な「時間分割」が，保護児童では発話量を促進しにくい可能性があるなど，注意すべき点も明らかになった。

　保護児童に面接を行う場合は，日頃から，事件とは関係のない日常的な出来事について，例えば「今日あったことをお話しして」等のオープン質問を用いた練習を行っておくとよいかもしれない。

第 II 部

司法面接研修

　第II部では，児童相談所職員，警察官，検察官，家庭裁判所調査官等に提供している司法面接研修の内容を紹介する。第9講から順に，演習を行いながら進めていくことで，司法面接の方法を身につけることができる。第9講～第17講の内容は以下の通りである。

- 研修の準備，および虐待相談件数や事件数などに見られる子どもの現状，聴取の問題点（第9講）
- 司法面接の目的・特徴，オープン質問の種類，自由報告の演習（第10講）
- 司法面接の構造と手続き，面接室やバックスタッフ，NICHDプロトコル（第11講）
- 面接の準備・立案・計画・実施と面接演習（ロールプレイ）（第12講）
- 補助証拠の重要性，種類（第13講）
- 難しい質問，性的な事柄，子どもが突然出してくるかもしれない手掛かり（第14講）
- 性的な内容の聴取，明らかにすべき事柄（points to prove）（第15講）
- 話さない子どもの特徴・対応（第16講）
- 質疑（第17講）

第9講

司法面接の概要と目的

1 研修を始める前に

◆ 準備する事柄

第Ⅱ部で示す研修は，通常2日間程度で行っているものである。研修を行うために，以下の準備が必要である。

(1) **受講者の確定：人数とグループ**
- 研修は関連機関（児童相談所，警察，検察庁，医療機関，養護施設等）に声をかけ，多職種，多専門で行うとより効果的である。
- 研修は4人のグループ（チーム）で行う。よって研修者数は原則として4人×グループ数となる。経験的には1度の研修は6グループ程度までが望ましいが，その倍でも不可能ではない。
- 例えば24人の受講者がいた場合，6つのグループ（①〜⑥）を作り，グループの成員にA，B，C，Dのように ID をつける。グループは性，年齢，経験，職種など多様であるほうがよい。名簿の例を表9-1に示す。

(2) **設　備**

以下のものを用意する。
- パソコン（パワーポイントならびに録画した面接ビデオを提示するため）
- スピーカー（録画を見る際に用いる。マイクをパソコンのスピーカーに近づけるのでもよい）
- プロジェクター
- ホワイトボード

表 9-1　名簿の例

グループ	ID	氏名	所属	職務	性別
グループ①	A	北海　道子	北児童相談所	心理司	女
	B	札幌　市郎	南警察署	警察官	男
	C	小樽　港子	東検察庁	検事	女
	D	函館　山子	西児童相談所	福祉司	女
グループ②	A	……			
	B	……			
	C	……			
	D	……			
……					

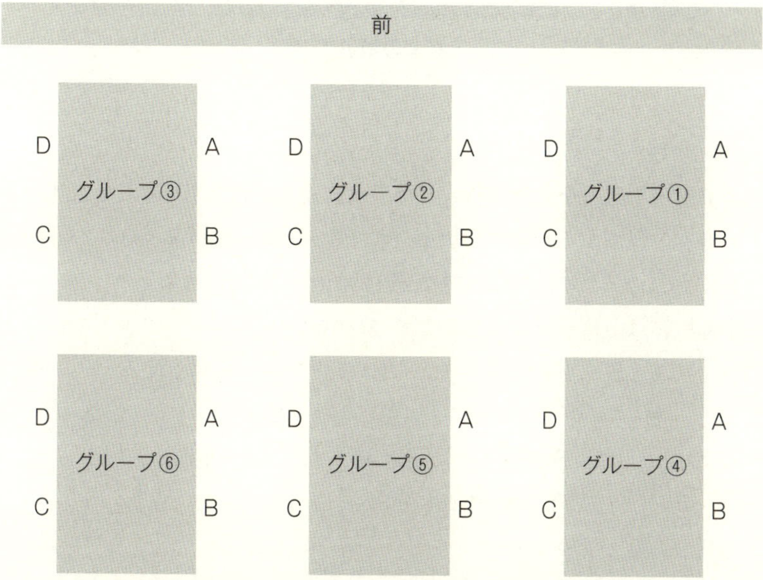

前

```
D     A      D     A      D     A
  グループ③      グループ②      グループ①
C     B      C     B      C     B


D     A      D     A      D     A
  グループ⑥      グループ⑤      グループ④
C     B      C     B      C     B
```

（注）　講師から見て左からグループ①，②，③…となるように配置してある。

図 9-1　配置の例

・面接を録画するためのカメラ，三脚，マイク
・配布物（パワーポイントのファイル，NICHD プロトコル，NICHD プロトコルの最小限の手続き，北大司法面接ガイドライン，名簿，参考資料等）

第 9 講　司法面接の概要と目的

研修の様子 1

(3) 場　　所
- 大部屋と小部屋を用意する。大部屋は講義や演習に用いる。小部屋は面接を録音・録画するために用いる（大部屋で録音・録画すると他のグループの声を拾ってしまうため）。大部屋の配置は図 9-1 のようになる。
- 小部屋には，椅子を 4 つ（面接者，被面接者，2 人のバックスタッフ用），およびマイクを置く小テーブル（なければ椅子でも可）を用意する。

(4) 小　　物
- A3 程度の用紙。研修者 4 人につき 4, 5 枚（コピー用紙でもよい）
- マーカー（研修者 4 人につき 1 本）
- 名札があるとよい

◆ スケジュールとプログラム

スケジュールは表 9-2 のようになる。時間は標準的な時間である。各プログラムの内容は，表 9-3 の通りである。

表9-2 研修スケジュールの例

1日目		
9:00 〜 10:30		講義(1)子どもの特性と司法面接の意義 自由報告を得る練習
10:30 〜 10:40		〈休憩〉
10:40 〜 12:00		講義(2) NICHDプロトコルの説明 面接演習1: 動画を見てのロールプレイ
		〈昼休み〉
13:00 〜 14:30		面接演習1の振り返り 講義(3)面接の流れと計画
14:30 〜 14:40		〈休憩〉
14:40 〜 16:10		グループワーク:面接の計画 グループワークの振り返り 面接演習2: マキちゃん
16:10 〜 16:20		〈休憩〉
16:30 〜 17:30		面接演習2の振り返り 質疑
2日目		
9:00 〜 10:30		今日の予定 講義(4)補助証拠 面接演習3: ヨウ子さん
10:30 〜 10:40		〈休憩〉
10:40 〜 12:00		面接演習3の振り返り 講義(5)話したがらない子ども
		〈昼休み〉
13:00 〜 14:10		難しい質問 面接演習4: タカシくん
14:10 〜 14:20		〈休憩〉
14:20 〜 15:30		面接演習4の振り返り 面接演習5: ユリカさん
15:30 〜 15:40		〈休憩〉
15:40 〜 17:00		面接演習5の振り返り 質疑とアンケートへの回答

表 9-3 研修プログラムの概要

内　容
①**講義(1)子どもの特性と司法面接の意義**：事実確認の難しさと司法面接の必要性について説明する。児童の証言事例，認知，社会性，情動の発達，被暗示性，面接を繰り返すことの問題等を扱う。
②**自由報告を得る練習**：2人ずつペアを組み，面接者役が被面接者役から自由報告を得る練習を行う。面接者はオープン質問を用い，被面接者から時間軸に沿った自由報告を得るように努める。
③**講義(2) NICHD プロトコルの説明**：司法面接の概要，種々の司法面接，オープン質問，NICHD プロトコルの流れについて説明する。
④**面接演習（動画を見てのロールプレイ）**：面接の流れを理解するために，4人のチームで15分程度の面接を行う。1人が面接者，1人が被面接者，2人がバックスタッフとなり，被面接者のみが1分程度の無音の DVD を見る。その後，面接者が被面接者に対し，DVD の内容を聴取する。
⑤**講義(3)面接の流れと計画**：面接の流れと面接を行うに当たり検討しておくべき事柄，および面接の計画について説明する。
⑥**グループワーク**：4人のチームで個別の事例につき，面接計画を立てる。話し合った事柄を用紙に書いてもらい，報告してもらう。講師がコメントし，全員でディスカッションする。
⑦**面接演習**：シナリオにもとづき，4人のチームで20分程度の面接演習（ロールプレイ）を行う。1人が面接者，1人が子ども，2人がバックスタッフとなり，ビデオ録画面接を行う。
⑧**面接演習の振り返り**：上記の録画を全員で見直す。講師がフィードバックを提供し，質疑を行う。⑦と⑧は，以下の⑨，⑩，⑪を挟みながら4回繰り返す。
⑨**講義(4)補助証拠**：子どもの供述を補助する証拠の必要性や，補助証拠の種類，医学的証拠の特性について説明する。
⑩**講義(5)話したがらない子ども**：子どもの開示率や，開示を妨げる理由等について説明し，話したがらない子どもへの面接演習を行う。
⑪**難しい質問**：子どもが発する難しい質問について説明し，演習を行う。
⑫**総合質疑**

研修の様子2

2　子どもの現状と面接の問題

以下①講義で扱う内容について述べる。図はスライドで提示する内容である。

◆ はじめに

福祉や司法場面において子どもから話を聞くことは容易なことではない。そもそも子どもは認知能力、言語能力等の発達途上にあり、大人のように体験を思い出し、十分に報告することができない。また、しばしば話さない、話してくれない子どもにも出会う。こういった子どもから話を聞こうとすると、大人は意識せずとも圧力をかけたり、誘導したりしがちであり、そのようななかで子どもの被暗示性（暗示にかかりやすい傾向性）は亢進してしまう。

欧米では1980～90年代にかけて、子どもへの行き過ぎた面接から多くの冤罪事件が発生し、より正確な情報を得るための面接法が開発されるきっかけとなった。

◆ 児童相談所への虐待相談件数

図9-2の棒グラフは児童相談所への虐待相談件数を示している。2000年に児童虐待防止法が施行されてから、児童相談所への相談件数は年々増加してい

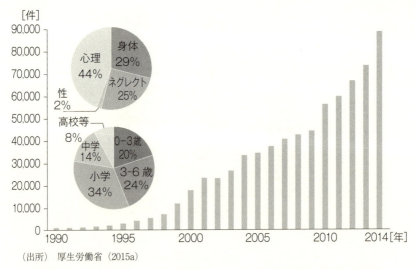

（出所）厚生労働省（2015a）

図 9-2　児童相談所への虐待相談件数ならびに虐待の種類と子どもの年齢

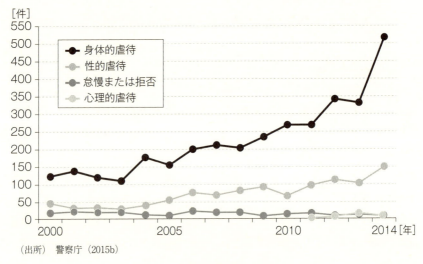

（出所）警察庁（2015b）

図 9-3　児童虐待事件（件数）

る。例えば，2005年には約3万4000件であったものが2010年では約5万6000件，2014年度には8万9000件となっている。

図9-2の上の円グラフは虐待相談の内容を表している。身体的虐待，ネグレ

表 9-4　子どもが証言した事案

- エビス屋のブーちゃん事件（交通事故）（3歳）
- 福岡強制わいせつ事件（6歳）
- 横浜強制わいせつ事件（小2）
- ある強制わいせつ事件（小3、5人）
- 板橋強制わいせつ事件（小4）
- 甲山事件（11〜17歳の知的障害児5人）
- 窃盗被害事実（6歳前後）
- 殺人現場の状況（8歳）
- 強盗被害事実（9歳）
- 横領被害品を犯人に授受した状況（10歳）
- 強姦被害事実（12歳）

クト、心理的虐待がそれぞれ29％、25％、44％となっている。身体的虐待は外傷や骨折により、ネグレクトは低体重や虫歯など、外的な指標によっても発見しやすい。また、DV事案においては、その場にいた子どもは心理的虐待を受けたとされるため、ある程度発見しやすいといえるかもしれない。これに対し、性虐待は一対一で行われることが多く、医学的な証拠も少なく、発見しにくい虐待だとされる。このような事案では子どもからの聴取が大変重要である。

図9-2の下の円グラフは虐待の被害が疑われる子どもの年齢を示しており、幼児、小学校が相談件数の大半を占めていることがわかる。これらの子どもはある程度話をすることはできる。しかし、認知的、社会対人的には発達途上にあり、第2講で見たように、誘導・暗示にかかりやすい。

ところで児童相談所における相談件数が8万件といった万のオーダーであるのに対し、警察で事件化される虐待事件は数百といった百のオーダーである（図9-3）。子どもからの聴き取りの困難さはこういうところにも表れているかもしれない。

◆ **幼児・児童の被害・目撃供述**

表9-4に挙げたのは、『判例時報』や『ジュリスト』などに掲載された、子どもが被害供述や目撃供述を行った事案である。交通事故、強制わいせつ、殺人、強盗など様々な事案があるが、いずれも子どもの証言能力や証言の信用性が問題となった。証言能力は、子どもが事件を目撃し、記憶し、伝達できれば「有り」とされることが多い。しかし、第3講で示したように、証言能力はあ

るとされながらも供述の信用性が否定されることは多い（浅田, 1998）。

子どもからの聴取に関わる問題が指摘された事例として，以下のような例を見つけることもできる（仲, 2012d）。

- 子どもの供述には「他の者と区別して，犯人として的確に識別することのできる具体的かつ明瞭な特徴はない」（広島高裁平17・1・18）
- 子どもの証言も「理解力や表現力に限界があり，男性を快く思っていなかった父親の影響が強かった」として「合理的な疑いがある」（『産経新聞』2010年5月20日付）
- 犯人の着衣や所持品についての子どもの話は「被告が犯人であるのと整合しないことがある」（『京都新聞』2005年2月15日付）

◆ 多くの大人が繰り返し尋ねる

筆者は，司法場面における子どもの供述を数多く見てきたが，よく出合う問題として，多くの大人が子どもから繰り返し事情聴取を行う，ということがある。

図9-4に典型的な例を示す（特定の事案ではない）。ある子ども（A，図9-4の中央にいる子ども）が性被害でも，いじめでも，何らかの被害に遭っているかもしれない，とする。このような場合，本人（A）は何も話さないが，他者（友人B）がそれを見つけて別の他者（例えば，Bの親）に言う，などということが起きる。Bの親は，Aの親に連絡する。そこでAの親は，Aから事情を聞こうとする。しかし，なかなか情報が得られない。そこでAの親は担任に相談し，担任が話を聞こうとする。担任は校長に相談し，校長が話を聞こうとする。校長はさらにカウンセラーや保健室の教諭に話を聞くように依頼し，彼らが話を聞く。そうこうしているうちに少しずつ情報が出てきて，これは大変だということになり，児童相談所，警察，弁護士，医者などに通告がなされる。そして，最終的には裁判となることがある。ここまでに1,2年を要することもある。

裁判が開始された後，供述の信用性について心理学者が意見を求められることがある。しかし，1年前，2年前の情報に関する客観的，正確な記録は残っておらず，当初Aがどのような様子であったのか，Bは何を目撃したのか，誰と誰がどのようにAから情報を得たのか等は不明であることが多い。そう

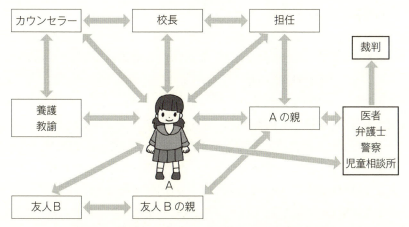

図9-4 典型的なプロセス：繰り返し何度も尋ねられる

なると，子どもの供述が信用できるのかどうかを判断することは不可能であり，複数回の面接，経過時間などから，信用性は低いと判断せざるをえないということが起きる。

◆ **典型的な聴取**

時折，初期の面接を記録していたという事例に出合うこともある。記録を残しておくということは重要である。しかし，そういった面接も適切でないことが少なくない。例えば，以下のようなやりとりが行われていることがある（架空の例であるが，しばしば類似のやりとりに出合う）。

面接者：××に叩かれたことある？

子ども：……。

面接者：○○さんから聞いたんだけど。怒らないからちゃんとお話しして。××，叩くの？

子ども：……。

面接者：××叩くの？

子ども：(小さくて聴き取れない) が当たった。

面接者：どこ叩かれたの？

子ども：肩。

第9講　司法面接の概要と目的　　149

面接者：いつ××が叩いたの？
　　　子ども：……。
　　　面接者：お話ししてくれないと，大変なことになるから。もう1回聞くよ。
　　　　　　　××が叩いたのね。
　　　子ども：(小さな声で) うん。

　見ての通り，面接者は単刀直入に「××に叩かれたことある？」と聞いた。つまり，疑われる内容（叩く）を被疑者の名前（××）を入れて聞いている。しかも「××さん」「××ちゃん」ではなく，呼び捨てになっており，これは被疑者に対する面接者の見方を反映している可能性がある。
　子どもはすぐには話さないことも多い。特に，関係性のある人からの加害がある場合（いじめ，虐待，DV等）は，子ども自身が加害かどうか確信がもてず，あるいは報復を恐れ，あるいは認めてしまうと自尊心が下がってしまうために，話さないことがある。実際には事件はなく，話すべき内容がないという場合もあるかもしれない。しかし，子どもが話さないと，大人は心配のあまりたたみ掛けるように「××，叩くの？」「××，叩いたりしたの？」と質問を続ける。
　やがて，子どもが「当たった」などと話し出すと，親は「やはり『叩かれた』のだ」と解釈し，「いつ，どこで」などのWH質問やクローズド質問を繰り返す。応答がないと，「怒らないからちゃんと話して」と取引をもち掛けたり，「話してくれないと大変なことになる」と脅したり，「○○から聞いた」と証拠をほのめかしたりしながら，子どもが「うん」と答えるまで聞いていく，ということがよくある。上の例では子どもは「当たった」「肩」「うん」としか答えていない。しかし，大人としては「××から肩を叩かれた」という情報を得たと考えてしまうということが起こりうる。「録音していた。証拠がある」と言われても，このような面接では，実際のところ子どもは何も言っていないに等しい。
　子どもは言いたいことはあったが言えなかったのかもしれないし，実際は何もなかったのに面接の過程で「あった」かのように解釈されてしまったのかもしれない。子どもが，実際にはなかった出来事を「あった」かのように思い込んでいる可能性もある。大人が多くの情報を提供し，また，大人の解釈が入ることにより，子どもの供述の信用性は低くなる。

3　認知的な問題

◆ 被暗示性

　第4講で見たように，子どもが暗示や誘導にかかりやすいことは古くから指摘されてきた。20世紀初頭に知能検査を作ったビネーも，子どもは暗示にかかりやすいことを問題にした。近年では，被暗示性の問題は，実際に体験していないことがまるであったかのように「思い出される」ことがあるという「偽りの記憶の形成」として検討されている。

　ロフタスらやブラックらが行った偽りの記憶の形成の手続き（Loftus & Palmer, 1974, Loftus et al., 1978; Bruck et al., 2002）に準じた，ある実験を紹介する。この実験では，幼稚園の先生が5歳児に対して，実際に行ったことのある「おいも掘り遠足」と実際には行ったことのない「サクランボ狩り遠足」について質問した。先生が「行ったよね。覚えてない？　ほら，みんなで一杯サクランボとったの覚えてない？」と尋ねていくうちに，最初は戸惑っていた園児も，やがてはサクランボ狩りについて話をするようになった。

　園児は積極的に嘘をついている，あるいは作り話をしているわけではないだろう。彼らは尋ねられても思い出せない（体験がないので当然である）。しかし，「それは実際に行ったことがないからだ」と考えるのではなく，先生の言葉をヒントに，一生懸命思い出そうとする。そうするうちに，イメージ（メディアや絵本で見たことのある映像かもしれないし，想像や空想であるかもしれない）が思い浮かび，「行ったことがある」ような気になってしまうのではないか。見た／聞いた話と現実の体験との区別がつきにくくなるソースモニタリング／リアリティモニタリングの失敗が起きているのだと考えられる（第4講）。

　第3講で詳しく述べたが，言葉で表せる記憶は2種類に分けることができる。図9-5は，第3講の図3-1を簡略化したものである。1つは「意味記憶」であり「水は酸素と水素からできている」「北海道庁は札幌市にある」など，どこで学習したかは思い出せないが「知っている」と感じられる知識である。もう1つは「エピソード記憶」であり，これは時間的文脈，空間的文脈に埋め込まれた記憶である。エピソード記憶は，特定の時間，場所で起きた出来事や体験の

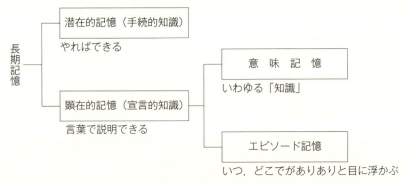

図9-5 記憶の分類

記憶であり，海馬だけでなく，前頭葉や側頭葉内側部などとも関わっているとされる。事件や事故の記憶として想起が求められるのは，エピソード記憶である。

エピソード記憶の発生は意味記憶よりも遅く，4歳頃であり，その発達は思春期まで続く（Shing et al., 2010）。意味記憶は頑健で長期にわたって保持されるが，エピソード記憶は変容しやすく誤りが生じやすい。エピソード記憶が十分に成立していないということは，記憶が「自分の体験」に由来するのか，他者の言葉や見たもの，聞いたものに由来するのか，区別がつきにくいということでもある。そのため，幼児や児童は誘導や暗示の影響を受けやすい。

被暗示性には，社会対人的な要因も関わっている（Gudjonsson, 1987）。子どもは常に大人の庇護のもとにある。大人の存在は絶対であり，大人は嘘をつくはずがないと考えていることが多い（Siegal, 1996）。「サクランボ狩り行ったよね」と言われば，その出来事はあったと信じ，知識やイメージ，教師からの言葉を総動員して，記憶を「思い出そう」とするかもしれない。こういった社会的圧力に加え，積極的に思い出そうとする態度も偽りの記憶を作り出す要因だとされる（ロフタス，1997；ロフタス・ケッチャム，2000）。

◆ 中学生・大学生を対象とした調査

このような被暗示性は，中学生や大学生においても見られる。ここでは弁護士との共同研究で行った，中学生と大学生に対する調査を紹介する（仲ほか，2008）。この調査は現実的な場面で行うことを意図し，ある弁護士事務所で実

施した。中学生，大学生の参加者にそれぞれ2人組で弁護士事務所に来てもらい，アンケートに答えてもらう。その最中にある事件（実は芝居）が起きる。他所から来た弁護士が，受付の女性に「時間が間違っている」と言われ，言い争いになる。最終的に弁護士は自分の事務所に電話をかけ，電話の相手（実は誰もいない）に大きな声で文句を言った後，電話を切り，出て行く。

　この後，弁護士事務所の「責任者」たる人物が出てきて，ペアの1人ずつに面接を行い，事情を尋ねる。最初の数問（「弁護士さんは何と言ってた？」等）は，子ども／大学生の答えをそのまま受け入れるが，その後の質問では実際とは異なる情報を提示する。例えば，弁護士のスーツの色は灰色であったが「何色だった？」と尋ねた後，「紺じゃなかった？」などと誘導情報を示す。そうすると，次のように答えが変わってしまうことがある。

　　面接者　　：何色のスーツを着てたっけ？
　　被面接者：灰色か。
　　面接者　　：紺ではなかったっけ？
　　被面接者：わかんないけど，あ，紺かな。
　　面接者　　：紺かもしれない？
　　被面接者：はい。

　このような変更は，中学生では全質問の22％，大学生では24％の率で生じた。このこと自体も興味深いが，さらに重要なこととして，参加者は自分が誘導されたことに気づいていない，ということがある。

　面接の後，芝居であったことを明かし，調査表に回答を求める。調査表には「面接者の言う通りに答えてしまいましたか」（影響），「面接者に誘導されましたか」（誘導），「事実とは異なることも言ってしまいましたか」（不正確），などの問いがあった。実際に中学生も大学生も平均約2割の質問に対し「誘導」されたわけだが，中学生の約8割，大学生の約6割は「面接者の言う通りに答えてはいない」「誘導されていない」「実際とは異なることは言っていない」という選択肢を選んだ（図9-6）。中学生や大人であってもメタ認知（第3講），すなわち自分自身の認知活動をモニターすることができていない。

　なお，自由記述欄を見ると，大学生においては「一問一答はつらい」「もっと自分の言葉で話したかった」などの記載が見られた。これに対し，中学生は

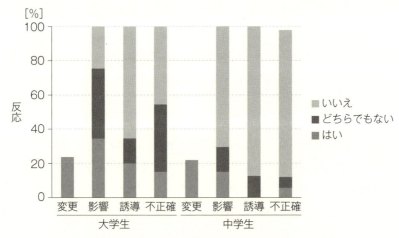

図9-6 大学生と中学生の回答の変更と調査表への反応

「たくさん質問してくれてよかった」「優しく聞いてくれてよかった」「ヒントをくれてよかった」などと記載していて、誘導に対する抵抗性が低いことも示唆された。

◆ 厚生労働省の手引き

以上、誘導や暗示の問題を見てきた。こういった問題への対応策として、厚生労働省による「子ども虐待対応の手引き」には「司法面接」への言及がある（厚生労働省、2009、250頁）。その主旨は、子どもが嘘をついているとして対立する事例や、性的虐待を理由に児童福祉法28条（子どもの分離に関わる法令）による措置を求める事例が増加しており、法的な証拠として活用できる調査面接、証明資料の作成・提出が必要となっているが、司法面接は子どもの負担を減らし、誘導の疑念を排除し、正確な情報を得ることを目指す面接法として有効である、というものである。ここにもあるように、誘導の疑念を排除し、正確な情報を得ることは司法面接の第一の目的である。

4 精神的な問題

もう1点、司法面接の重要な意義について述べる。それは、上記の厚生労働

省の手引きにもある精神的な「負担」を軽減する,ということである。先に見たように,子どもは父母や他の家族,教師,児童相談所職員,警察,検察,医者,カウンセラーなどにより,何度も繰り返し報告を求められることがある。もしも子どもが実際に被害を受けているのであれば,つらい体験を繰り返し報告させることは2次的な精神的外傷を生じさせかねない。また,体験がなかったとしても,被害の疑いを繰り返し尋ねられることは不快なことであり,場合によっては偽りの記憶が形成される可能性もある。

事実,心理学者であり,自らが車両の火災事故で大やけどを負ったファルチャーは,自身の体験と,医療,リハビリの場で出会うクライエントの反応を分析し,多くの人が(医療,司法,保険等の専門家による)面接を繰り返し受けることにより精神的障害やトラウマ反応を起こすようになるとしている(Fulcher, 2004)。ファルチャー自身にも解離(感情の切り離し)の症状が生じたという。

◆ 国連による勧告

こういった問題を受け,国連子どもの権利委員会は2010年,締約国である日本に対し,次のような勧告を出した。

> 繰り返し証言することによって子どもがさらなるトラウマを受けることがないようにするため,この分野の専門家と協議しながら,……口頭での証言ではなく録画による証言を活用することを検討すること(国連児童の権利委員会,2010,6頁)

ここでいう録画による証言とは,司法面接を指していると考えてよい。つまり,面接を繰り返し行うのではなく,原則として1度,適切な方法で面接を行い,それを録音・録画して後の対応や手続きに用いなさい,ということである。精神的な観点からも,司法面接の重要性を指摘していると取ることができる。

◆ 精神的な問題への対応

精神的な問題を考えるとき,もう1つ指摘しておかなければならないことがある。それは,事実確認と,心のケアとを区別する,ということである。

以下は,被害児童から事情を聴取する立場にある警察官から伺ったことだが,

大変参考になるので紹介させていただく。警察でも，被害児童への事情聴取に関しては，事情に合わせて様々な工夫をしている。例えば，署内ではなく別の建物の相談室で面接を行うとか，制服ではなく私服を着用するなどである。だが，以下のような難しい問題もあるとされる。

・特に困難なケースでは，面接に時間がかかったり，面接回数が増えてしまったりする。当初は大丈夫だと思われた子どもであっても，学校に行けなくなる等，精神的，身体的な不調を訴えるようになり，事件を取り下げてしまうこともある。

・詳細を尋ねるうちに「被害者がなぜあれこれ聞かれなくてはいけないのか」「被害を受けていない人には苦しみなんてわからない」などと言うようになり，徐々に協力を得られなくなる。

・事件を解決するには詳細な聴取が必要である。しかし，詳細に聞けば聞くほど被害者は苦しむ。警察官が1人で，被害者の心のケアを行いながら事情聴取を行うのは，困難な場合がある。

第三に挙げられていることは特に重要である。警察では被害者に対応する場合，カウンセリング的なモデル，すなわちまずは親しくなり，受容・共感し，心のケアをしながら少しずつ話を聞いていくという方法が取られることがある。しかし，以下に述べるように，この方法は面接者，被面接者ともに混乱させてしまうことがある。

面接者はどのような被害があったのかを，詳細に克明に記述してもらう必要がある。矛盾があれば「その場所からでは手が届かない」「その位置からでは見えないはずだ」等，追求しなければならないこともある。しかし，被面接者の苦しみを受容し，共感している面接者は，そうやって詳しく聞くことに躊躇を感じることがある。また，被面接者の側にも「この面接者は私の苦しみをよくわかってくれているはずなのに，なぜ言うことを信用してくれないのか。嘘を言っているとでもいうのか」といった感情が起きることがある。被害者に対しては，心のケアも事実の聴取もともに重要だが，1人の面接者がこの両方を担うことは困難な場合がある。

なぜだろうか。心のケアは相手の気持を受容し，共感し，回復を支援しようという未来に向けた活動である。嫌なことを思い出しても，いわばやりすごせるよ

うに，記憶を変容させ，あるいは捉え直し，意味を見出し，耐性をつけていくといったことが目標となる。これに対し，事実確認は事件の時点に立ち戻り，その時の様子をありありと詳しく思い出して報告してもらうという，過去を掘り起こす活動である。方向性の異なる活動を1人の人が同時に行うということは難しい。

　上述の警察官は，事実の聴取を行う人と，心のケアを行う人とを分けることでうまくいく場合がある，と話してくださった。司法面接も同様の方針で行われる。すなわち，司法面接と心のケアは異なる方向性をもつものだと認識し（英国内務省・英国保健省，2007），司法面接を行う人（過去の出来事を追求する人）と，心のケアをする人（未来の回復に向けてサポートする人）には，異なる人物を当てる。カウンセリングが必要な場合は，原則としてまず司法面接を行い，その後にカウンセリングを開始する。

　なお，このことは1人の子どもに2人を当てがわなければならないということではない。例えば，子どもAの担当者（例えば，ケースワーカーやサポーター）は子どもBの司法面接を行い，子どもBの担当者は，子どもAの司法面接を行うなど，役割をスィッチすればよいのである。そうすれば，リソースは不十分であっても，心のケアと事実確認とを分離することができる。

5　まとめ

　表9-5に事実確認のための面接と心のケアのための面接（カウンセリング等）の相違点を，対比させるかたちで示した。後者においては，面接者と被面接者の関係性は時に親密で濃厚，受容的であり，感情表出を促すこともある。カウンセラーは被面接者の言葉を代弁したり，好ましい方向に誘導していくこともあるだろう。そこで扱われる体験は主観的な体験であり，「ふり」や「つもり」，イメージを用いることもあるだろう。

　これに対し事実確認では，温かいが中立な態度を維持する。極端な感情移入は控え，話をたんたんと聞いていく。面接者から情報を提供することや誘導・暗示は避け，オープン質問を主体とし，被面接者の自発的報告を求める。イメージやファンタジー，感情的側面よりも，まずは事実に焦点をあてて聴取することが重要である。

表 9-5 司法面接とカウンセリングの違い
(APSAC2009年度研修による資料を参考に作成した)

項　目	司法面接	カウンセリング
目的	事実確認，調査，捜査	心の回復
時間	できるだけ初期に	被面接者の心の準備ができたときに
面接室	暖かいが，簡素な部屋。おもちゃ等のディストラクター（注意をそらすもの）は置かない	暖かく，心がなごむ部屋。おもちゃなども可
面接者	司法面接の訓練を受けた人。心理司，福祉司，警察官，検察官等	カウンセラー，臨床心理士等
面接者に必要な背景知識	認知心理学，発達心理学（記憶，言語，知覚の発達），福祉，法	臨床心理学，福祉
面接者と被面接者の関係性	暖かいが，中立的に，たんたんと	親密で，時に濃厚，受容的
面接者の声，姿勢	暖かいが，中立的に，たんたんと，傾聴の姿勢は取るがことさらに大きく姿勢を変えることなく行う	トーンを合わせる，大きく前屈みになることも
面接者の表情	暖かいが，中立的に，たんたんと	親密，受容的，共感的，感情を表出することも
面接者のうなずき	自然に	大きくうなずくこともある
面接の方法	手続きが決まっている	自由度が高い
質問や言葉かけ	情報を与えない，誘導しない，オープン質問を主体に，プロトコルで定められた質問を用いる	情報提供や誘導も可，子どもの言葉を代弁したり，話しかけたり，好ましい方向に誘導することも
扱う情報	事実が重要	主観的な体験が重要
ファンタジー	扱わない。事実のみに焦点化	ファンタジーも受け入れる。「ふり」や「つもり」を取り入れることも
ドール，フィギュア，おもちゃ，箱庭等	使用しない	使用することもある
イメージ	イメージではなく，事実が重要	イメージも重要
面接回数	原則として1回	数回～多数回
記録方法	面接はすべて録音・録画する	面接終了後，筆記するのでも可
記録	録音・録画の媒体と書き起こし資料	所見，筆記記録

コラム9　司法面接の現場での使用と課題　【二口之則・小山和利】

はじめての司法面接　　筆者（二口）にとっての「はじめての司法面接」は，他児童相談所（以下，児相）が措置していた施設入所中の女子中学生が，学級担任に，自分の身に起きた出来事を告げたことによるものであった。児相における司法面接は，最初から学校，施設，措置児相，そして中央児相と，「第一面接」（初期に行われる1度限りの面接）の重要性が保たれがたい状況にあった。しかし，実施にあたっては，重複面接を避けるべく最大限考慮し，事前準備，当日の実施，実施後の対応等が詳細に検討され，中央児童相談所で行われることになった。

　事前準備では子どもの特性を考慮し，プロトコルで行き詰まったときの対策を念入りに検討し，面接計画が立てられた。

　また，検討の過程で，子どもへの事前説明をいつ，誰が，どんな内容で話すのかという課題が浮き彫りとなり，施設から中央児童相談所までの車中での過ごし方（広域という北海道の特性から）を考える必要性も明らかになった。

　司法面接は言うまでもなくチームでの面接である。当日の面接は，実施責任者，面接者，バックスタッフが協議しながら行われた。面接は困難なもので，問いへの返事は，無言，うなずき，「うん」「知らない」等，単語や短文であった。しかし，可能な限り誘導しないよう配慮し実施された。

　ブレイクではバックスタッフと協議。そして再びチャレンジ。行き詰まるような空気の中で，肝心なフレーズが1つ2つ子どもから発せられた。バックスタッフ室内で声が漏れた。

　困難さはラポールの問題ではなく，多くは子どもの特性という側面であったように思う。面接はオープン質問，WH質問で適切に行われ，子ども自らの言葉での応答が認められた。確認された事項は，単語，単文等ではあったが，出来事の事実や，それらを補助する周辺情報が得られ，その情報の信頼性は高いと考えられた。

　こうして「はじめての司法面接」は終わった。そして，DVDによる公文書が作成された。このことにより，DVDによる公文書についても様々な疑問点とその対応策が検討され，整理された。

DVDによる公文書の扱いについて
Q: 公文書であるDVDを関係機関に見せることに問題はないか。
A: 児相の目的内業務であれば可能（北海道個人情報保護条例8条）。
Q: 保護者の同意のない司法面接を実施してもよいか。
A: 北海道個人情報保護条例7条4項ただし書きで，認められる。
Q: 撮影されたDVDはその証拠能力保全から修正は厳禁だが，面接者の顔が

> 写っており，開示に問題はないか。
> A: 面接者は公人であり，公人は開示されることに問題はない。

求められる科学的根拠に基づく司法面接　児童相談所での虐待相談で，虐待の根拠が子どもの証言だけであることは少なくない。虐待の疑いがあれば，保護者の同意が得られなくても，調査のために児童相談所の職権で一時保護が可能となる。しかし，子どもの証言の信憑性をめぐって虐待加害を疑われた保護者との争いも時には避けられない。子どもが誘導されて答えたのではないかと，虐待加害を疑われた保護者から疑念をぶつけられる。保護者が直接子どもから聞くからと，子どもと会わせるように求める保護者もいる。

法的な対決に持ち込まれ，一時保護の決定の根拠として子どもの証言だけに頼る時，子どもの証言の信頼性と，児童相談所の意思決定の妥当性は，児童福祉への熱意だけで証明することはできない。子どもと組織を守ることができるのは，証言を得るための手続きの正当性である。これまでの児童相談所では，法的な対抗のための手続きの厳密性という視点には，無頓着であったと言える。

支援型のケースワークで対処する場合には，福祉的な姿勢を理解してもらうことに専念することで足りた。しかし，説明と同意に基づかない介入型のケースワークも必要になるに従い，これまでの経験に裏打ちされた調査面接やカウンセリングとは異なる面接手法が求められるようになった。司法面接は，実証に裏打ちされた子どもから真実を聞き出す最善の手続きである。法廷闘争に至らなくとも，児童相談所の権限による親の不同意に反する一時保護の判断に悩むことがある。そのような時も，司法面接によって子どもからの自発的な証言を得られれば，一時保護の意思決定の重要な根拠となる。これまでのような勘と経験に頼らない，科学的な根拠に基づく司法面接に習熟することが，虐待相談に翻弄される児童相談所を守るための1つの強い柱となる。

第10講
司法面接の要：オープン質問

　ここでは司法面接の特徴であり，その要ともいえるオープン質問について説明し，オープン質問を用いて自由報告を得る練習を行う。オープン質問は，司法面接に限らず，人から話を聴くあらゆる状況で役立てることのできる質問である。

1　司法面接の目的と自由報告

◆ 司法面接の特徴

　司法面接の最大の目標は，できるだけ被面接者に精神的負担をかけることなく，証拠としての価値がある情報をできるだけ正確に多く得ることである。司法面接の特徴としては，以下の3点を挙げることができる。

- できるだけ早い時期に，自由報告（自発的な語り，自由ナラティブ：free narrative）を重視した面接を，原則として1回行い，録音・録画する。
- カウンセリングではなく，事実に焦点をあてた情報を聴取する。
- 被面接者が福祉、司法等の機関を訪れ，そのたびに面接を受けることで精神的な2次被害が生じることを防ぐために，多機関が連携して面接を行う。

　司法面接には国や地域，機関によりバリエーションがあるが，一貫して推奨されるのが，被面接者（子ども）の記憶を汚染することなく，できるだけ多くの自由報告を得る，ということである。このために，面接者は次の3点に注意する必要がある。

- 面接者からはできるだけ情報を出さずに，子どもに自分の言葉で話してもらう。「××が叩いたの？」などと面接者から情報（××という名前，叩く

等）を出すことのないよう注意しなければならない。
- 子どもの言葉を勝手に解釈せず，子どもに自分の言葉で話してもらう。第9講で示した例では，子どもによる「当たった」という言葉を，大人は「叩かれた」と置き換えた。子どもが「当たった」と言ったならば，「当たった時のことをもっと詳しく教えて」と尋ねるべきであり，別の言葉に置き換えてはならない。
- 安易にコメントをしない。子どもからつらい話が出てくると，面接者も「大変だったね」「つらかったね」と言いたくなる。しかし，これらの言葉も面接者からの情報であることに違いはなく，子どもの受け止め方を汚染してしまう可能性がある。また，面接者が「大変だったね」と返すことにより，子どもは「これだけで『大変だった』と思われるようでは，これ以上の内容は話せない」，あるいは「『大変だった』と言われても，面接者は被害者ではないのだから，本当のところはわからないだろう」などの感情的反応を示すかもしれない。こういった反応を回避するためにも，面接の中立性を維持するためにも，面接者は暖かく，しかし，たんたんと事実に焦点をあてて聞いていくことが必要である。

◆ 質問の種類

　司法面接の大きな特徴は，自由報告を求める，ということである。しかし，自由報告を得るための質問に進む前に，まずは質問の種類を見ていくことにしたい。一般に，質問はオープン質問，WH質問，クローズド質問，誘導質問に分けることができる（分類の詳細は第8講，表8-1を参照のこと）。

- オープン質問は「お話ししてください」「そして」「それから」など，被面接者に自由に，自分の言葉で話すように促す発話であり，「自由再生質問」と呼ばれることもある。こういった質問に対して得られる長い報告を，自由報告，あるいは自由ナラティブという。自由報告は，他の質問に対する応答よりも正確でより多くの情報を含んでいることが知られている。
- WH質問は「いつ」「どこで」「誰が」などの質問であり，「指示的質問」「焦点化質問」(directives)と呼ばれることもある。これらの質問は，尋ねたい事柄（時間，場所，人物等）を，面接者から特定の情報を示すことなく

尋ねることができる。ただし，子どもからは「いつ」-「月曜日」，「誰？」-「Aさん」など，端的な「回答だけ」が返ってくることが多くなる。そのため，会話は一問一答となりがちであり，尋問のような圧力的なやりとりになってしまうこともある。

- クローズド質問とは，「はい，いいえ」で答える質問や選択式の質問であり，「選択質問」「選択肢の提示」（option posing）と呼ばれることもある。クローズド質問を行うと，「車は黒でしたか？」における「車は黒」，「車は白でしたか，黒でしたか？」における「車は白，黒」などの情報が，面接者から被面接者へと伝わり，誘導・暗示となる可能性がある。こういった質問は，できるだけ少ないほうがよい。

- 誘導質問とは，一般に「～ですね」「～でしょう」といった「はい」という答えを期待するような質問のことをいう。しかし，イギリスのガイドラインでは，疑われる事柄に関するクローズド質問（例えば，叩かれた可能性がある場合の「叩かれましたか」等）も「誘導質問」だとされる（本書でも「誘導質問」を，その意味で使うことがある）。誘導質問は，面接の信用性を低下させるので，できるだけ使用しないように心がける。

- 暗示質問とは，被面接者がまだ話していないことを前提とした質問を指す。例えば，子どもが「犯人はTシャツを着ていた」と言ったときに「Tシャツはどんな模様だった？」と尋ねたとする。この質問は，あたかもTシャツに模様があったかのような印象を与える暗示質問である。同様に，子どもは犯人と会話したとは言っていないのに「犯人は何と言ってた？」，他に人がいたとは言っていないのに「他に誰がいた？」などと尋ねることも暗示質問となる。子どもは暗示にかかり，「○○の模様だった」「犯人は～と言った」などと作話してしまう可能性がある。暗示質問も注意すべき質問である。

2 自由報告を引き出す質問

次に，オープン質問の種類と使い方について説明する。この箇所は大変重要である。質問といえば，疑問符「か」がついた文（「～ですか」等）を思い浮か

べるかもしれない。しかし，オープン質問は要求であり，依頼である。第6講でも見たように，オープン質問には次のような種類がある。

① 誘いかけ質問：「何があったか話してください」
② 時間分割質問：「Aの前／AとBの間にあったこと／Bの後にあったことを，全部話してください」
③ 手掛かり質問：「Aについてもっと話してください」
④ それから質問：「それから」「それで」「その後はどうなりましたか」

以下，面接における①〜④の使い方について述べる。各質問に関する第6講の説明を見直していただいた後，それぞれの意義と使い方を見ていただきたい。

◆ 誘いかけの使い方

面接は，通常①の誘いかけ質問で始まる。誘いかけは「何があったか話してください」の他，「何がありましたか」「どうしてここに来ましたか」等，制約をつけずに何でもすべて話してもらうような働きかけである。

これで報告が始まるようならば，④のそれから質問を用い，「それから」「それで」と促しながら，話せるだけ話してもらう。しかし一般的には，「何がありましたか」と尋ねても「イヤなことがあった。終わり」など，抽象的で量も少ない発話しか得られないことも多い。このような場合，面接者はすぐに「いつ？」「どこで？」とWH質問に移行しがちだが，これでは一問一答の尋問のようなやりとりになってしまい，多くの情報を得ることができない。そのため，子どもが述べたことを拡張してもらうためのさらなる誘いかけを行う。例えば，子どもが「イヤなことがあった。終わり」と述べたならば，「イヤなことがあったと言ったけれど，何があったか話してください」や「イヤなことがあったと言ったけれど，そのイヤなことを，最初から最後まで，全部話してください」などと，誘いかける。そうすれば，子どもは「おじさんが来て，／叩いて，／行っちゃった」などと，さらなる情報を提供してくれるかもしれない。以下，例を示す。発話の末尾にある（　）内の数字については，第4節で説明する。

面接者：何があったかお話ししてください。
子ども：昨日イヤなことがあった。
面接者：では，そのイヤなことを，最初から最後まで全部話してください。(1)
子ども：あのね，おじさんが来たの。①
面接者：そうか，それから。(2)
子ども：叩いた。②
面接者：うん，それで。(3)
子ども：で，行っちゃった。③
面接者：その後は？ (4)
子ども：終わり。お母さん帰って来たし。④

◆ 時間分割の使い方

②の時間分割質問は，時間軸（タイムライン）を意識しながら，子どもが話したことをさらに拡張してもらうための質問である。例えば，子どもが「おじさんが来た／叩いた／行っちゃった」などと話したならば「おじさんが来たと言ったけれど，おじさんが来る前，○○さんは何をしていましたか」「おじさんが来てから，叩くまでに何がありましたか」「おじさんが叩いてから行っちゃうまでにあったことを全部，話してください」などと時間を区切り，報告を求める。そうすることで，報告された時系列上の出来事の間隙を埋めることができる。

面接者：では，おじさんが来る前，○○さんは何をしていましたか？ (5)
子ども：学校から帰ってきて，テレビ見てた。⑤，⑥
面接者：そうか，テレビ見てて，それから何があった？
子ども：おじさんが来た。
面接者：では，おじさんが来てから，叩くまでの間にあったことを，話してください。(6)
子ども：私の部屋に来て，おまえ，オレの酒隠しただろうって。⑦，⑧
面接者：うん。

子ども：で，いきなり叩いた。⑨

面接者：それからどうなった。⑦

子ども：部屋に入ってこようとしたんだけど，私，ドアをギューッと押さえてたら，行っちゃった。⑩，⑪

面接者：それで？

子ども：で，お母さん帰って来た。

　時間分割質問は，時間軸上の情報であるエピソード記憶を得る上で重要な役割を果たす。「おじさん」と出てくると「おじさん」についてすぐに詳しい情報を得たいと感じるかもしれない。「叩く」が出てくれば「どのように叩いたか」すぐに確認したくなるかもしれない。しかし，叩いた後にもっと重大な出来事が起きたという可能性もある。まずは詳細に入る前に，時間分割質問を用いてエピソードの全体を把握することが重要である。

◆ 手掛かり質問の使い方

　③手掛かり質問の「手掛かり」とは被面接者が出してくれた「手掛かり」のことであり，この質問の趣旨は，子どもが出してくれた「手掛かり」を自らの言葉で拡張してもらうことである。

　エピソードを拡張してもらうためには，例えば，「さっきおじさんが叩いたと言ったけれど，どんなふうに叩いたか詳しく説明してください」などと尋ねる。また，手掛かり質問は「おじさん」や「私の部屋」について知っていること（意味記憶）を言い尽くしてもらうために用いることもできる。例えば，「おじさんが叩いたと言ったけれど，おじさんのことを詳しく教えてください」「私の部屋と言ったけれど，私の部屋というのはどんな場所か，教えてください」などがこれにあたる。この質問により，時間分割で得られた出来事の要素をさらに掘り下げ，詳しく話してもらうことができる。

面接者：さっきおじさんが叩いたと言ったけれど，叩いたときのこと，最初から最後まで全部話してください。⑧

子ども：私テレビ見てたのね。そしたらドアのところから手入れてきて

　　　　　バッチーンって，頭のとこ（示す）。痛かったー。(⑫,⑬,⑭)
　　　　（中略）
面接者：おじさんって言ったけれど，名前は知ってますか。(9)
子ども：○○□夫
面接者：そうか。そのおじさんのこと，もっと詳しく教えてください。
　　　　(10)
子ども：おじさんはね，お母さんの恋人。家の鍵もってて，ときどき家に
　　　　来てね。お酒飲んでる。
面接者：うん，他にもあったら教えて。(11)

◆ それから質問の使い方

　面接において，子どもが何か話し始めたならば，子どもの言葉に口を挟むことなく，話し尽くしてもらう。子どもが時間軸上にあるエピソードを話しているのであれば「それから（何がありましたか）」「それで（どうしましたか）」「そのあとは（どうなりましたか）」などと尋ねることで，時間軸上のA，その次のB，その次のCなどと，さらなる情報を得ることができる。

　子どもが「おじさん」や「私の部屋」など，意味記憶について話しているのであれば，「他にも知っていることありますか」「あとは（何かありますか）」などにより，子どもからさらなる情報を引き出せるかもしれない。

　なお，「それから」や「あとは」の代わりに「うん，うん」やエコーイング（子どもの言ったことをそのまま繰り返す）を用いることもできる。

　　　面接者：お母さんが帰って来たって言ったけど，そのあとどうなった？
　　　子ども：お母さんが，おじさんに「何やってんの」って。
　　　面接者：うん，それから？
　　　子ども：おじさんが何か言い返してた。
　　　面接者：うん，それで。
　　　子ども：そのまま，2人でけんかしてた。
　　　面接者：そのあとどうなった。
　　　子ども：しばらくやってたんだけど，静かになっちゃった。

（中略）

面接者：さっき，私の部屋と言ったけれど，私の部屋はどんなところか，お話しして。

子ども：うちは2階建てでね，階段登ったらこっち側（示す）にお母さんの部屋，こっち側（示す）に私の部屋があるの。

面接者：うん。

子ども：私の部屋は狭いんだけど，ベッドと机と，ここに台があって，テレビ置いてるの（示す）。台の上にテレビ置いてあって，ドアのところに座ってテレビ見るんだよね。いつも。

面接者：私の部屋について，他に知ってることある？

子ども：あとは……ピンクのカーテンかかってて，壁にアニメのポスター貼ってて，電気のスイッチはここにあって。

面接者：うん。

子ども：あと，ベッドカバーはクリームのしましまで，そこにクマのぬいぐるみがある。

面接者：うん，まだあったら教えて。

子ども：……。

　先にも述べたが，面接演習で起きやすい問題の1つは，子どもが話しているにもかかわらず，面接者がその言葉を遮ってすぐに質問を始めてしまうことである。まずは誘いかけから入り「そして」「それから」と聞いていく。一通り話してもらったならば時間分割質問によって間を埋めてもらい（その場合も，子どもが話していれば「そして」「それから」と促す），最後に手掛かり質問を行う（その場合も，子どもが話していれば「そして」「それから」と促す）。

◆ それから質問のさらなる使用

　WH質問やクローズド質問は，その後に行う。しかし，WH質問やクローズド質問で情報が出たならば，できるだけオープン質問に戻り，さらなる情報を得る。

面接者：おじさんが叩いたと言ったけれど，どんなふうに叩いたの？
子ども：手で。
面接者：そうか，手のどこかわかったら教えてください。
子ども：ここんとこ（手のひらを示す）。
面接者：ここんとこは，なんて呼んでる？
子ども：手のひら，右の。
面接者：手のひら，右の。他にもあったら教えて。
子ども：他にはないよ。手のひらでバチーンって。それだけ。
（中略）
面接者：さっきテレビ見てたって言ってたけど，どんなテレビを見ていましたか。
子ども：○○っていう番組。
面接者：そうか，その日やってた○○，どんな内容だったか，覚えてますか。
子ども：うん。
面接者：どんな番組だったか覚えていること，全部話してください。
子ども：えっとね，○○っていう人が出てきたんだけどね……。

3　一問一答と自由報告

　ここで，一問一答の面接と，自由報告を求める面接とを比較してみたい。以下は，一問一答のやりとりである（架空の会話である）。（　）内に質問のタイプを示す。

面接者：何がありましたか。（誘いかけ質問）
子ども：イヤなことがあった。
面接者：誰かがイヤなことをしましたか（クローズド質問）
子ども：お兄ちゃん。
面接者：お兄ちゃんが，何かしましたか（クローズド質問）
子ども：私のことつねってきた。

面接者：どこつねったの？（WH 質問）
子ども：ほっぺ。
面接者：指で？（クローズド質問）
子ども：うん。
面接者：強く？（クローズド質問）
子ども：うん。

　面接者は「誰かがイヤなことをしましたか」（はい，いいえで答えるクローズド質問），「お兄ちゃんが，何かしましたか」（はい，いいえで答えるクローズド質問）などのクローズド質問を中心に面接を行っている。それでも「お兄ちゃんが」「つねった」という情報は得られたが，全体として，簡潔な短い報告しかなされていない。特にクローズド質問（「指で？」「強く？」）への応答は「うん」のみであり，どのような質問がなされたかがわからなければ回答の内容を知ることはできない。誘導されて「うん」と答えてしまった可能性もある。
　以下は，自由報告を引き出そうとしているやりとりである。

面接者：何がありましたか。（誘いかけ質問）
子ども：イヤなことがあった。
面接者：そうか。イヤなことがあったときのこと，最初から最後まで全部話してください。（誘いかけ質問）
子ども：お兄ちゃんがつねった。
面接者：そうか，お兄ちゃんがつねったときのこと，覚えていること，どんなことでも全部話してください。
子ども：私ね，折り紙やってた。
面接者：うん。それから何があった？
子ども：で，ハサミ貸してって。お兄ちゃんが。
面接者：うん。
子ども：でも使うから貸せないでしょ。
面接者：うん。
子ども：いやだって言ったら，お兄ちゃん，ここんとこギューって。

面接者：それからどうなった？
子ども：泣いた。ほら，ここ。青くなってるでしょ？
面接者：うん，そして？
子ども：ママが来て，お兄ちゃん怒られた。

　こちらの面接では，子どもの口から情報が得られている。最初の報告は「イヤなことがあった」と先の面接と同じであったが，「イヤなこと」を手掛かりとし，最初から最後まで話してもらうよう求めた。それでも，最初は「お兄ちゃんがつねった」だけであったが，つねられたときに折り紙をしていたことを聴き取り，そこを起点とし，あとは「うん，うん」「それから」で情報を得ることができた。
　これだけの情報では十分ではないが，さらに時間分割質問や手掛かり質問，必要であればWH質問を用い，つねったときの詳細や，お兄ちゃんとはどのような人物か，時間，場所などについても報告を得ることができる。

面接者：お兄ちゃんがつねったって言ったけれど，どんなふうにつねったか，詳しく話して。
子ども：指で，こんなふうにして，ギューッて（動作で示す）。
面接者：お兄ちゃんと言ったけど，お兄ちゃんの名前は何？
子ども：○○□夫
面接者：そうか，では□夫さんのことを，もっと詳しくお話しして。

　先の事例と同様，「お兄ちゃん」と出てくると，すぐにお兄ちゃんについて詳細を尋ねたくなるかもしれない。「つねった」が出てくると，すぐに「どのように」と聞きたくなるかもしれない。しかし，まずは子どもが「終わり」と言うまで，あるいは（例えば）他者との接触があるまで「それで」「それから」「その後はどうなった？」と促し，話してもらう。
　子どもは頭の中でそのときの状況を思い浮かべているであろう。そのときに面接者が遮って「お兄ちゃん」や「つねった」に性急に焦点をあてると，思い浮かんでいたものが失われてしまうかもしれない。また，終わりまで聞かない

と，得られた情報の中でどこをより詳しく聞くべきか判断できないこともある（「つねった」ばかりを聞いていたら，その後に起きた「襲いかかってきた」が聞けないかもしれない）。したがって，まずは最後まで話してもらうことが重要である。

4　SE3R と GQM

ここで2つ，面接を実施したり，面接の練習をしたりする上で効果的なシートを紹介する。

◆ SE3R

第一は，すでに名称を紹介したが，出来事を記述する SE3R と呼ばれるシートである（図 10-1）。これはイギリスの警察官であり心理学者でもある E. シェパード氏の考案によるもので，エピソード記憶（何があったか）と意味記憶（人物や場所について知っていること等）を分けて記入するようになっている（Shepherd, 2007）。SE3R とは，Survey（探し），Extract（抽出し），Read（読み），Review（見直し），Respond（応答せよ）の頭文字をとったものである。

横線は時間軸（timeline）で，ここにエピソード記憶（何があったか）を書いていく。第2節の事例（おじさんが叩いた）に戻って説明する。このやりとりを図に示すならば図 10-1 のようになるだろう。図中の①，②，…，⑭は子どもの発話，1, 2, …, 8 は面接者の発話を示す。例えば，5「①の前，○○さんは何をしていた？」は「（おじさんが来たって言ったけれど），おじさんが来る前，○○さんは何をしていた？」と読み替えていただきたい。ここではやりとりを示すために面接者と子どもの発話の両方を順序をつけて記入したが，定型のオープン質問で情報が引き出されている場合，通常は子どもの発話のみを記入する。

人名はイニシャルで書くことにしておけば，時間もスペースも節約できる。また，活動は，能動態で書くことにしておけば（「～された」は「○○が～した」）受け身で報告されたときに，主語が欠けていることに気づきやすい。出来事と出来事の間は，後に出てくる情報で埋まっていく可能性があるので，最初はスペースを空けて書くのがよい。

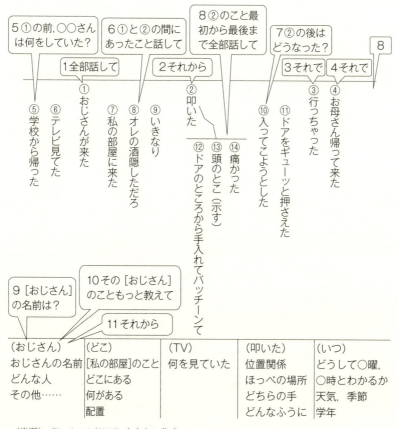

（出所）Shepherd（2007）をもとに作成。

図10-1 「おじさんが叩いた」のSE3R

　下のボックスは「知識の箱」（knowledge bin）と呼ばれる場所で，ここには意味記憶的な情報，すなわち「おじさん」や「私の部屋」についての情報，状況などを記入する。状況はエピソード記憶の一部ではあるが，時々刻々と変化するわけではないので，知識の箱に記すこととする。箱の大きさは自由に決めることができる。

　このシートを用いることにより，まずはエピソード記憶を得て，その後意味記憶を得る，ということを意識化できる。また，得られた情報の記録・整理，面接の計画を立てるのにも使うことができる。

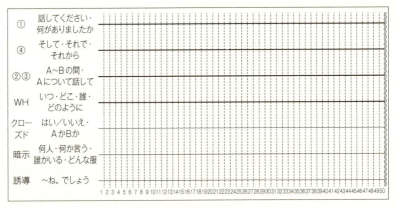

（出所） Griffiths & Milne（2006）を改変。

図10-2 発話分析シート

　イギリスの警察では，被疑者への面接を行う場合，その準備のためにこの用紙を用いる。事件において被害者，目撃者1，目撃者2，目撃者3がいた場合，それぞれについてSE3Rを作り，重ね合わせて情報の矛盾やギャップを調べる。その上で被疑者からどのような情報を得るか，計画を立てる。

◆ GQM: Griffiths Question Map

　第二は，やはりイギリスの警察官であり心理学者でもあるグリフィスと，その指導教員であったミルンが作成したグリフィス質問マップ（Griffiths Question Map: GQM）と呼ばれる発話分析シートである（Griffiths & Milne, 2006）。図10-2に，プロトコルの質問に合わせて改変した発話分析シートを示す。自分が行った面接を見ながら，あるいはロールプレイの振り返りにおいてチェックすることで，面接者がどの程度，どのような発話を用いているかを評価することができる。

　シートの左端には質問の種類が書かれている。上から順に①誘いかけ質問，④それから質問，②時間分割質問と③手掛かり質問となっており，その下のラインはWH質問である（①，④，②＋③の順になっている理由は後で述べる）。ここまでが太線で示されている。これらの質問は，面接者からの情報が含まれない（すなわち，「Aですか」における「A」のような情報が含まれていない），イン

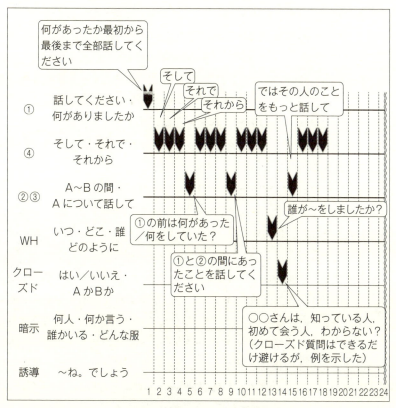

図10-3 発話分析シートの使用例

プット・フリーの（面接者からのインプットのない）「よい質問」である。WH質問は，一問一答になりがちであるが，面接者からの情報は入っていないので「よい質問」に入れた。

WH質問の下にはクローズド質問，暗示質問，誘導質問が並んでいる。先に述べたように，これらは注意すべき質問であり，細い線で示されている。

次に，シートの使い方について説明する（図10-3）。

シートの横線の下に数字が書いてある。これらの数字は面接者の発話の番号を示す。評価者（面接者自身であってもよい）は，面接者の発話を順にこのシートにチェックしていく。例えば，一番最初の発話が「何があったか話してください」ならば，①の横線と1の縦線が交わるボックスにチェックをいれる。

第10講　司法面接の要：オープン質問　175

被面接者の発話を「そして」「それで」「それから」と促していったならば，④の横線と2，3，4の縦線が交わるボックスにチェックをつける（④は常に用いる，いわばキーポジションとなる質問なので，2番目のラインとした）。

このようにして聞いていったところ，子どもは「もうない」と言うかもしれない。そこで，面接者は，②時間分割質問や③手掛かり質問を用いて「さっきAしてBしたと言ったけれど，AとBの間にあったことをもっと話してください」などと言うかもしれない。この発話は5番目の発話なので，②③の横線と5の縦線が交わるボックスにチェックを入れる。

その後，「それはどこでしたか」と尋ねればWH質問のところにチェックを入れる。（面接の早い段階で尋ねるのは望ましくないが）「その人は，知ってる人，知らない人，それともわからない？」と尋ねたならば，クローズド質問のところにチェックを入れる。

このようにして，面接者の発話をシート上にチェックしていく。望ましい面接は，①，④，④，④，②③，④，④，④となるような，子どもが話し始めたならば，できるだけ多く④「そして」「それで」で後を続けてもらうような面接である。また，発話がWH質問やクローズド質問のラインに落ちても，できるだけ早く「その後はどうなりましたか」と，④を用いたオープン質問に戻ることが望ましい。また，WH質問（それは誰か）と尋ね，答え（おじさん）を得たならば，しかるべき時点で③「それではおじさんのことをもっと話してください」と尋ね，④「それから」，④「それから」と続ける。クローズド質問「知っている人，知らない人，それともわからない？」で「知っている人」を得たならば，③「その人のことをもっと話してください」と，やはりオープン質問に戻るのがよい。

逆に，WH質問だけに終始している面接や，クローズド質問，暗示質問，誘導質問ばかりの面接は，子どもの言葉を引き出さず，面接者からの情報を提供し続ける不適切な面接だといえる。

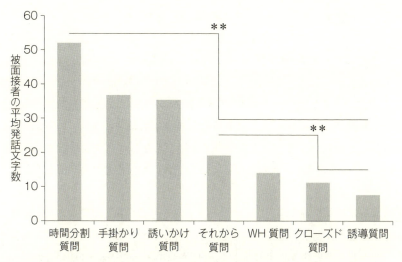

(注）時間分割，手掛かり，誘いかけ質問は他の質問よりも引き出した文字数が多い
　　　($p<.01$)．それから質問はクローズド，誘導質問よりも引き出した文字数が多い ($p<.01$)．
(出所）仲（2011b）

図 10-4　各発話タイプにより引き出された被面接者の平均発話文字数（平均）

5　質問の効果

◆ 模擬面接での文字数

　オープン質問には効果があるのだろうか。図 10-4 は，32 人の専門家が研修の事前事後に行った 64 の面接を分析したものである。

　グラフの横軸には質問の種類，縦軸には，その質問を行った時に引き出された発話の平均発話文字数（平均して，1 つの質問に対し何文字の発話が引き出されたか）を示す。図に示されるように，「時間分割質問」は平均約 50 文字，「手掛かり質問」と「誘いかけ質問」は平均 35 文字の情報を引き出した。「それから質問」は，他のオープン質問に比べれば値は低いが，何度でも用いることができる（「それから」「それから」「それから」……）。そのことにより，多くの情報を引き出すことができる。これらのオープン質問は，WH 質問やクローズド質問，誘導質問よりも統計的に有意に多くの情報を引き出した。これは諸外国の先行

第 10 講　司法面接の要：オープン質問　　177

研究とも一致する結果である（第6講参照）。

◆ あいづちとエコーイング

質問の代わりに「うん」「うん」といったあいづちや，エコーイング（相手の言ったこと，またはその最後の部分を繰り返す）を行うことも効果的である。ただし，頻繁に「うん」「うん」と言うと，被面接者は急かされているように感じるかもしれない。また，大きな声であいづちを打つと，面接者の「うん」「うん」と被面接者の言葉が重なって録音され，被面接者の声が聴き取りにくいことがある。

エコーイングを行う場合は，エコーイングが「言い換え」にならないように注意する必要がある。例えば，子どもが「叩かれた」と言ったならば，面接者も「叩かれた」と繰り返すのがよく，「叩かれちゃったのね」「叩いたんだー」など，子どもの言葉に情報を足す事は望ましくない。

6　自由報告を求める演習

図10-5左に，研修を行う際の一般的な着席位置を示す。先述のように，演習は4人1組（A, B, C, D）で行うと効果的である。司法面接は多機関連携によるチームで行うことが多いので，その模擬的な体験ができるからである。ただし，以下の「自由報告を得る練習」は，ウォーミングアップも兼ねて，ペアで行う（図10-5右）。

◆ 自由報告を得る練習(1)

Aが「面接者」，Bが「被面接者」となり，ペアを作る。また，Cが「面接者」，Dが「被面接者」となり，ペアを作る。ペアごとに，以下の手続きで2分程度，会話をする。SE3Rや発話分析シートを念頭に置きながら行うと効果的である。

・挨拶をし，お互い，職種と名前を名乗る（職種を言うのは，専門的立場を伝え多職種連携を促進するためである）。
・面接者は，被面接者に「今朝家を出てからここに来るまでのことを話して

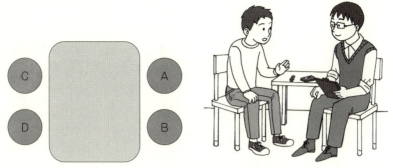

図 10-5　テーブルと各メンバーの配置

ください」と尋ねる。そして，上記①〜④の質問を用いて，相手からできるだけ多くの情報を得る。

・被面接者は特段面接者にサービスすることなく，普通に話す。

例えば，被面接者が「地下鉄で来た」と話したならば，面接者は②時間分割質問を用いて「家を出てから地下鉄に乗るまでの間」「地下鉄の中でのこと」「地下鉄を降りてからここに来るまで」などの情報を得ることができる。家を出てからここに来るまでの時間軸上の情報が得られたならば，報告の中で被面接者が言及した事柄（席を代わったという時間軸上の出来事や，自転車置き場，信号，駅，など「知識の箱」に入る情報）について話してもらう。被面接者が話し始めたならば，それから質問でさらなる情報を求める。時間軸上の情報については「その後はどうなりましたか」（それから，それで）と促す。意味記憶的な「知識の箱」に入るべき事柄であれば，「そのことについてもっと知っていることはありますか？」「他にはありませんか」等により，もっている情報を言い尽くしてもらう。

◆ **自由報告を得る練習(2)**

さて，もう1度，自由報告を得る練習をしてみよう。

前とは異なる2人組になる。Bが「面接者」，Cが「被面接者」となりペアを作る。また，Dが「面接者」，Aが「被面接者」となりペアを作る。これで，各人は4人チームの隣の人，および向かいの人と会話できることになる。この

演習では，面接者は被面接者に「最近した買い物のことを話してください」と尋ねる。

先ほどと同じように，ペアごとに，以下の手続きで2分程度，会話をする。この課題は以下のように，WH質問による一問一答になりやすいので注意する（以下は，不適切な会話例である）。

  面接者　　：最近した買い物のことを話してください。
  被面接者：セーターを買いました。
  面接者　　：いつ買ったんですか？
  被面接者：先週の日曜日です。
  面接者　　：どこで買ったんですか？
  被面接者：○○です。
  面接者　　：どんなセーターですか。
  被面接者：ピンクで，ここにリボンがついていて……。
  面接者　　：いくらでした？
  被面接者：えーっと，5000円です。

「買い物」は，最初（店に入る）から最後（店を出る）までの時間軸の上に，品物を探す，選ぶ，レジに行く，支払う等の出来事が並ぶことで構成される。まずはこれらの時系列的な情報を収集し，その後で事物（セーター），場所（店），配置，人物（店員，他の客）などの知識の箱に入る情報を収集する。

  面接者　　：最近した買い物のことを話してください。
  被面接者：セーターを買いました。
  面接者　　：そうですか。では，セーターを買ったときのことを，最初から最後まで全部話してください。
  被面接者：はい。春先のセーターがなかったんで，買おうと思って，○○デパートに行きました。
  面接者　　：はい，それで。
  被面接者：最初，2階の婦人物売り場を見たんですけど，これというのが

　　　　　なくて……。
　　　　　（中略）
面接者　：はい，それから。
被面接者：で，クレジットで支払って，包装したのを紙袋に入れてもらっ
　　　　　て，終了です。
面接者　：ありがとうございました。それでは，今度は，買われたセー
　　　　　ターのことを詳しく話してください。
被面接者：はい，そのセーターは……。

　繰り返しになるが，まずは，時間軸上の情報を得て，その後で知識の箱に入る情報を収集することが望ましい。エピソード記憶は意味記憶的な情報よりも変遷，変容が起きやすいからである。
・挨拶をし，お互い，職種と名前を名乗る。
・面接者は，被面接者に「最近した買い物のことを最初から最後まで話してください」と尋ねる。そして，上記①〜④の質問を用いて，相手からできるだけ多くの情報を得る。
・被面接者は，特段サービスすることなく，普通に話す。
　なお，「最初ってどこですか」などの質問をする被面接者もいるかもしれない。その場合は，WH質問になるが「どこでセーターを買いましたか」と尋ね「〇〇デパートです」という回答を得たならば，「では，〇〇デパートに入ってから，出てくるまでにあったことを全部話してください」などと報告を求めればよい。ネットで購入したというような場合も「では，そのサイトに行ってから終了するまでにあったことを全部話してください」などと言えばよい。

◆ 振り返り
　以上，自由報告を得る練習を2度行ったことになるが，まずは自分でチェックをしてみよう。
① 「誘いかけ質問」（お話ししてください。何がありましたか）を用いたか。
② 「時間分割質問」（〜よりも前，〜よりも後，A〜Bの間にあったことを，全部，何でも話してください）を用いたか。

③「手掛かり質問」（[さっき言っていた]「……」のことをもっと詳しく話してください）を用いたか。
④「それから質問」（その後はどうなったか，そして，それから，あとは）を用いたか。

振り返りでは，④が使いにくいという声をよく聞く。相手がもう「着いた」と言っているのに「それから」とは尋ねにくい，「それでどうした」のような突き放すような感じがする，などの感想も出てくる。

時間軸上の情報を話してもらっているときの「それから」は，「それからどうなりましたか」「それから何がありましたか」「そのあと○○さんはどうしましたか」など「その続きを話してください」という促しである。また，知識の箱内の情報を話してもらっているときの「それから」は，「他に知っていることはありますか」「もっとありますか」等，知識を言い尽くしてもらうための促しである。機械的に「それから」と繰り返すのではなく，場面に応じた促しを工夫していただきたい。

次に被面接者がどう感じたかについても話し合ってみよう。被面接者からは，「それから」と言われ，次を話そうという気持ちになった，話しているうちに思い出すことがあった，などという感想が出てくることがある。司法面接の目的は情報を収集することであるので，話す動機が高まったという報告が得られたならば大変よい。

◆ その他のコメント
その他，研修では次のようなコメントが出てくることもある。
・質問したくなる：面接者側からは，WH質問やクローズド質問であれこれ聞いてみたくなるというコメントが多い。また，質問をし始めると，すぐに回答が返ってくるので（私たちは質問に答えるのに慣れている），それを受けて，また質問を考えなくてはならないのが難しい，という感想もある。自分が一問一答のパターンに入っていると感じたならば，「～のことを話してください」と誘いかけに戻ってみるのが有効である。
・どこまで詳しく聞けばよいか：「何をどこまで詳しく聞けばよいのか目的がわからない」という感想もある。現実の事案では，疑われる事柄を明ら

かにするために面接を行うので，何をどこまで情報収集するか，計画を立てた上で臨むこととなる（第12講で面接の計画を扱う）。
- 会話がコントロールできない：被面接者の報告が脇道に入ってしまい（例えば，道で知人と会った話から，その人物の話に移る），面接者はそれを遮るわけにもいかず聞きたいことが聞けない，という感想が出てくることもある。しかし，オープン質問は，会話のコントロール権を手放すことではない。「その人のことはとてもよくわかりました。では，その人と別れた後のことを話してください」などと，話す意欲を削ぐことなく方向づけをすることができる。
- 何をどこまで話せばよいか：被面接者からは「どこまで詳しく話せばよいかわからない」というコメントが出てくることがある。私たちは簡潔に話すことに慣れているので，詳しく話していると，相手は飽きてしまうのではないか，こんな詳細まで話す意味があるのだろうかと不安になるのかもしれない。しかし，現実の面接ではできるだけ詳細に話してもらうことが望ましい。そのため司法面接では，詳しく話すことを求める教示（グラウンドルール）や詳しく話す練習（ラポール形成，エピソード記憶の練習）が設けられている（第11講で扱う）。
- 「うん」「うん」と聞いてくれると思い出せることがある：自由に話させてもらうと様々なことが思い出される，という感想もある。これは望ましいことである。逆に，矢継ぎ早に「それから」「それから」と急かされたりすると話しにくいという感想もあり，受け答えの改善に役立つ。

こういった感想やコメントを共有することで，オープン質問や自由報告への理解が深まる。

コラム 10　多機関連携の重要性：検察における再犯防止と被害者支援について　【千田早苗】

仙台地方検察庁刑事政策推進室とは　仙台地方検察庁では，刑事政策推進室（2013年9月設置）を中心に，被疑者・被告人の再犯防止と被害者・遺族の支援を両軸とし，東日本大震災の被災地から検察が復興支援の一翼となることを願い，より良い社会作りを目指して活動してきた。推進室は自治体等とも密に連携することで，地域から頼られる司法と福祉の架け橋として機能したいと考えている。

推進室の業務について　推進室の取り組みについては，事案に応じた様々な試行をしているところである（目黒・千田，2014）。特に，児童を被害者とする刑事事件に関しては，児童相談所や関係自治体，警察，被害者支援センター，法テラス，弁護士等と密に連携し，捜査・公判段階はもとより，刑事処分や判決が確定した後も支援ができるよう，機動的応援体制を目的とした「事件発生から刑終了までの切れ目ない被害者等支援体制および被害者等支援メンター制」を策定している。また，児童福祉の点においても，児童相談所を中心として捜査機関の早期介入や情報の共有を行うなど，横の連携体制構築ができつつある。

また，推進室は，児童相談所と協議し，被疑者等の社会復帰と再犯防止のためのプログラムも実施しながら，児童相談所の調査や指導をバックアップしており，被害児童の環境調整等に貢献したいと考えている。具体的には，関係者への家裁審判手続の教示や代理人弁護士選任支援，保護者も含めた心理ケア・医療支援への案内等がある。特に「被害者支援ホットライン」の体制を策定したことにより，法テラス・被害者支援センター，弁護士会と当庁の有する情報の共有化を図ることで，迅速かつ密接な支援体制が構築できることとなった。

検察と児童相談所との連携　仙台地検は，児童相談所と検察との連携強化が必要であるとの認識のもと，児童相談所との連携について積極的に取り組んできた。ご承知の通り，対象家庭内への接触を拒絶されれば児童相談所の介入は困難となろうが，事件性の疑いが強い事案については，捜査機関が早期に対策を講じることは喫緊の課題である。

当庁は，小児医療チーム，児童相談所および警察との連携による事案への早期介入を目指し，関係自治体等との横の連携の体制作りをしているところである。刑事事件として送致されれば，推進室を中心として，被疑者・被告人への再犯防止策や被害者への保護策を講じることが可能である。不起訴事案についても，被疑者への就労や住居，医療等の支援について，保護観察所と協議して更生緊急保護の制度により対応できる。また，刑事裁判となれば，被告人に対し，被害児童への接近禁止や更生教育による専門的処遇プログラム受講義務など，児童福祉を目的とした特別遵守事項を想定し，保護観察付執行猶予求刑の検討も行っている。

特に児童を被害者とする事案では，専門家である児童相談所と連携した被害者保護策を講じるとともに，加害者への再犯防止策についても同時に実施することで，検察が地域社会における児童福祉や社会の健全化に貢献したいと考えている。

今後の課題と展望について　　当庁は，被災後の地域社会に漫然とした閉塞感や将来への不安があるなか，津波被災地域を中心に相談が増加傾向にある虐待事案や精神疾患，依存症等を原因とする犯罪に対して，推進室が中心となって，自治体等と連携し，地域社会をより良いものにするため，再犯防止と被害者支援に取り組むことを「検察における復興支援の一策」と位置づけている。

　児童が被害者となる暴力事案やわいせつ事案等においては，児童相談所等と連携し，司法が今何をすべきかを念頭に置き，日々の業務にあたりたいと願っている。また，より良い社会作りのため，専門家や関係者のご助言やご協力なくして検察の取り組みは実現できない。当庁においては，今後も司法と福祉の連携について，誠実に努力を続けたいと考えている。

第11講
面接の構造と手続き

　第10講では，司法面接の重要な特徴である自由報告を得る方法について見てきた。しかし，子どもは「話してください」と言っただけですぐに話し出すというわけではない。ここでは自由報告を最大限得るための工夫（教示や練習）などについて述べる。しかし，その前にまずは面接を行う環境の構造，すなわち面接室から見ていくこととしたい。

1　外形的な要素

◆ 面接室の実際

　司法面接では，面接を行う部屋と，その様子をモニターする部屋の2つの部屋を使うことが多い。面接室で録画される面接は，オンラインでモニター室に送られる。モニター室にはケアや手続きに関する意思決定に携わる人々（バックスタッフという）が入り，面接を支援する。欧米では，福祉司，警察官，検事などが入ることで，子どもが各機関で繰り返し面接を受けなくてもすむように図られている。日本でも協同面接（児童相談所，警察，検察の連携によって行われる司法面接）が推奨されるようになり（第8講），同様の試みが増えつつある。

　次頁の写真は北海道大学の司法面接室である（実施するときにはブラインドをおろす）。ここではソファを用いている。普通の椅子でもよいが，肘掛があり，座り心地がよく，足が床に着く椅子が望ましい（子どもの位置が安定する）。面接室を準備する際は，以下のことに注意する。

・暖かいが簡素で静かな部屋を用意する。外の道路の騒音が大きく子どもの声が聴き取りにくいとか，子どもが外ばかりを気にするということのない

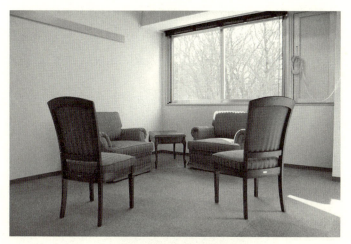

北海道大学の司法面接室

ように気をつける。窓がないか，あってもカーテンやブラインドが用意されている部屋がよい。
- おもちゃや装飾品は子どもの注意をそらす可能性があるので，置かないほうがよい。ある面接では，子どもがスリッパで遊び始めてしまった。別の面接では，隠してあった箱庭療法のためのフィギュア（小さな人形や家，樹木，動物等）を子どもが見つけてしまい，子どもを制止しなければならなかった。子どもが時間ばかりを気にするので，時計を外したという例もある。
- 調度品については，音の出るものは禁物である。イギリスのある面接室では皮製の椅子を用いていたが，キュッキュッとなって録音されてしまうので，布製にしたということであった。
- カメラは家庭用のビデオカメラでも十分な画像が得られるが，音声が十分に録音できないことがある。そのため，Bluetoothなどで音声を伝えるリモートマイクや有線のマイクは必需品である（これはぜひ揃えてほしい）。こういった機材は威圧的になる可能性があるので注意が必要である。筆者が訪れたことのある面接室，例えばイギリス，アメリカ，オーストラリア，韓国等の面接室では，カメラは大人の背の高さよりも高い位置（棚の上）

第11講 面接の構造と手続き

や天井に，目立たないように設置されていた。防犯カメラのように，黒いカバーで目立たなくしているところも多い。こういった設備のない部屋で面接を行うときは，カメラを三脚ないし直に棚に置くなどして設置するが，できるだけ目立たないように配慮する。

　配慮していても失敗は起こりうるが，試行錯誤を繰り返しながら，よりよい面接環境を作っていくことになる。

◆ バックスタッフ

　バックスタッフは，チームとして面接者とともに面接を計画し，面接を支援する。面接室に入るのは面接者のみであるが，面接の終了間際，面接者はブレイク（休憩）を取り，モニター室に戻る。そして，足りない情報はないか，曖昧な情報はないかをバックスタッフとチェックし，残りの質問につき検討する（あるいは，バックスタッフからの要望を面接者に伝える）。そして面接者は再度面接室に戻り，残りの面接を行う。

　なお，逐語的なノートやSE3Rはバックスタッフが作成することとし，面接者は子どもから情報を得ることに専心するのが望ましい。すべてをノートにとろうとしても4～6割程度しかとれないという研究がある（Lamb et al., 2000; Cauchi et al., 2010）。また，ノートをとる時間が惜しいということもある。面接者は必要に応じてメモをとってもよいが，聞いては書き取り，聞いては書き取りし，書くことに多くの時間を費やすのは控えるのがよいだろう。

◆ 座り位置，面接時間，立会い，補助物等

　面接は，次頁のイラストのように「ハ」の字の角度で行う。机を挟まないのは，机があると身体の動きが録画できないため，また，机を挟むことで心理的な距離ができてしまうことを防ぐためである。机を挟んで面と向き合うと，対峙しているようで緊張が高まるという可能性もある。絶対にこうでなければならないというものではないが，被暗示性の源泉の1つは目上－目下という対人的なギャップであるので，こういったギャップを小さくすることが望ましい。

　面接を行う時間は，経験則として概ね5分×年齢程度である（5歳児ならば25分，10歳児ならば50分程度ということになる）。MOGPには1時間程度という

面接の座り位置

制約があるが，これよりも短い時間で疲れてしまう子どももいれば，長くても話せる子どももいるだろう。しかし，長くても2時間は超えないで終えられるように，計画を立てることが重要である（大学の授業でも90分，映画でも2時間程度である。イギリスでは，成人被疑者の面接時間が最大2時間とされている）。

　被害者への面接は，原則として，立会人なしの一対一で行う。立会人が入ると「立会人（例えば母親）には知られたくない（恥ずかしい，加害者について行ってしまったことで叱られるかもしれない，心配をかける）」「立会人に以前話したことと違ってしまう（違うことを話したということで叱られるかもしれない）」などの気持ちから十分に話せなくなることがある。また，立会人にとっては口を挟まないようにするのは困難である。被面接者が幼く，立会いがなければ部屋に入らないなどの理由があれば，例外として検討する。

　録音・録画ができず，ノートをとる補助者が必要である場合は，面接者が2人並ぶことで威圧的にならないように気をつける。補助者は面接者の少し後ろに座るなどし，口を挟むことなく補助する。面接者と補助者が代わる代わる質問をしたり，うなずいたりすると，被面接者はどちらに話せばよいか混乱する可能性がある。また，被面接者の前で2人が話し合うこともよくない。

　言語的な通訳や手話通訳などのコミュニケーションを補助する人（これを仲介者〔intermediary〕という）が必要な場合も同様である。通訳は「面接者は〜と言っています」「被面接者は〜と言いました」ではなく，面接者，被面接者

の言葉を，面接者，被面接者が主語となるようにそのまま通訳する。つまり，面接者の発話を通訳するときは面接者を主語として，被面接者の発話を通訳するときは被面接者を主語として通訳する。言葉を足したり，解釈したこを述べるのは適切ではない。

　人形や模型などの補助物は，面接者からの情報提供となる可能性があるので用いない。かつては性器等を備えた人形（アナトミカリ・コレクト・ドール，またはアナトミカルドール）が用いられることもあったが，人形はファンタジーや誤った情報を引き出す可能性があること，特に幼児ではその傾向が大きいこと，人形を用いても用いなくても，得られる情報には差がないこと，人形で示された事柄が事実であったと解釈，推定することには危険があることなどから，近年の面接では用いられなくなった（Lamb et al., 2008; Thierry et al., 2005 など）。

2　司法面接の基本的な手続き

◆ MOGP に見る基本的な構成

　司法面接の基本的な手続は，MOGP の様相面接に見ることができる。「様相面接法」（phased approach）は，面接には氷，水，水蒸気のようなフェイズ（様相）があることを想定している。つまり，段階を踏んで次のステップに進むというのではなく，必要に応じて，フェイズ間を移行するという面接法である。

- 第一フェイズではラポールを築き，話しやすい関係性を作る。カウンセリングでも，親密で受容・共感的な関係性という意味でラポールという用語を用いるが，司法面接におけるラポールは，リラックスして話しやすい関係性のことをいう。すなわち，カウンセリングで期待されるような緊密な関係性ではない。この段階には，子どもの認知能力や言語能力を観察し，面接者のコミュニケーションのレベルを調整することも含まれる。
- 第二フェイズでは「今日は何を話しに来ましたか」「何がありましたか」などの問いにより，自由報告を求める。ここで被面接者からできるだけたくさんの情報を得ることが重要である。
- 第三フェイズでは必要に応じて質問を行う。被面接者の自由報告が少なくとも，すぐにクローズド質問に移るのではなく，オープン質問（「もっと話

してください」「そして」「それで」）で報告を促す。また，足りないことがあれば，WH質問を行い，それでも不明なことがあれば，クローズド質問を行う。いずれにしても，子どもが話してくれたならばWH質問やクローズド質問を繰り返すのではなく，オープン質問に戻って「そして」「それで」と促し，自由報告を求める（ここが，フェイズと呼ばれる所以である）。

　このようにして面接を行ったにもかかわらず，被面接者が「疑われること」，例えば「叩かれたこと」を話さなかった場合，最終的には「〇〇さんは叩かれたことがありますか」「誰かが〇〇さんのことを叩いたことはありますか」などの誘導質問を行うことがある（疑われることに関するクローズド質問という意味での誘導質問である）。「Xに叩かれましたか」などの被疑者の名前が入る質問は不適切である。あくまでも「誰かがあなたのことを叩いたことはありますか」「誰かに叩かれたことはありますか」などの形で聞き，子どもが「ある」と回答したならばオープン質問に戻り，「その時のことを全部話してください」と自由報告を求める。

・第四のフェイズはクロージングである。面接で得た情報を確認し，「質問はないですか」「他に何か話しておきたいことはありませんか」などと尋ね，「もっと話したくなったらここに連絡してください」と連絡先を渡して終了する。

　簡潔だが，この面接法は重要な基本をおさえている。

◆ **NICHD プロトコル**

　1990年以降，面接法に関する多くの研究が行われ，それを受けて様々な面接法が開発されてきた（Walker & Hunt, 1998）。その1つにNICHDプロトコルがある。NICHDプロトコルはアメリカ・ワシントンDCにある国立小児保健・人間発達研究所で，心理学者であるラムとその共同研究者が開発した。

　この面接法には，オープン質問を重視することや緩やかに構造化されていることなど，他の面接法と共通する点が多い（第6講参照）。ただし，多くの面接法では教示や文言が明示的に示されておらず，面接者はその都度質問を構成しなければならなかった。そうなると，専門家はオープン質問の意義や使い方を学んでも，現実の面接では必ずしもうまく活かすことができない（Lamb et al.,

2008)。こういったことを踏まえ，NICHD プロトコルでは，使うべき教示や質問が具体的な形で示されている。

NICHD プロトコルは Child Abuse and Neglect という学術誌の付録として公表されて以降（Lamb et al., 2007a），各国の研究者がそれを翻訳して研究や研修に用いてきたため，実験研究やフィールドでの実証研究が最も多い面接法だとされる（Toth, 2012）。実際，アメリカ，イスラエル，北欧諸国，オセアニア諸国，韓国，台湾，日本などで広く用いられており，イギリスの ABE（MOGP の後継版）にも引用されている。

2013 年に作られたウェブサイト（http://www.nichdprotocol.com）には，日本語版も含め，各国の NICHD プロトコルがアップされており，無料でダウンロードして用いることができる。

3　NICHD プロトコルの手続き

NICHD プロトコルは MOGP の様相アプローチと類似しているが，各構成要素がより詳細に，具体的に示されている。また，この場合はここに，別の場合はあちらにと，枝分かれしているのも特徴である。そのため，NICHD プロトコルは A4 の用紙で十数枚になり，一見，どのような構造になっているのかがわかりにくいという課題がある。そこで，筆者らは NICHD の手続きを簡略化したもの（「最小限の手続き」）を作成した（第 1 講）。以下，「最小限の手続き」（付録 1）を参照しながら読み進めていただきたい。

◆ 挨拶・説明

近年の研究は，正確な報告を促すには教示や練習が重要であることを示している（レビューとしては仲，2014c）。このことを受け，NICHD プロトコルの導入部には 4 つの要素が含まれている。

まず，1. の挨拶・説明である。カメラや IC レコーダーをオンにしたならば，1 行目の文言（日時場所や被面接者情報）をカメラに向かって言う。これは子どもが面接室に来る前に行う。

今日は＿＿＿年＿＿月＿＿日で，時刻は＿＿時＿＿分です。私は○○○○さん［被面接者氏名］に，＿＿＿＿＿［場所］で面接をします。

子どもが担当者，あるいはサポーターに連れられて部屋に入って来たならば，挨拶して次の内容を言う（面接者はドアまで行って子どもを迎え入れ，席に案内し，座ってもらうのがよい）。加えて，カメラやマイク，バックスタッフのことも伝える。

こんにちは。今日はお話しに来てくれて，どうもありがとう。私の名前は＿＿＿＿＿です。私の仕事は子どもからお話を聞くことです。この会話は録画します（機材説明）。私がお話を忘れないように，後で見ればわかるようにするためです。他の人が見ることもありますが，○○さんに迷惑がかかることはありません。別の部屋で，私が○○さんからちゃんと話を聞けているか，一緒に仕事をしている人が見てくれています。後で，私がちゃんと聞けているか，相談に行くこともあるかもしれません。

機材については，「あそこにカメラがあるでしょう。これはマイクですよ」などと説明しておけば，子どもは安心するだろう。

◆ グラウンドルール
　その後，2. のグラウンドルール（面接で守るべき約束事）を告げる。急いで読み上げるだけにならないように注意が必要である。「5つありますよ。1番目は……，2番目は……」と説明してもよい。（　）内は，後述する練習課題である。

　面接を始める前にお約束があります。
① 本当：今日は，本当のことだけを話すのがとても大切です。本当にあったことだけを話してください。（靴）
② わからない：もしも私の質問の意味がわからなかったら，「わからない」と言ってください。
③ 知らない：もしも私の質問の答えを知らなかったら，「知らない」と

言ってください。(犬)
④ 間違い：もしも私が間違ったことを言ったら，「間違ってるよ」と言ってください。(年齢)
⑤ その場にいない：私はその場にいなかったので，何があったかわかりません。どんなことでも，あったことを全部話してください。

　練習課題は，子どもと会話をしながら進めることができるので，子どもの注意を維持し，教示を理解してもらうのに有効である。以下のような課題を用いる。どの課題も，正解できるかどうかは問題ではない。課題を行うことで，その内容に注意を向けさせ，意識化してもらい，動機づけることが重要である。そのため，課題を行った後は「そのように〜してください（ね）」と付け加えるとよい。

① 本当：「本当にあったことだけを話してください」と述べた後，例えば面接者が黒い靴を履いていたならば「『私の靴は赤い』と言ったら，これは本当ですか，本当ではありませんか」と尋ねる。子どもが「本当じゃない」「違う」などと答えたならば，「そうですね。私の靴は黒いので本当ではありませんね」と言う。次に，「では『〇〇さんが今，座っている』と言ったら，これは本当ですか，本当ではありませんか」と尋ねる。子どもが「本当」「そう」などと答えたら，「そうですね。〇〇さんは座っているので本当ですね」と言う。その後，次の言葉を告げることが重要である。「〇〇さんが本当のことと本当ではないことの区別がよくわかっている，ということがわかりました。今日は，本当のことだけを話してください」。
　繰り返しになるが，この質問は，子どもが「本当か，本当ではないか」を理解しているかどうかをテストするための質問ではない（3歳児でも，概ね正確に答えることができる）。「本当のこと，本当ではないこと」に注意を向けてもらい，本当のことを話すように動機づけるための教示である。
② わからない：「質問がわからなかったらわからないと言ってください」では，例えば「では，聞いてみましょう。あなたの性別は何ですか」など

と尋ね，「性別」という言葉が理解できないことを報告してもらうこともある。ただし，日本語では「わからない」「知らない」は同義で使われることが多いので，これらをまとめて次のように練習してもよいだろう。

③ 知らない：「わからないこと，知らないことは，わからない，知らないと言ってください」と述べた後「私が飼っている犬の名前は何ですかと聞いたら，○○さんは何と答えますか」と尋ねる。子どもによっては，推測で「ポチ」などと言うかもしれない。そのような答えが返ってきたならば「○○さんは，私の家に来たことがないから，私の犬の名前は知らないでしょう。知らないときは知らないと言ってください」と教示する。子どもが正しく「知らない／わからない」などと答えたならば「そうですね。知らない／わからないときは，今のように知らない／わからないと言ってください」と告げる。

NICHDプロトコルでは上記の課題が用いられているが，「私が飼っている犬の名前は何ですかと聞いたら，○○さんは何と答えますか」という文は文節数が多く，埋め込み文を含む仮言法が用いられており，年齢の低い子どもには難しいかもしれない。その場合は「私の家はどこか知っていますか」など，より簡単な課題に置き換える工夫が必要かもしれない。いずれにせよ，課題の趣旨は「知らない／わからないときは，知らない／わからないと言う」ということを理解してもらうことである。

④ 間違い：「私が間違ったことを言ったら『間違ってる』と言ってください」では，（例えば7歳の子どもに対し）「私が○○さんは［2歳］ですねと言ったら，○○さんは何と言いますか」と尋ね，誤りを訂正してもらう。「間違ってる」「ううん，7歳だよ」などの答えが得られたならば，「そうですね。私が間違ったら，『間違ってる』と言うのがわかりましたね。私が間違えたときは，今のように『間違ってるよ』と教えてください」と伝える。

⑤ その場にいない：「私はその場にいなかったので，何があったかわかりません。どんなことでも，あったことを全部話してください」は，認知面接法でも用いられている効果的な教示である（Memon et al., 2010; 白石ほか，2006 等）。「大人は何でも知っていて，確認のために質問をするのだ」と

考えている子どもも多い。そのため，この教示は丁寧に伝え，理解してもらう必要がある「何があったか」が暗示的だと感じられる場合は，「私は○○さんと会うのははじめてなので，何があったかわかりません。あったことを全部話してください」などでもよいだろう。

この教示についての課題はないが，以下のラポール，出来事を思い出す練習は，まさに「全部話す」練習課題だといえる。

◆ ラポール

次に3.のラポール形成を行う。

　○○さんのことをもっと知りたいので聞きます。○○さんは何をするのが好きですか。

面接で報告してもらうのは「出来事」であるから，本来ならば出来事を話してもらうのが練習になる。

　面接者：何をするのが好きですか？
　子ども：サッカー。
　面接者：では，最近サッカーしたときのことをお話しして。

しかし，「最近と言われても……」とうまく話せない子どもも多い。ラポールは，何よりも子ども自身に「話せるぞ」という感覚をつかんでもらうためのものである。そこで，ここでは無理をせず，次のような意味記憶に関するやりとりを行うのでもよい。

　面接者：誰とサッカーするの？
　子ども：○○君とか。
　面接者：そうか，他にもいる？
　子ども：□□君。
　面接者：あとは？

子ども：△△君に▲▲君に●●さん。
　　面接者：そうか，とてもよくわかりました。そういうふうにたくさん話し
　　　　　てくれるとよくわかります。

　このやりとりでは，面接者は最初WH質問を用いたが，その後「他にもいる？」「あとは？」と子どものさらなる報告を促した。
　まだ足りないようであれば，「サッカーの次に好きな事は？」と尋ね，それについても話してもらえばよいだろう。
　「遊ぶ事」「お菓子作り」など，抽象的な言い方をする子どももいるかもしれない。その場合は「どんなことして遊ぶの」「どんなお菓子を作るの」など，「どんな」を用いることも有効である。

　　面接者：何をするのが好き？
　　子ども：お菓子作り。
　　面接者：どんなお菓子を作るの？
　　子ども：クッキーとか。
　　面接者：うん，クッキー。他にもある？
　　子ども：あとは，チョコ作ったこともある。
　　面接者：チョコ。そうか。他にもある？
　　子ども：うーん，もうない。
　　面接者：○○さんがクッキーやチョコを作るのが好きだということ，よく
　　　　　わかりました。

　可能であれば「じゃ，クッキーを作ったときのことをお話しして」とエピソード記憶を求めてもよい。いずれにしても，「すごいわね」「私もお菓子作るの大好きよ」といった通常の会話にならないように注意する必要がある。また，WH質問やクローズド質問が連続するようなやりとりも，子どもに話すチャンスを与えないので望ましくない。練習を終える際には「よくわかりました。たくさん話してくれてどうもありがとう」や「このように話してくれるとよくわかります。今みたいにいっぱい話してください」などと動機づけることが重要

第11講　面接の構造と手続き　197

である。

◆ 出来事を思い出して話す練習

次に，4. の出来事を思い出して話す練習をする。ここではエピソード記憶を話してもらう。

> それでは前のことを思い出してお話しする練習をしましょう。今日あったことを話してください。今日，朝起きてからここに来るまでにあったことを最初から最後まで全部話してください。

これは面接の成功失敗にも関わる，大変重要な教示である。NICHDプロトコルでは「最近の出来事（運動会，誕生日，休日等）」と「昨日／今日のこと」の2つを話してもらうことを推奨している。しかし，2つ話してもらううちに子どもが疲れてしまうこともある。また，「昨日」や「最近のこと」が思い出せない子どももいる。そこで「最小限の手続き」では「今日」のこと，すなわち「朝起きてからここにくるまで」のことだけを話してもらうようにしている。

筆者らが3〜14歳の幼児，児童を対象に行った調査（母親から子どもに対し，今日のこと，昨日のこと，一昨日のこと等，日にちを指定して出来事の報告を求めてもらい，子どもから報告を得る）では，幼児も含めすべての子どもが「今日」のことを話すことができた（仲，2013，2014b）。そのため，話す練習としては「今日」のことを話してもらうのがよいと考えている。

子どもの報告が「朝起きて，学校行ってここ来た」くらいの簡単なものであったならば「では，朝起きてから学校に行くまでにあったことを全部話して」「学校であったことを，できるだけ思い出して話して」などと情報を引き出すよう試みる。

> 面接者：それでは今朝起きてから，ここに来るまでにあったことを最初から最後まで全部話してください。
> 子ども：全部？
> 面接者：そう，全部お話しして。

子ども：うーん（間）朝起きて。
面接者：うん。
子ども：顔洗って。
面接者：うん。
子ども：服着替えて。
面接者：うん。
子ども：ごはん食べて。
面接者：うん。
子ども：学校に行った。
面接者：うん，それから。
子ども：で，学校着いて。
面接者：うん。
子ども：1時間目は国語で……。

　主語や目的語が抜けているために話がよく理解できない場合は，以下のように主語を補ってもらうとよい。

子ども：で，来たの。
面接者：うん，誰が来たの。
子ども：私とお母さんが。
面接者：そうか，それから。

　なお，主語を求める場合は，主語と術語が倒置した「来たのは誰？」よりも「誰が来たの？」のほうが伝わりやすい。ただし，すべてに対してこのようなWH質問を用いると，一問一答になり，子どもは話す意欲をなくしてしまうかもしれない。1, 2度練習するくらいでよいだろう。「うん，今みたいに誰がって言ってくれるとよくわかります」と動機づけることも有用である。
　ここで出来事を順にたくさん話せるようになれば，本題でもよく話せる可能性が高い（Roberts et al., 2004; Sternberg et al., 1997）。いずれにしても，話してくれたならば「とてもよくわかりました。今みたいに話してくれるとよくわかり

ます。こんなふうに，たくさん話してください」などと励ます。

挨拶・説明，ラポール，出来事を思い出して話す訓練までの時間は概ね7，8分である。これを超えるようであると，子どもは疲れてしまうかもしれない。また，ここまで時間をかけて挨拶・説明，ラポール，思い出して話す練習をしても話せない子どもは，本題に移っても，あまり話してくれない可能性がある。事実，ここまでの時間が7，8分を超える子どもは，本題であまり話をしないという報告もある（Lamb et al., 2008）。

◆ 本題への移行

子どもが話せるようになったら，5. 本題への移行に移る。これ以降が面接の実質的な部分となる。

> それでは，今度は〇〇さんがどうして／ここ（一時保護所等）にいるか／ここ（面接を行う機関）に来たか／話してください。

あるいは，

> 今日は何をお話しに来ましたか。

> 面接者：今日は何をお話しに来ましたか。
> 子ども：おじさんのこと。
> 面接者：おじさんのこと。どんなこと。
> 子ども：いやなことした。
> 面接者：誰がいやなことしたの。
> 子ども：おじさん。
> 面接者：じゃ，おじさんがいやなことしたときのこと，最初から最後まで，全部お話ししてください。

本題への移行を求める質問は，オープンで制約がないという点では優れているが，茫漠としていて子どもが何を話せばよいかわからない，という事態が生

じることもある。子どもが答えなかったり、「わからない」と言ったり、「車で来た」など趣旨を理解しない発話をした場合は次のように続ける。

① ○○さんが［いつ／どこで］、［通告した人］に話をしたと聞いています。何があったか話してください。

　例：「○○さんが、お母さんに何か話をしたと聞きました。何があったか、話してください」

② ○○さんの＿＿＿＿［体の場所］に［傷、あざ、跡］がありますが［あると聞きましたが］、この／その ［傷、あざ、跡］ ができたときのことを、最初から最後まで全部話してください。

　例：「この傷ができたときのことを話してください。何があったか、どんなことでも全部話してください」

「わからない」という応答は、(1)何のために面接室に来たのか理解できていない場合、(2)理解はしていても、何をどう話せばよいかわからない場合、(3)理解してはいるが話したくない場合などに生じる。(1)(2)については第12講の「面接の計画」を、(3)については、第16講の「話さない子ども」を参照していただきたい。

◆ 出来事の分割

　家庭内の虐待、DV、学校でのいじめなど、関係性のある人による加害は繰り返し行われている可能性がある。そのため、例えば「いやなことした」という報告には、複数回の出来事が含まれているかもしれない。また、出来事の記憶がスクリプトやルーチンのように、すなわち「いやなことする」というように報告されることもある。このような場合は、6. 出来事の分割を用いて、特定の出来事を話すように求める。

そういうことがあったのは1回だけですか，それとも1回よりも多いですか？

回答が「1回よりも多い」であるならば，次のように特定の1回のことを話してもらう。

それでは／一番よく覚えているときのこと／一番最後／一番最初／を話してください。

この質問は，出来事の回数を聞くためのものではない。事件となるのは時間，場所が特定できる特定の出来事であるため，複数回の出来事から特定の出来事を切り出してもらうための質問である。具体的な出来事があったことを証明するには，どこか1回の出来事に限って話してもらうことが必要である。また，特定の出来事に焦点をあてることは被疑者の防衛権を保証することにもなる。被疑者がその時間，その場所にいなかったことが示されれば，容疑は晴れるかもしれない。

面接者：そういうことがあったのは1回だけですか，それとも1回よりも多いですか。
子ども：いっぱい。いつもだから。
面接者：そうか，では，一番よく覚えているときのことを思い出して，話してください。
子ども：うーん，ここに来るすぐ前のこと。
面接者：では，その時のことを，最初から最後まで全部お話ししてください。

なお，回数や頻度の推定にはメタ認知（第3講）や計算が必要である。例えば「月に何回，魚を食べますか」という問いに答えるには，1週間に〇回だから1か月では……といった計算が必要になるだろう（Bradburn et al., 1987）。こういった認知活動は子どもには困難である。回数や頻度を聞かねばならない場

合は，最後に行うのがよいだろう。

　以上のような手続きで子どもが話し始めたら，7. オープン質問と，8. WH質問（ただし控えめに）を用いて，できるだけ多くの情報を収集する。

◆ **ブレイク（休憩）**

　ある程度情報が収集できたならば（さらなる情報を得るにはWH質問やクローズド質問が必要になってきたら），面接者はブレイクをとり，バックスタッフのいるモニター室に行く。ブレイク中もカメラは切らない。

　　たくさん話してくれてどうもありがとう。これから，私がちゃんとお話を聞けているかどうか，別の部屋で見ててくれる人に確認してきます。待っててもらっていいですか。

　面接者はモニター室に戻り，欠けている情報はないか，曖昧なところはないかなどをバックスタッフと検討する。面接の最中，バックスタッフは面接の計画に沿って不足情報や曖昧な情報をチェックしておく。そして，具体的にどのように聞けばよいか，質問のかたちで面接者に渡すのが望ましい。「～のことをもっと聞いてください」ではなく，明示的な質問のかたちにして手渡すことができれば，面接者の負担は軽くなる。

　ブレイクをいつ，何回とるかは，通常面接者が決める。例えば，子どもが話さない，1度ブレイクをとったが再度確認したいなどの場合は，複数回のブレイクが必要かもしれない。いずれにしても「私が十分に聞けているかどうか確認してきますね」などと子どもに告げて，ブレイクをとる。

　バックスタッフから面接者にブレイクを要請することも可能である。このような場合は，バックスタッフが面接室のドアをノックする（ただし，子どもの気が散る可能性がある），面接者に携帯の振動で合図する（面接者が気づかないかもしれない），面接者が無線のイヤフォン（バックスタッフの声をBluetoothなどで通信できるもの）を着装する（面接者が違和感を感じる可能性がある）などがある。どれも一長一短であり，機材や面接室の制約との兼ね合いで，どの方法をとるか決めておく。

◆ **面接の続き**

面接者はモニター室から戻り，礼を述べた後，補充の質問を行う．

　待っててくれて，どうもありがとう．それではあといくつか質問します．

　子どもが以下の事柄について自発的に述べていなければ，11．確認のための質問を用い，加害したとされる人との会話（口止めや脅し），他者（他の加害者，目撃者，被害者），これまでの開示，および疑われる出来事について確認する．

① その人は何か言いましたか．
② 他に誰かいましたか．
③ このことを知っている人は他に誰かいますか／その人はどうしてこのことを知っていますか．
④ 〜（疑われる事柄）されたことはありますか／誰かが○○さんを〜（疑われる事柄）しましたか．

　①の犯人とされる人との会話は，脅しや口止めがなかったかどうかを知る上で重要である．②の他者の存在は，他に目撃者や被害者，あるいは他の加害者がいないかを知るために行う．③は，これまでの開示について確認しておくことで，さらなる情報源を確保するために行う．④の誘導質問は，子どもが疑われる内容を自発的に報告しなかった場合に行う（例えば，叩かれた可能性があるのに「叩かれた」と言わなかった場合など）．この質問には，被疑者の名前を入れないように気をつける．
　これらの質問は，子どもが自発的には述べていないが重要だと考えられる情報を得ようとするものであり，面接の最後の部分で行う．子どもが「はい」と答えたならば，オープン質問に戻り，さらなる情報を収集することが重要である．これらの質問は誘導・暗示となりうるが，子どもが，面接者が示した内容よりも多くの情報を提供したならば，質問の意義はあったといえるだろう．

◆ クロージング

　クロージングでは，子どもに礼を述べ，他に面接者が知っておいたほうがよいことはないか，子どもが言いたいことはないか，質問はないかを尋ねる。

　　たくさんのことを話してくれました。助けてくれて，どうもありがとう。

① 知っておいたほうがよいこと：他に，私が知っておいたほうがよいことは，ありますか。
② 話しておきたいこと：他に，○○さんが私に話しておきたいことは，ありますか。
③ 質問：○○さんからは，何か質問はありますか。
④ 連絡先：また何か話したくなったら，ここに連絡してください。

　この段階で，子どもが「これはお母さんには言わないで」と要望を述べたり，「おじさんは刑務所に行くの？」などと尋ねたりすることがある。しかし，面接室における面接者の役割は情報を収集することであり，判断することではない。そのため「どうしてそう思うのかな」「こうしてほしいと思うことがあったら言ってください」「○○さんが〜と思っている／△△について質問があることはわかりました。私は今，決める／答える立場にはないけれど，他の人とも相談して一番よい方法を考えますね」などと伝えて終了する。

　　面接者：○○さんから質問はありますか。
　　子ども：お母さんには言わないでほしい。
　　面接者：どうして言わないほうがよいの。
　　子ども：［話す］
　　面接者：○○さんがお母さんに言わないでほしいということ，よくわかりました。このことは私ひとりでは決められないので，○○さんが言ったことも踏まえて，一番よい方法を考えますね。

　終了した様子はモニター室で確認できるので，すぐにサポーターが子どもを

迎えに行く。

子どもに配置図や身体の図などを書いてもらっている場合は，子どもが退室した後にカメラの前に提示し，記録する。そして，面接者はカメラに向かって時刻を告げて面接を終了する。

（配置図や身体の図などがあれば，電源を切る前にカメラに示す）今は＿時＿分です。これで面接を終わります。

4　面接演習1：動画を見てのロールプレイ（準備）

演習を始める前に機材や椅子の配置等について説明する。実際の面接では2部屋，すなわち面接室とモニター室を用意するが，演習は，部屋数の制約から1つの部屋で行うことが多い。

◆ 機材と配置

椅子を4つと小テーブル（小テーブルがなければ椅子でよい）を用意する。

椅子は，図11-1（第1講の図1-1も参照のこと）のように配置する。

カメラは，家庭用のビデオカメラでも十分な画像が得られるが，音声が届かないことがある。そのため，先述のようにBluetoothなどで音声を伝えるリモートマイクや有線のマイクを準備する。ハードディスクやSDカード等に録画できるカメラを用いれば，録画内容をUSBケーブルでパソコンに転送し，振り返りに使用することができる。

以下，機材と配置のポイントを述べる。

- ・椅子はハの字の角度に配置する。椅子と椅子の間に小テーブル（椅子でもよい）を置き，そこにリモートマイクを置く。
- ・カメラにリモートマイクの受け部を接続し，カメラを三脚の雲台に設置する。また，カメラにイヤフォンを接続し，音がとれているか確認する。カメラの画面は，面接者，被面接者の全身が映るように調節する。
- ・カメラのスイッチは被面接者が入室する前に面接者が入れ，被面接者が部屋を出るまで切らない。ブレイクの最中も切らないでおく。

図 11-1　機材と配置

・IC レコーダーも小テーブルの上に置き，併せて使用する。

◆ 面接キット

　面接を行うときに携帯できる面接キットを準備すると便利である。そこには以下のようなものを入れておく。

面接者用として：
・「最小限の手続き」
・面接の計画（これはその都度作成する）
・筆記用クリップボード
・ペン（子どもに配置図や，身体の図などを描いてもらう場合に備えて，面接者用と子ども用の 2 本を準備する。インクの色を変えて書く／描くようにすれば，混乱を防げる）
・A4 程度の白紙（配置図等を描いてもらう場合に使う。数枚用意する）
・IC レコーダー（録画が失敗したときのために，IC レコーダーも併用する）
・時計（面接者が時間がわかるように。腕時計でもかまわない）
・予備の電池

・ロールプレイではタイムカード（あと5分，あと3分，あと1分，ブレイク）を使うことで，演習の時間管理が容易になる（実際の面接では使わない）

バックスタッフ用として：
　・「最小限の手続き」
　・面接の計画
　・筆記用クリップボード
　・ペン
　・A4程度の白紙（ノートをとるために使う。多めに用意する）
　・SE3R（SE3Rを用いてノートをとることもある。多めに用意する）
　・ロールプレイでは発話分析シートを用いてみるのもよい

◆ 描画について

近年の司法面接では，人形やダイアグラム（裸の人が描いてある用紙）は用いない。これらも誘導となる可能性があるからである。しかし，場所，位置関係，被害にあった身体の場所などを描画してもらうことは有効である。一番よいのは，自由再生と同様，主体的に思い出して描いてもらうことだろう。言葉による報告を得た後，「その場所の様子を描けますか」と尋ね，描けるということであれば用紙を渡し，描いてもらう。身体の部位も，あらかじめ描いたものを渡すよりは，本人に描いてもらうほうがよい。それができない場合は，人の形を示してそこに印をつけてもらうことも可能である。

　　面接者：今話してくれた場所のこと，紙に描けますか。
　　子ども：うん。
　　面接者：では，この紙に描いてください（ペンを渡す）。
　　子ども：ここがソファで，ここがテレビのあるところで……。

描いてもらったものについては，呼び名を確認しておくことが重要である。身体の部位についても同様である。性器などに関し，子どもは特別の名称（おちょんちょん等）を使うことがあるので，その確認も必要である。「おちょん

ちょんって何？」と尋ねても，子どもは「おちょんちょんは，おちょんちょんだよ」（それ以外に何があるのだ）としか答えられないことがある。その場合は「私が思っているおちょんちょんと，○○さんが思っているおちょんちょんが同じかどうかわからないから教えてください。おちょんちょんは何をするところ？」などと確認する。「何をするところ」に対し「おしっこするところ」などの答えが得られれば，その名称（ラベル）が何を指しているのかがより明確になる。子どもが命名したものは，子どもに記入してもらうか，面接者が（インクの色を違えるなど，あとで識別できるような方法で）記入する。

面接者：さっき，おちょんちょんと言ったけれど，おちょんちょんって何。
子ども：先生だって知ってるでしょ。下のほう。
面接者：私が思ってるおちょんちょんと，○○さんが思ってるおちょんちょんが同じかどうかわからないので，聞きますね。○○さんが言ってるおちょんちょんは何をするところ？
子ども：おしっこするところ。
面接者：そうか，おしっこするところ。おちょんちょんの場所，紙に描くことできますか。
子ども：できるよ。
面接者：では，この紙に描いてください。

　描画が終わった後，用紙を出したままにしておくと，子どもはお絵描きを始めてしまうことがある。そのため用紙はその都度片付ける。ただし，Aの場所ではこういうことが，Bの場所ではこういうことがと，場所ごとに異なる出来事が報告されている場合は，Aの場所が描かれた用紙と，Bの場所が描かれた用紙を提示することで，特定の報告内容がA, Bどちらのことなのかを区別しやすくなることもある。いずれにしても，これらの補助物が誘導や暗示とならないように注意する。
　先述したように，子どもの描いた絵は子どもが退室した後，カメラの前に提示し，記録しておく。

5　面接演習1：動画を見てのロールプレイ（実施）

◆ 手続き

　この演習は，被面接者役のみが見た動画の内容を，面接者がバックスタッフの支援を得ながら聴取するというものである。はじめての面接は不安も多いものだが，面接は1人で行うのではない。バックスタッフと協力し，チームで行うことを体験する。4人のチームは，次の役割をとることとする。

A（面接者）
B（被面接者）：協力的に演じる。
C（バックスタッフ）：SE3Rを作成し，得られた情報をチェックし，補足質問を考える。
D（バックスタッフ）：内容の逐語的な記録を行い，得られた情報をチェックし，補足質問を考える。

演習の手順は以下の通りである。
・B（被面接者）だけが1分程度の無音の（音量を0にした）映像を見る。どのような映像でもよい。Bが見ている間，A，C，Dは目を閉じることとする。
・視聴が終了したならば，AはBに対し，「最小限の手続き」通りに面接を行う。
・バックスタッフはSE3Rを作成したり，ノートをとるなどし，面接を支援する。

　この演習の目標は2つある。第一は，「最小限の手続き」に沿って面接を行うことである。まず，挨拶と面接の説明，グラウンドルール，ラポール，出来事を思い出して話す訓練を行う。現実の面接では導入部の目安は7～8分であるが，演習では4～5分で済んでしまうことも多い（それはそれでかまわない）。その後，聴き取りを5～6分程度行い，ブレイクをとり，残りの面接を行ってクロージングを行う。なお，この演習では，5. 本題への移行に入る質問「今

日は何をお話しに来ましたか」は適切ではないだろう。「先ほど見たDVDについて，どんな内容だったか最初から最後まで全部話してください」とすればよい。また，6.の出来事の分割も不要である。

　この面接のもう1つの目標は，面接者がDVDの最初から最後まで（被面接者が「これでDVDは終わりです」と言うまで），「うん，うん」という返事や「そして」「それから」だけを用いて話を聴き取ることである。これらの目標は面接を開始する前に，面接者に伝えておく。

　1チームだけが演習をするのであれば，いくら時間をかけてもかまわないが，複数のチームが同時に演習を行う場合は，終了時間を決めておいたほうがよいだろう。視聴する映像が1分程度であれば，10〜15分程度で面接は終了するのが一般的である。

◆ 振り返り

　面接が終了したならば，次のように振り返りを行う。最初の面接であるから，手続き通りにいけば，そして被面接者が「これでDVDは終わりです」と言うまで「そして」「それから」と聞いていけたならば，それで大成功である。一通り聞いた後，クローズド質問をしてしまうこともあるかもしれないが，まだ最初であるからあまり気にしない。万が一うまくいかなかったとしても，面接者だけの責任ではない。チーム全体で今後の対策を考えればよいのである。お互い良いところを褒め合い，うまくいったところを伸ばそう。

・面接者，被面接者，2人のバックスタッフのそれぞれが感想を述べ，うまくいったと思われること，難しかったこと等について話し合う。SE3R，逐語録を見直してみる。
・録画を見直してみる。この際，再度，面接を見ながらSE3Rを作成したり，発話分析シートをつけてみてもよい。また，以下の点についても確認しよう。
　▶カメラに全身が映っているか。声はよくとれているか。
　▶グラウンドルールを示す際，面接者は被面接者が理解しているか確認しながら進めているか。間をとっているか。棒読みになっていないか。
　▶ラポール形成では，適切に子どもの報告を拡張しているか。一問一答になることなく，被面接者に話させているか。

振り返りの様子

▶エピソード記憶の練習では，被面接者から自由報告を得ているか。一問一答になることなく，適宜あいづちをうち，「よくわかりました。そのように話してくれるとよくわかります」と動機づけているか。

▶この挨拶・説明までの段階で何分かかっているか（8分を超えている場合，長すぎる可能性がある）。

▶DVDの内容を，まずは時間軸に沿って最初から最後まで（「そこでDVDは終わりでした」まで）聴取しているか。

▶時間軸の上で得られた情報に，大きなギャップ，不明なところはないか。

▶時間軸に沿った情報を得たあとで，場所，人物，事物，時間（映像の場合は，特定が難しいかもしれないが）等に関する情報を得ているか。

▶ブレイクはとったか。ブレイク中もカメラは作動していたか。

▶クロージングは適切に行われているか。クロージングで出てきた質問，要望を適切に受け止めているか（面接者自身の判断や意見を述べるのは適切ではない。被面接者からの希望や質問には，「どうしてそう思いましたか」や「このことについて，何か希望はありますか」などとさらなる情報収集を行う。意見を求められたなら「私は答えられる立場にはないけれど，○○さんの気持

ち／考え／質問はよくわかりました。それも踏まえて，一番よい方法を考えますね」などと対応する）。
- ▶配置図等を描いてもらったときには，カメラの前に提示したか。時間を述べてから映像を切ったか。
- ・発話分析シートを用いたならば，どのような質問をどの程度の頻度で行っているかをカウントしてみる。

振り返りがすんだら，被面接者役だけが見た映像を全員で見てみるとよい。面接者とバックスタッフは，被面接者から話を聞きながら構成したイメージと，映像とがどの程度合致しているか，あるいは異なっているかを確認する。面接者は被面接者の発話を自分の知識で補い，独自のイメージを作り上げ，そのイメージに基づいて質問してしまうことがある。例えば，被面接者が座卓を「テーブル」と表現した場合，面接者は「テーブル」から高さのあるテーブルをイメージし，そのイメージに基づいて「椅子についても話してください」などと言ってしまうことがある。こういった発話が，意図せず被面接者を誘導してしまうことがある。

被面接者は，自分の記憶がどの程度正確であったか，報告できたかを確認する。目撃証言は正確ではないことが体験できるだろう。

バックスタッフは，さらなる支援として何ができたか考えてみよう。

コラム 11　面接室の設定とカメラワーク　【武田知明】

　司法面接では，面接を記録するためにビデオカメラで撮影し，バックスタッフは別室で面接の様子を観察する。最も重要な情報は子どもの発話だが，子どもの表情と全身の映像も重要である。機材に余裕がある場合は，部屋全体を撮影する映像も同時に収録することが望ましい。以下，面接室，機材録画の方法につき説明する。

面 接 室　外部からの音が聞こえない，なるべく物が少ない部屋で面接を行う。窓がある場合は，カーテンなどで外が見えないようにしておく。遊具など子どもが興味を引くものは面接室内に置かない。

　部屋の温度は暑くも寒くもない状態にする。ただし空調の音が小さな声を妨げる場合は，空調を切ることを検討する。

モニター室　バックスタッフは面接の様子を別室で観察し，ブレイク時に面接者に適切なアドバイスを行う。そのため，子どもの発話を十分に聴くことができ，かつ子どもの表情や身体の動きを観ることができる設備が必要である。

　ワンウェイミラー（モニター室から面接室の様子は見えるが，逆は見えない鏡）が設置されているならば，それを用いることができる。ただし，子どもの声が十分に届く設備が備わっている必要がある。ワンウェイミラーと十分な音響設備がない場合は，面接室で収録しているビデオ映像と音声を別室のモニターで提示し，観察できるようにする。

　いずれの方法においても，モニター室の音が，面接室に伝わらないようにしておく。特に，モニター室で再生される面接室の音声が，面接室に伝わらないことを確認しておく。これが面接室に伝わる場合は，モニター室ではヘッドフォンなどを用いて音声を聴くことになる。

収 録 機 材　記録されるビデオは DVD 程度の画質と音質が望まれる。現在の一般家庭用のビデオカメラはこの画質と音質を有している。業務用の監視カメラなどは，長時間の記録を目的としているため，十分な画質と音質を確保できていない機種もあるので注意が必要である。

　記録の際に最も重要な情報は子どもの発話である。このため，ビデオカメラ本体の内蔵マイクではなく，子どもの近くに置くことが可能な外付けマイクを用いるべきである。ビデオカメラ選定の際には，外部マイクを接続できる機種を選ぶ必要がある。外部マイクはトラブル発生を避けるために有線での接続が望ましい。もちろん事前に十分な確認を行うのであれば，ワイヤレスの外部マイクも利用可能である。

　子どもが全身を使って何かを表現した時に備え，子どもの頭から足先までがビデオカメラに納まっているか確認する。そのため，面接室が小さく，カメラと被写体との距離を十分に取れない場合は，広い範囲を撮影できるワイドコンバージョンレ

椅子とカメラ配置

ンズを用意しておく。先述のように，機材に余裕がある場合は，上記の子どもの表情と全身を撮影するビデオカメラの他に，部屋全体を撮影できるビデオカメラを用意する。

　事前の十分な準備があっても，完全な機材のトラブル回避は不可能である。トラブルに備えて，上記のビデオカメラでの映像と音声の収録と同時に，ICレコーダー（音声レコーダー）などの別の方法で面接の音声を収録しておく。

椅子とカメラの配置　　写真のように，面接室には2つの椅子，ソファと小さな机，台を用意する。各機関・施設における制約や要請事項にもよるが，椅子をL字型ないし120度の角度で配置すれば，面と向かい合うことによる緊張を和らげることができる。子どもとビデオカメラの間には，子どもの身体を隠す可能性がある物を置かない。このため，机は椅子の間または後方に置く。

　ビデオカメラでは，子どもの表情がわかるように斜めまたは正面から撮影し，子どもの全身が映るように画面を調整する。面接者も同時に映るように撮影する。窓のある面接室を用いる場合は，逆光で子どもの表情がわからなくならないように注意する。面接準備の段階では逆光になっていなくても，時間経過とともに逆光になる場合もあるので，これらを予測し，必要であれば室内光での撮影も検討する。面接が始まってからはビデオカメラの位置や角度の変更は出来ないため（機材にリ

第11講　面接の構造と手続き　　215

モートコントロールできる機能があったとしても，変更する際の音が気になる場合がある），面接の前に子どもの座高や身長を調べておき，子どもの全身が映るように調整しておく。

　写真では椅子ではなくソファを用いている。このようなソファを用いれば，椅子に座った子どもは自然とカメラのほうを向く。また子どもの身長が低い場合でも，足が床に着かなくて落ち着かない等を回避できる。なお，面接者が右利きであれば，利き手でマイク等を操作しやすいように，面接者は向かって右の椅子に着席するのがよいだろう。面接者が左利きであれば，向かって左の椅子に着席すればよい。

第12講
面接の計画

　ここでは，面接をどのように計画し実施するか，そのプロセスについて考え，演習を行う。

1　面接実施まで

　通告を受けた機関は，できるだけ迅速に関係者や関係機関と連絡を取り合い，必要な情報を収集する。通告者からの情報を整理し，家庭環境や過去の履歴なども調査する。出来事が起きたとされる現場（場所，家具，配置等）を確認することができれば，面接を行う上で有用な情報を得ることができる。
　司法面接が必要だと判断したならば，面接の計画を立てる。司法面接を実施する基準は機関ごとに異なるだろうが，繰り返し面接を行うことが困難なケース，供述が大きな役割を占めていて，記憶の低下や汚染が子どもを保護するにあたり問題となるようなケースでは，司法面接を行うのがよいと考えられる。具体的には，性虐待，身体的虐待，性被害が疑われるケース，その他重篤な事件の被害，目撃などがあてはまる。しかし，重大なケースが起きたときだけ実施しようとしても難しいかもしれない。一般的なケースについても，日頃から可能なときに司法面接を行っておくことが望ましい。

　◆ 面接のコーディネート
　面接の実施を決めたならば，以下の項目につき計画を立てる。連絡すべき人物や場所，手続きを常にアップデートしておくことが重要である。
　・日程：できるだけ早く設定する。時間が経つと記憶が減衰・変容するばか

りでなく，解離が生じるなどし，心理的にも思い出しにくくなることがある。例えば，イギリスでは通告後7日間以内に面接を行う。
・場所：中立な場所を選ぶ。事件の現場，あるいは加害した人の影響が及ぶ場所（虐待事案における家庭やいじめ事案における学校等）は望ましくない。注意を阻害することのない，静かで簡素な，居心地のよい部屋を用意する。
・面接者：面接の訓練を受けた，できれば初対面の，子どもが心理的に頼りにしている人では<u>ない</u>人が行うのが望ましい。私たちは，親密な人にすべてを知っていてもらいたいわけではない。心情よりも出来事に焦点をあてて話そうとする場合，親密な人よりも，そのときだけ会う人のほうが面接者としてふさわしい場合がある。
・バックスタッフ：原則として，子どもの保護に関する意思決定や，子どもの保護に携わる専門家（児童相談所職員，警察官，検察官，場合によっては医師，カウンセラー，心理学者等）がバックスタッフとなる。バックスタッフは面接者を支援する役割をもっているので，司法面接の手続きに通じている必要がある。また，事前に面接者とともに面接計画を立て，どのように支援するか，決めておくことが重要である。なお，加害をしたとされる人や非加害親（加害が疑われない親，例えば父親の加害が疑われる場合の母親）は同席しない。利害関係者の影響を与えることなく，子どもからの情報を収集するためである。

◆ 子どもへの説明

　面接を行う旨の説明を早くしすぎると，子どもは不安になったり，面接の練習をしたりしてしまうかもしれない。あまりに直前であると，子どもは戸惑うかもしれない。保護されている子どもであれば，前日または当日の早い時間に説明をするのがよいだろう。ただし，自宅から面接室に来る子どもであれば，前もって都合のよい日を決めておく必要がある。
　説明の手順は，機関ごとに一定のパターンを作っておくとよいだろう。例えば，子どもがすでに一部開示しているならば，子どもが信頼している人（非加害親，担当のケースワーカー，被害者支援のサポーターなどで，面接者とはならない人）から「○○さんがこの前△△（子どもが一部開示をした相手）にお話しした

ことをよく聞いてくれる専門の先生がいるので，その先生にたくさんお話ししてね」などと説明してもらうのがよいだろう。

　子どもが何も明かしていない場合，例えば，きょうだいが保護されたために一緒に保護されたというような場合，子どもは面接の意味や必要性を理解していないかもしれない。そのような場合も，子どもが信頼している人から「私たちの仕事は，どの子どもも安全に暮らせるようにすることです。○○さんがおうちや学校で，安全に暮らしているか，話を聞く専門の先生がいるので，その先生にたくさんお話ししてね」などと動機づけるのがよい。いずれにしても，<u>子どもと関係性のできている人</u>が，事前に面接の意義や目的，手続きなどを説明し，内容には立ち入ることなく，話すことへの動機づけを高めておくことが望ましい。

　逆に，次のような説明は適切ではない。例えば，子どもが信頼している担当のケースワーカーが出張で不在であり，初対面の人が子どもを面接室に連れて行く役割を担ったとする。「私もその人（面接者）のこと知らないんだけど，専門の先生が話を聞いてくれるっていうことだから，その人に話してね」。これでは，子どもは不安になってしまう。「面接者」となる人は説明する人自身が信頼している，一緒に仕事をしている人なのだということを伝え，「最初から最後まで，何でも全部話してきてね」と励ますことが重要である。

◆ **保護者・サポーターへの説明**

非加害親に対しても，司法面接について説明する必要があるかもしれない。
・司法面接は，面接を繰り返すことで子どもの記憶を汚染したり，2次被害を与えたりしないようにするための面接法であること。
・事実に関する情報を収集することが目的であること。
・録音・録画すること。
・面接に先立ち，子どもに練習させたり，復習させたりしないようにすること（練習や復習も，記憶を汚染する可能性があるため）。
・非加害親が面接に立ち会ったり，バックスタッフとして入ったり，後でDVDを直接見ることは原則としてないこと（下記の説明を参照のこと）。
・終了後は，「何を話したのか」等，あれこれ聞かないこと（どのような報告

がなされたかは，必要に応じて面接者から説明する）。
・嫌な体験，怖かったことなどを聴取するので，子どもの気分や体調が一時的に悪くなることがある。その場合は，非加害親からもサポートしてほしいこと（専門的なサポートが手配できる場合は，そのことも伝える）。

非加害親は，面接室への同席を望むかもしれない。しかし，第11講の「座り位置，面接時間，立会い，補助物等」の項でも述べたように，身内の人やよく知っている人（学校の先生等）はいないほうがよい。その理由は以下の通りである。

・子どもは，そのような人（例えば母親）が聞いたら，驚く／悲しむかもしれない，と思うかもしれない。聞かれたら恥ずかしいと思うかもしれない。これまで話していなかったことを言うと怒られるのではないか，事件に遭遇したことを咎められるのではないかと思うかもしれない。こういった不安のために話せないということが生じる可能性がある。
・自分の記憶よりも，親の承認や確認を頼りにする子どももいるかもしれない。
・身内の人は，子どもが話したことが，前に聞いたことと違っていたりすると口を挟みたくなる。

同室はせずとも，モニター室への入室や，DVDの視聴を希望する非加害親もいるかもしれない。しかし，この場合も同様である。親がモニター室で見ている，面接を後で見ると知れば，子どもは上と同様の不安を抱えることになる。そのため，面接は，子どもの保護に携わる専門家が，その目的のために実施し記録することにしておくのがよいと思われる。もちろん，面接終了後，子どもの供述の概要を非加害親に説明することは可能である。

非加害親が一緒でないと面接室に入らないという子どももいるかもしれない。その場合は，子どもの視野に入らない場所で黙って座っていてもらうということになる。しかし，無言の圧力がかかることもあり，面接の質は損なわれる可能性がある。司法面接の目的は，子どものもっている情報を聴取することである。よって，身内の人からの影響のない状況で行うことがが望ましい。

2　面接の計画に向けて

　さて，子どもや関係者への説明も済んだこととし，面接の計画を立てることにしたい。

　例えば，次のような事例を考えてみたいと思う。5歳のマキちゃんは，母親と暮らしているが，別居中の父親の家にときおり面会交流に出かける。土曜日，父親宅に一泊して帰ってきた日曜日の夕食時に，マキちゃんは母親に「おいでおいでしたから，いってみたら，あしさわった」と，少し不安そうな様子で話した。父親がマキちゃんにわいせつなことをしたのでは，と心配になった母親は，マキちゃんに根掘り葉掘り聞いてみたくなったが，数日前，司法面接のことを新聞記事で目にしていたこともあり，専門機関に相談することにした。相談を受けた機関では司法面接を行うことにした。

　この事案に関する情報をまとめると以下のようになる。

・マキちゃんは，5歳児である。活発で普通の言語・認知発達をとげており，来年は1年生である。
・父親宅に行ったのは土日であった。
・マキちゃんは日曜日，父親宅から帰宅したのち少し不安そうに「おいでおいでしたから，いってみたら，あしさわった」と言った。
・母親が機関に相談に来たのは翌日の月曜日，司法面接は2日後の水曜日に行うこととした。
・父親宅は，車で10分程度の隣町にある。
・父親宅に行った日のマキちゃんの服装は，スカートとTシャツであった。
・マキちゃんは平日は保育所に行っている。朝，母親が送り，帰りは迎えに行くので，マキちゃんが1人で外に出ていき，何らかの被害に遭うということはないだろう。
・司法面接の当日は，母親がマキちゃんを機関まで連れてきた。

　母親としては，父親が何かしたのか，父親宅に誰かがいて悪いことをしたのか心配だ，とのことであった。

3　面接の立案：事案

◆ **面接の各要素の確認**

それでは，チームで面接の計画を立ててみよう。

面接の計画を立てる際は，「最小限の手続き」に含まれるそれぞれの項目について，以下の事柄を検討しておく（表12-1も参照のこと）。

① 挨拶・説明：自己紹介，機材，バックスタッフ，ブレイクの説明等，通常の説明の他，伝えておくべき情報はあるか（ブレイクの合図など）。

② グラウンドルール：グラウンドルールや課題は難しすぎないか。グラウンドルールに加えて言うべきことはあるか。

③ ラポール形成：「何をするのが好き？」と尋ねたとき，例えば「ぬりえ」と言われたら，その次，どうするか。例えば「どんなぬりえが好き？」などと誘いかけてもよい。

④ 出来事を思い出して話す練習：いつのことを話してもらうかを考えておく。通常は「今日」のことを話してもらうのがよいが，「今日」が事件の当日である場合は，他の日のことを話してもらうほうがよい。また，年長の子どもへの面接であれば，出来事に近い，しかし出来事とは関連のない日のことを話してもらうことで，出来事の日時の特定が容易になるかもしれない。学校でのいじめが問題になっているのならば，学校のある日のことよりも，休暇のことを聞くのがよいかもしれない。

⑤ 本題への移行：通常の誘いかけ「何を話しにきましたか」を行ったときに「わからない」と言われたらどうするか。ここで焦ることのないよう，いくつか質問を考えておく。

⑥ 収集したい情報・明らかにすべき事柄：すでに子どもが話していること，明らかになっていることを踏まえ，面接でどのような情報を収集すべきかを考える。その際，例えば「虐待があった」という仮説と「虐待はなかった」という反対仮説を考え，特定の仮説にのみ固執することなく情報を収集する計画を立てておくことが重要である。また，福祉的な対応に必要な要件（家族の状況）や司法的な対応に必要な要件（訴えようとす

表 12-1　面接の計画

面接の要素・段階	例
1. 挨拶・説明	どのように挨拶するか。録音・録画の説明をどうするか。バックスタッフの説明をどうするか。
2. グラウンドルール	グラウンドルールはどうするか。練習課題は何を使うか。幼児の場合,「私の靴が赤いと言ったら……」は難しいかもしれない。その場合,「私のセーターは赤(実際は青)と言ったら,これは本当ですか,本当ではありませんか」「本当」と出てきたら,「本当のことがよくわかっていますね。今日は本当のことを話してください」等。年齢が高い子どもであれば,子どもが「子ども扱いされている」と感じないように工夫する必要があるかもしれない。
3. ラポール形成	幼児の場合,「何をするのが好きですか」は難しいかもしれない。「好きな食べ物を言ってください」「それから」「それから」などで報告を求めることを検討する。
4. 出来事を思い出して話す練習	例えば,今朝,事件が起きたのであれば「昨日,学校であったことを最初から最後まで」としてもよい。
5. 本題への移行	「わからない」と言われたら何と言うか。「○○さんがお母さんに～と話したと聞いています。何があったか話してください」,傷があれば「この傷ができたときのことを話してください」等。「こちらのもっている情報」の一部を提示し,このことに関わる内容だ,ということを理解してもらうことになるが,どの時点で,どの程度,「こちらのもっている情報」を出すか。
6. 収集したい情報・明らかにすべき事柄	疑いのある情報,例えば「叩いた」が出てきたら,そのときのことを最初から最後まで;誰が叩いた;誰を叩いた;どのように叩いた,等。その他,いつ,どこで,誰が,何を,どのように,どうしたを,できるだけ文脈(出来事の流れ)の中で話してもらう。「いつ」「なぜ」「気持ち」は文脈における「～した」(昼ご飯食べて,お腹すいて,泣いて,逃げて等)により語られるかもしれない。
7. ブレイク	どの時点でとるか。バックスタッフからの合図が必要な場合,どのように行うか。
8. 確認質問	「叩かれたことがあるか」等。
9. クロージング	「お母さんに言わないで」等の質問にどう答えるか。連絡先はどこにするか等。

る意思，13歳未満であれば，暴力がなくとも強姦罪が成立する等）についても確認しておく。基本的には，特定の出来事における日時，場所，人物，態様，すなわち，いつ，どこ，誰，なぜ，どのように，どうした等，特定の出来事に関する情報を得ることが目標となる。これは先述のように，被疑者の防衛権（その日はアリバイがある等）を守るためにも重要である。

⑦ ブレイク：どのタイミングでブレイクをとるか，計画しておく。通常は面接者のペースでブレイクをとるが，バックスタッフからブレイクをとることを要請する場合もあるかもしれない。どのように合図するかを決めておく。携帯の電子音を使う場合などは，被面接者が驚かないように，挨拶・説明の部分で伝えておく必要がある。

⑧ 確認質問：子どもが開示しなかった場合，最終的に何を確認するか質問のかたちを考えておく。最終的な確認質問に，被疑者の名前と疑われる行為の両方を入れること（「××に叩かれましたか？」等）は適切ではない。「誰かが［被面接者］のことを叩きましたか」「［被面接者］は叩かれたことがありますか」等の質問を考えておく。

⑨ 補助できる情報：どのような情報が得られたならば，ウラがとれるか，補助できるかを考える。例えば，日時については天気，明るさ，朝食，昼食，夕食，TV番組等；場所については，その場所に何があったか，何をする部屋か，配置図等；人物であれば，氏名，関係性，頭髪，服装，小物等，項目を挙げておくとよい。これらの項目は逐一質問するのではなく，被面接者からこれらにあたる情報が出てきたならば，「得られた」としてチェックする。

本題で報告される可能性のある出来事については，構成要素となる項目を書き出し，整理しておく。例えば，「叩いた」が疑われる場合は，以下のような項目が重要であろう。

・誰が，誰を，何で，どのように等，時間軸に沿って出てくる可能性のある情報と，その前後の情報（その前，被面接者〔や加害したとされる人物〕は何をしていたか；その後，被面接者〔や加害したとされる人物〕は何をしたか等）（エピソード記憶）

・叩いた人物に関する情報，場所情報，叩いた身体部位に関する情報，「物

で叩いた」となれば事物情報等（場面に関する情報や意味記憶）

後述するように,「いつ」を説明するには,子どもは当時の時間を他の出来事（その日は〜時に学校から帰ってきた等）と関連づけて推測しなければならない。「なぜ」「気持ち」についても,メタ認知（自分の認知活動を認知する活動：第3講）が必要である。これらの情報の報告は難しいので,まずは出来事の流れを報告してもらう中で手掛かりを得ることが望ましい。

4　マキちゃんの事例に即して

以下,マキちゃんの事例に即して考えてみよう。

◆ 仮説と反対仮説

人は,ひとたび仮説をもつと,その仮説が「合っている」ことを確認するための情報収集をしがちである。これを「確証バイアス」という。特定の仮説のもとに情報収集を行うと,仮説に合う情報は重視し,合わない情報は無視しがちになる。そのことを防ぐために,複数の可能性を考えておくのがよい。

例えば,仮に「父親」が「マキちゃんの足を触った」のだとしても,わいせつ行為となるようなかたちで触る場合と,薬を塗ってあげるために触るのでは異なる。両方の仮説を考えておくことが重要である。

◆ 明らかなことと明らかでないこと

母親は「おいでおいでしたから,いってみたら,あしさわった」というマキちゃんの言葉を,「（父親が）おいでおいでしたから,（マキちゃんが父親のところに）いってみたら,（父親が）（マキちゃんの）あしを（わいせつな仕方で）さわった」と解釈し,不安になった。

私たちは,効率的な情報処理を行うために,欠けている情報は意識しないうちに補ってしまう（特に,特定の仮説をもっている場合はそうである）。しかし,実際には,「誰が,いつ,どこで,誰に」おいでおいでしたのか,「誰が,いつ,どこに」いったのか,「誰が,いつ,どこで,どんな仕方で,誰／何の」あしをさわったのかは明らかではない。そもそも「あし」がマキちゃんの足なのか,

表12-2 「マキちゃんの言葉」の分解：マキちゃんは何を話し，何を話していないのか

「おいでおいでしたから　いってみたら　あしさわった」

いつ	どこで	誰が	誰に	何を	どのように	どうした	Checkable Facts
土日？	父宅？						人物同定
その前は？							場所同定
何時？	どこ？	誰が？	まきちゃんに？			「おいでおいでした」	
何時？	どこ？	まきちゃんが？				「いった」	
何時？	どこ？	誰が？		まきちゃんの「あし」？	ケア？虐待？犯罪？	「さわった」	足とは？
その後は？						…	

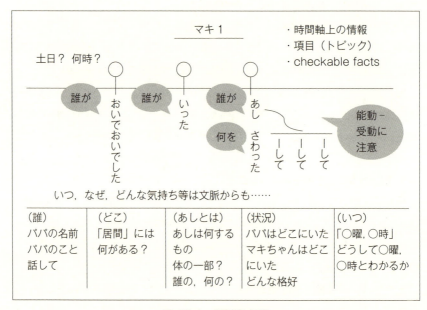

図 12-1　SE3R の例

足だとしてもどの部分なのか，あるいはテーブルの脚なのかもわからないわけである。このことを把握するために，表12-2のように，情報を整理してみるのも一案である。

いずれにしても，マキちゃんの体験を明らかにするには，時間軸の上で，誰によって，誰に対し，何が起きたのかを，マキちゃんの言葉で報告してもらう必要がある。これをSE3Rの上で示すとすれば，図12-1のようになるだろう。

◆ **収集すべき情報：いつ，どこ，誰，どのように，どうした，なぜ**

出来事を明らかにするには，「いつ」「どこ」「誰」「どのように」「どうした／何した」「なぜ」「どのような気持ち」などの情報が必要である。「誰」が「どうした／何した」「どこ」は幼児であっても報告することができる（Fivush & Haden, 1997; 尾山・仲, 2013; Menig-Peterson & McCabe, 1978）。「どのように」も，一定の形容詞や形容動詞を用いて，ある程度は記述できるだろう。しかし「いつ」「なぜ」「どのような気持ち」の報告は容易ではない。これらの情報の報告には，出来事を時間軸の上に位置づけたり，因果による理由づけを行ったり，自分自身の状態を一段上から認知するという，メタ認知が必要だからである。

それでは「いつ」「なぜ」「気持ち」はどのように報告してもらえばよいか。1つの方法は，出来事の流れ（何があって，何があって，何があって……）を順に聞いていくことによって，「いつ」「なぜ」「気持ち」にあたる情報を得る，というものである。例えば「いつ」については，「それから」「それから」「その後はどうなった」と聞いていくことで，時間を推定できる情報が出てくるかもしれない。例えば，「お昼ごはんを食べた」「ピンポンって鳴って出ていった」「テレビを見た」などの情報が出てくれば，これらの情報と関連づけて，時間帯を推測することができるかもしれない。

面接者：おじちゃんに叩かれたって言ったけど，叩かれる前にどんなことがあったか覚えてたらお話しして。
子ども：学校から帰ってきて。
面接者：うん。
子ども：宿題してからおやつ食べて。

面接者：うん。
子ども：1人でテレビ見てた。
面接者：うん，それから。
子ども：そしたらおじちゃん来た。

　ここから学校があった日だということがわかる。また宿題の内容や，TVの番号から日にちや時間帯がわかるかもしれない。
　「なぜ」も同様である。「その人はなぜ触ったのかな」「なぜ触ったりしたんだろう」などと犯人の動機を推察するようなことを尋ねても「わかんない，私，その人じゃないもん」などの答えが返ってくるかもしれない。むしろ，何があったかを話してもらうほうが有益かもしれない。

面接者：じゃ，その時のことを最初から最後まで，全部お話しして。
子ども：お外でブランコしてた。
面接者：うん，それから。
子ども：降りようとしたら，足，ぶつけちゃった。
面接者：うん。
子ども：そしたら，おじちゃんが「痛いの痛いのとんでいけー」って，すりすりした。

面接者：じゃ，その時のことを最初から最後まで，全部お話しして。
子ども：お外でブランコしてた。
面接者：うん，それから。
子ども：おじちゃんが「お膝においで」って。
面接者：うん。
子ども：そしたら，おじちゃんが「かわいいあんよだねー」って，すりすりした。

　子どもの「気持ち」についても，「それからどうした」「それから何があった」と聞いていくことで，気持ちを推測できる情報が得られるかもしれない。

子ども：で，足さわってきた。
面接者：うん，それで。
子ども：逃げた。
面接者：それからどうした。
子ども：で，急いでお家に帰って，ママに言った。

子どもに「どんな気持ちだった」と尋ねても，子どもは「わからない」としか答えないかもしれない。あるいは「怖かった」のような一般的な表現しかしないかもしれない（仲，2010a）。それよりは，上記のような情報のほうが，子どものその時の心理を反映しているかもしれない。

◆ **外部の客観的情報と照合できる情報：チェックできる事実情報**
　面接では詳細な情報の収集が求められる。詳細な情報を求めることの意義は2つある。第一は，外的で客観的な情報と照合できるような情報を得るためである。特に，「いつ」「どこで」「誰が」については，実際の時間，場所，人物と照合できるような情報を得ることが必要である。
　第二は，想像や推測では語れない，体験した本人でしか語れないような情報を得るためである。これには「どうした」「なぜ」「どのような気持ち」などが含まれるだろう。
　まず，第一の観点から，どのような情報が得られれば，実際の時間，場所，人物と照合できるかについて考えてみたい。例えば，マキちゃんに「いつ？」と聞いたら「土曜日の3時」，「どこで？」と聞いたら「居間」，「誰が？」と聞いたら「パパ」という答えが返ってきたとする。これで時間，場所，人物は特定できたといえるだろうか。
　否，必ずしも特定できたとはいえない。何をもってしてマキちゃんは「土曜日の3時」だと言ったのか（マキちゃんは，「何時」と聞かれれば，常に「土曜日の3時」と答えるのかもしれない）。「居間」は私たちが思う居間と同じだろうか（「居間」と呼んではいるが，別の場所かもしれない）。「パパ」といっても，実は複数の「パパ」が存在するかもしれない。「土曜日の3時」「居間」「パパ」は「名称」（呼び名，ラベル）であって，これだけではウラをとることができない。

子どもの言うことが実際にそうなのか，それを確認できるような情報を「外部の客観的情報と照合できる情報」（checkable facts）という（第8講参照）。

時間については，上述のように「それから」「それから」で得た情報，例えば「雨が降ってきた」「TVでアニメをやっていた」「宅配便が来た」などにより「土曜日の3時」が正確かどうか，確認できるかもしれない。

場所についても，次のように確認することができるだろう。

　　子ども：居間だった。
　　面接者：居間だった。ではね，私が思う居間と，マキちゃんの言っている
　　　　　　居間が同じかどうかわからないから，聞きますね。その居間には
　　　　　　どんなものがあったか，教えてください。
　　子ども：居間にはね，テレビがあった。
　　面接者：他にもあれば，教えて。
　　子ども：あと，ソファと，ちっちゃいテーブルと，あと，本を置くところ
　　　　　　と……。

このように話してもらえれば，居間という呼び名に頼らなくとも，その場所を同定しやすくなるだろう。

「パパ」については「パパの名前を知っていますか」（クローズド質問）と尋ね「知っている」という答えならば，「では，パパの名前を教えてください」と聞いてもよいだろう。パパの上の名前（姓），下の名前（名）が得られれば，人物同定はしやすくなる。その他，「パパのことで知っていること，どんなことでも教えて」と尋ねることで，他の「パパ」ではなく，特定の「パパ」であることが確認できるかもしれない。

こういった情報の収集においては，まず時間軸上の情報（エピソード記憶）を求め，それらの情報を一通り得た後で，人物や場所などの情報を求めるのがよい。子どもがひとたび時間軸に沿って記憶を検索し始めたならば，そこで検索された出来事は，次の出来事を検索する手掛かりとなる。そのため，可能な限り，その流れで話してもらうほうが容易だと推測されるからである。

また，繰り返しになるが，エピソード記憶は意味記憶よりも流動的で，忘却や

表 12-3 時間，場所，人物に関し，外部の客観的情報と照合できる情報

収集すべき情報	照合できる情報
いつ（時間を同定できる情報）	天気，明るさ，気温，TVの番組，食事（例：昼食，夕食等），服装（例：長袖，半袖，パジャマ等），突発的な出来事（例：宅急便屋さんが来た，チャイムが鳴った）等。
どこ（場所を同定できる情報）	その場所には何があるか（例：ブランコ，滑り台；冷蔵庫，電子レンジ），その場所は何をする場所か（例：食事する部屋，お風呂に入るところ），歩いて行ったのか車で行ったのか等。言葉で説明を求めた後，配置図を描いてもらうことで情報が得られることもある。
誰（人物を同定できる情報）	氏名（上の名前，下の名前），呼び名（何と呼んで／呼ばれているか），既知の人であれば，関係性（例：父，母，いとこ，隣りに住んでいる人）。服装，人物の特徴（例：性別，顔，髪型，眼鏡などの小物，背の高さ等）。
何（事物を固定できる情報）	形，大きさ，材質，色等。言葉で説明を求めた後，描いてもらってもよい。

変容が生じやすい（第3講）。既知の人物や場所に関する情報は（厳密に言えば，エピソード記憶の一部ではあるが）意味記憶を反映している。よって，まずはエピソード記憶を優先し，人物，場所に関する詳細はその後で得てもよいと考えられる。

収集すべき情報，照合できる情報は事案ごとに異なるであろうが，例を表12-3に示す。

◆ 体験を反映する詳細情報

詳細情報を求める第二の理由は，体験した人にしか報告できないであろう情報を得るためである（表12-4）。外部の情報とは必ずしも照合できないかもしれないが，知覚・感覚的な文脈情報，会話などは，「臨場感」「迫真性」などとして信用性に関する法的判断の根拠となることがある。

実際，基準に基づく内容分析（Criteria Based Content Analysis）や供述の信頼性分析（Statement Validity Analysis）と呼ばれる供述分析の方法では，供述のなかに，知覚的，感覚的情報を含む文脈情報や，会話，突然の出来事などがあった場合，これらを供述の信用性を高める情報としてカウントする（例えば，

表 12-4 体験を反映すると考えられる詳細情報

収集すべき情報	体験を反映する詳細情報
どのように，どうした	何を使って，何に対して，どうしたか等を，時間軸に沿って聴取する中で収集。「何」は事物情報としても有用である。
なぜ・気持・動機	何があったかを，それから，それからと時間軸に沿って聴取する中で収集。そのときの言葉や行動から推測できることもある。
状況・態様	位置（例：○○さんはどこにいたか，犯人はどこにいたか），格好（例：○○さんはどのような格好をしていたか，犯人はどのような格好をしていたか）等。言葉で説明を求めた後，図で示してもらうのも有効である。
文脈情報	視覚，聴覚，体性感覚，嗅覚等で得られる情報。出来事の流れの中で起きた突発的な事柄。

Hershkowitz, 1999; 仲，2010a; Pezdek et al., 2004; Ruby & Brigham, 1998）。

しかし，被面接者の報告を待つことなく「何が見えた？」「何が聞こえた？」と尋ねると，これらは暗示質問となり，「～が見えたかもしれない」「～が聞こえたかもしれない」という推測を促すかもしれない。「どう思った？」「どう感じた？」と尋ねても，「わからない」「覚えてない」といった答えしか得られないかもしれない（メタ認知を問う質問であり難しい）。これらの情報は，まずは出来事を順に報告してもらうなかで自発的に生じるのを待つのがよいだろう。自発的な供述でないと，信用性が反映されているとは限らないからである（例えば，ブラックらの研究〔Bruck et al., 2002〕では，誘導・暗示的に得た虚偽の供述において，むしろ上述のような詳細情報が多かった）。

5　出来事への移行段階

◆ 子どもが「わからない」と言った場合

面接を開始する前に準備しておくべき重要な事柄として，本題に移る時の言葉がある。基本的なかたちは，

・「それでは，今度は○○さんがどうして／ここ（一時保護所等）にいる

か／ここ（面接を行う機関）に来たか／話してください」
・「今日は何をお話しに来ましたか」
などのオープン質問を用いる。

　しかし，ここで子どもが「わからない」と言ったらどうだろうか。あるいは「どうしてここに来たか」を受けて「車で来た」などと答えたら，どうすればよいだろう。「何か嫌なことなかった？」「パパがマキちゃんの足，触らなかった？」などと聞くことは誘導になる。どのような言葉をかけたらよいだろうか。

　第11講の「本題への移行」の項で扱ったように，「わからない」という答えには，少なくとも3つの可能性があるだろう。1つは，本当になぜここに来たのか，何を話しに来たのか，面接の目的を理解していない場合である。親は心配しているが，本人は気にかけていない場合，被害を受けた可能性のあるきょうだいと一緒に連れてこられたが，本人はなぜ保護されたか理解していないような場合，こういった反応が見られる。

　第二は，話すべきこともわかり，話したいこともあるが，どのように話したらよいかわからない，というような場合であるだろう。

　そして第三は，面接の目的は理解しているが，話したくないために「わからない」「知らない」「覚えていない」などと言うような場合である。こういった態度をリラクタント（〜したがらないの意。ここでは話したがらない，非協力的な，の意味）という。その背後には，脅しがあったり，家族がばらばらになってしまうことへの恐れ，不安，罪悪感，恥ずかしいという気持ちがある可能性がある。これら3つの可能性を見分けることは困難だが，少なくとも以下のような方針を立てておくことは可能である。

◆ 証拠を出す

　第一は，面接の目的や疑いのきっかけとなった事柄を示し，子どもに何の話が求められているかを理解してもらうことである。そのためには，面接者がもっている情報（いわば，証拠）の一部を提示することになる。しかし，多くを示してしまうと誘導・暗示となってしまうので注意が必要である。

　例えば，今，マキちゃんの事例に関して私たちが知っていることは，以下の項目である。

- (a)土曜日から日曜日にかけて，(b)父親の家に行った。
- (c)帰って来てから（日曜日）母親に夕飯のときに話をした。
- 話した内容は，(d)おいでおいでしたから，(e)いってみたら，(f)あし，(g)さわった，であった。
- (h)今日（水曜日）は，母親と相談に来た。

これらを使って，きっかけとなる質問を作ることができる。

(a)を使って，「土曜日（日曜日，あるいは土日）にあったことを最初から最後まで話してください」
(b)を使って，「お父さんの家に行ったって聞いたけれど，行ったときのことを最初から最後まで全部話してください」
(c)を使って，「夕飯のときにお母さんに何か話したって聞いたけれど，何がありましたか」(「何を話しましたか」ではなく，「〔元となる出来事として〕何がありましたか」と尋ねるほうがよい)

それでも「わからない」という答えしか得られなければ，マキちゃんが話したという言葉に言及する必要があるかもしれない。その場合，(d)〜(g)のどれが一番暗示的だろうか。「(f)あしの話を聞いたんだけど，何があったか話して」や「(g)さわったという話を聞いたんだけど，何があったか話して」は適切ではないかもしれない。もしもこれが事件であるならば，「あし」や「さわった」は最も重要な情報であるかもしれない。これらの情報こそマキちゃんに自発的に話してもらいたい内容である。一方，(e)「いってみたら」は曖昧である。(d)「『おいでおいで』の話を聞いたんだけれど，何があったかお話しして」であれば，わかりやすいかもしれない。

最後に，(h)を使って「今日はどうしてお母さんと来たのかな」「お母さんに何と言われて来ましたか」などもあるだろう（母親が無言のまま，子どもの手を引っ張って連れてくるということは考えにくい）。

このケースでは，「お父さん」の家に行ったことは明白であり，疑わしいことがなくても「お父さんの家に行った時のこと」を聞くことには問題がないように思われる。しかし，事案によっては，最初から「お父さん」に絞った話を

するのは誘導となる場合もあり，注意が必要である。

　なお「マキちゃんがお母さんに何かお話ししたと聞いたけれど，その時のことをお話しして（あるいは，何を話したかお話しして）」などと尋ねると，子どもは「うん，おかずはハンバーグだったんだけど，ちょっとしょっぱいねって話したんだ」のように，疑われる事件のことではなく「会話をした時」のことを報告するかもしれない。「何のお話をしたか，もっと詳しく話して」と尋ね，疑われる事件の内容に迫ることも可能かもしれないが，それよりも（つまり「話した時」のことではなく），疑われる事件のことを直に話してもらえれば時間が節約できる。そのためには「～と聞いたけれど，何があったかお話しして」のほうがよいだろう。

◆ NICHDプロトコルの9つの質問

　NICHDプロトコルには，子どもが答えなかった場合に備え，次のような問が用意されている。以下はその直訳ではなく，研修等での経験に基づき，よりわかりやすいと思われるかたちで記述したものである。

① 何があったかを尋ねる：「何かありましたか。あったとしたら，最初から最後まで全部話してください」

② 面接の目的（面接者の役割）を再度，伝える：「私の仕事は子どもからあったことについて話を聞くことです。○○さんがどうしてここに来たか／いるか，お話ししてもらうことがとても大切です。今日はなぜ[お母さんと]ここに来たんだと思いますか／私は今日なぜここに話しに来たんだと思いますか」

これでも伝わらなければ，面接者がもっている情報を少し出す。

③ 子どもが他者に何かを話した，その行為に言及する：「○さんが[いつ，どこで][お医者さん，その他の専門家]に話をしたと聞きました。何があったか話してください」

④ 傷，あざ，跡，などがあれば，これらに言及する：「[傷，あざ，跡]があったと聞いています。その[傷，あざ，跡]ができたときのことを，最初から最後まで，全部話してください」または「この[傷，あざ，跡]ができたときのことを，最初から最後まで，全部話してください」。傷，

あざ，跡などがあれば，最初からこの問いで本題に入ることも可能である。
⑤ 疑われる内容（困っていること）に抽象的に言及し，尋ねる：「誰かのことで困っていることはありますか」
⑥ 出来事のあった場所，時間に言及する：「［申し立てられている場所で／時間に］何かありましたか」
⑦ 疑われる内容（嫌なこと）に抽象的に言及する：「誰かが○○さんに，嫌なことをしましたか」または「誰かから，嫌なことをされましたか」

NICHDプロトコルでは，ここまでの問いを発しても子どもが答えない場合，ブレイクをとり，バックスタッフと検討することを勧めている。これ以上の情報を出すことはより強い暗示となる場合があるので，注意が必要である。

⑧ より具体的な情報に言及し，質問する：「誰かが○○さんに，［詳細を含まない，申し立てられている事柄］をしましたか」「誰かから，［詳細を含まない，申し立てられている事柄］をされましたか」（「誰かが○○さんのことを叩きましたか」「誰かから叩かれましたか」等）
⑨ さらなる情報に言及し，説明する。ただし被疑者の名前は入れない：「［先生／お医者さん］から，［○○さんが他の子のおちんちんを触ったと／○○さんが描いた絵のことを］聞きました。それで私は何があったか知りたいんです。誰かが○○さんに［詳細を含まない，申し立てられている事柄］をしましたか／誰かから，［詳細を含まない，申し立てられている事柄］をされましたか」

6　面接の計画

それでは，先のマキちゃんの事例について，グループで計画を立ててみることとしたい。A3程度の用紙とマーカーを用意し，4人で相談しながら次の課題を行う。

① 仮説と反対仮説を考える。
② 明らかなことと，明らかでないことを整理する。
③ 明らかにすべき内容を，優先順位をつけて考える。

④ いつ，どこ，誰，どのように，なぜ，どんな気持ち，動機，状況，文脈等については，どのような情報が得られればそれが補助となるか（照合できる客観的情報となるか）を，表 12-3 を参考に考える（表にあるような情報が自発的に語られれば，「いつ」「なぜ」「どんな気持ち」といったメタ認知を要請する問いを尋ねなくてもすむかもしれない）。

⑤ マキちゃんが「わからない」と言ったときに行うべき質問を考える。

演習の時間が限られているならば，③と⑤を行うのでもよいだろう。なお，研修者の C が用紙に書く役，D が発表する役など，役割を決めておくと演習がスムーズに進む。

◆ 振り返り

研修では各グループが話し合ったことを代表者（例えば D）に報告してもらい，講師がホワイトボードなどにまとめ，共有する。

7　面接演習 2：マキちゃん

それでは，面接計画に基づいて面接を実施してみよう。マキちゃん用のシナリオは以下のウェブサイトからダウンロードできる（http://yuhikaku-nibu.txt-nifty.com/blog/2016/09/post-3a68.html）。シナリオは数種類あるので，複数のグループがある場合，それぞれ異なるシナリオを用いてもよいだろう。面接は録音・録画する。先の演習では A が面接者となったので，ここでは B が面接者となる。A〜D の役割は以下のようになる。

A（バックスタッフ）：内容の逐語的な記録を行い，得られた情報を面接計画に沿ってチェックする。補足質問を考える。

B（面接者）。

C（子ども）：あらかじめシナリオを読んだ上で，協力的に演じる。

D（バックスタッフ）：SE3R を作成し，得られた情報を面接計画に沿ってチェックする。補足質問を考える。

筆者らの研修では，面接時間は 20 分としている。挨拶・説明，グラウンドルール，ラポール，出来事を思い出して話す練習までで約 5 分，聴き取りに約

10分程度用いる。そのあと，2～3分のブレイクをとり，残りの時間で補充質問とクロージングを行う。20分では足りない場合もあるが，研修時間の制約もあるのでこのようにしている。

　この演習では，講師がマキちゃん役の人に別室でシナリオの説明をする。これにおよそ5分程度要する。その間，面接者とバックスタッフは面接計画の最終確認を行う。面接に20分，面接前後の移動等に5分程度を要するので，演習は全体として30～40分である。

◆ 振り返り

　211頁と同様に，ビデオを再生しながら振り返りを行う。特に，以下の事柄について検討する。時間や人員にゆとりがあれば，発話分析シートを用い，面接者がどのような発話をどの程度用いているか，チェックすることも有用である。

- 一問一答になっていないか。
- 面接者が話しすぎていないか。
- 「それからどうなった」「他にもある」などのそれから質問で，子どもの言葉を引き出し，話し尽くさせているか。
- まずは時間軸上の情報（出来事のエピソード記憶）を引き出し，その後，意味記憶的な情報（人物，場所，事物等）について情報を得ているか。
- 特に，出来事については前後の文脈情報を聴取しているか。
- 人物，場所，出来事については，「ラベル」のみでなく，チェックできる事実情報（外部の客観的情報と照合できる情報）を得ているか。
- その場にいた人物，やりとり，1回かそれ以上かについても情報が得られたか。
- クロージングに入る前に，「最小限の手続き」の11（その人は何か言ったか，他に人はいたか，このことを知っている人はいるか）について確認したか（子どもがすでに自発的に報告していれば必要ない）。

　「完璧な面接」というものはなく，また，「絶対にこれが正しい」ということもない。よいところを指摘し合うことが重要である。なお，2種類のシナリオによる面接を比較してみれば，同じ「おいでおいでしたからいってみたらあしさわった」であっても，異なるストーリーが展開し得ることがわかるだろう。

コラム 12　NARTOSの説明　【武田知明】

　司法面接で録画・録音された面接のデータ（電子ファイル）は，封印保存用のマスター・データのほかに，解析に用いるワーキング・データとしても保存されることが理想的である。そこで，筆者は科学技術振興機構「犯罪から子どもを守る司法面接法の開発と訓練」プロジェクトの一環として，ワーキング・データの管理を目的とした録画面接管理システム「NARTOS」を試作した（http://child.let.hokudai.ac.jp/tech/?r=148）。

司法面接のデータ管理　　封印保存用のマスター・データは普段再生される事はない。これに対し，ワーキング・データは，閲覧，音声起こし，鑑定などのために繰り返し再生されうる。近年，ビデオカメラの記録メディアは小型化され，保存スペースも小さくてすむようになってきた。そのため，ワーキング・データを記録メディアとして管理する事も可能であるが，数が多くなると管理が煩雑となり，持ち出し時に破損や紛失の可能性もある。これらの問題を解決するための1つの方法が，ワーキング・データをサーバにより集中管理する方法である。

　司法面接の先進国であるイギリスでは，面接データの記録手段がテープからDVDへと代わり，近年ではネットワーク・サーバを用いた集中管理方式が導入されている（指宿，2010）。これらの中には，ワーキング・データのみではなく，マスター・データの管理や面接の収録機能を統合したものもある。ただし，イギリスなどで用いられているシステムは，テレビ方式の違いや言語の問題で，そのまま日本で導入するのは困難である。

録画面接ワーキング・データ管理システムの試作　　こういった事情を踏まえ，録画面接や録音面接のワーキング・データを共有し利用できる，サーバによる集中管理システムを試作した。試作システムはオープンソースを用いて，複数のOS上で運用可能なWebシステムとした（外部とは連絡のない閉じたネットワークである）。利用者はWebブラウザからシステムにアクセスする。

　面接が終了したならば，管理者はWebブラウザで面接ビデオデータをシステムにアップロードする。作業者は，Webブラウザでシステムにアクセスし，必要な面接を検索しビデオを再生する。各利用者はIDとパスワードで管理され，利用場所はIPアドレスなどで制限される。

　ワーキング・データを用いる重要な作業の1つに，音声起こしがある。試作システムでは，面接ビデオを閲覧しながら，同一画面上で音声起こしの作業ができる仕様となっている。音声起こしによるテキストデータもサーバ上で管理される。

運用例　　上述の科学技術振興機構「司法面接法の開発と訓練」プロジェクト，ならびに後継の文部科学省新学術領域「子どもへの司法面接：面接法の改善とその

Web ブラウザ上の NARTOS 利用画面

「評価」プロジェクトでは，専門家を対象とした司法面接の研修を実施した。これらの研修で収録された模擬面接のデータを，本試作システムを用いて管理し，以下のように運用した。

・運用例1：研修内での利用

　2011〜12年度に実施した司法面接研修では，研修参加者が自分の模擬面接の発話分析を行った。その際，事前準備となる音声起こしの作業に本試作システムを用いた。研修者が用いたパソコンは，研修主催者が準備したWindowsパソコンとMacintoshパソコン，および研修参加者が持参したWindowsパソコンであった。1回の研修の参加者の最大数は25名であった。

　2011年2月の研修で試作システムを最初に用いた。この時点ではインターフェースや機能などについて，システム自体がまだ十分に作り込まれていないなどの不備があり，数名の研修参加者を混乱させた。これらのトラブル内容のフィードバックを受け，試作システムの改善を行った。

・運用例2：研修データの共有

　司法面接研修は道外でも実施し，ビデオ収録を伴った模擬面接を実施した。いくつかの研修では研修の効果を測定するために，研修の前後に研修参加者が自宅などで模擬面接を行ってICレコーダー（音声レコーダー）で録音した。これらの約1500件のデータを1台の試作システムで管理した。データは分類によりアクセス

可能なエリアを「北海道大学学内」「司法面接支援室内」などと制限することができる。

　研修者が研修前後に録音した模擬面接のデータは，効果測定のために音声起こしが行われた。この音声起こし作業は，北海道大学文学部・文学研究科の学生が，短期支援員として行った。短期支援員は文学部・文学研究科内の複数の部屋で作業したが，データは司法面接支援室内に設置されたサーバ1台で管理された。すなわち，模擬面接の生のビデオや音声データは，作業者のパソコンに保存されることなく作業が行われた。

配　布　本試作システムは，上記プロジェクトによる「北海道大学大学院文学研究科司法面接支援室」のウェブサイト（http://child.let.hokudai.ac.jp/tech/?r=148）からダウンロードできる。

第13講 補助証拠

　第12講で，外部の客観的情報と照合できる情報を聴取することの重要性を指摘した。こういった外部の客観的情報を，補助証拠と呼ぶこともある。ここでは，子どもの供述を補助する証拠について考えてみよう。

1　補助証拠の必要性

◆ 子どもの供述の信用性を高める外部情報

　性虐待や性加害は，加害者と子どもの2人だけで行われることが多い。被疑者は（実際に加害していない場合は当然だが，加害していたとしても）「やっていない」と答えることが予想される。そのため，子どもの供述と被疑者の供述のどちらがより信用できるのかが争点となる可能性が高い。

　一般に，被疑者の供述は「やっていない」で一貫していることが多く，子どもは，何度も尋ねることで供述が曖昧になったり，揺らいだりしがちである。裁判では一貫性のある供述のほうが信用性が高いとされるので，子どもはその時点ですでに不利だといえる。子どもから信用性のある情報を引き出すには，誘導・暗示のない面接で，子どもの言葉で語られた情報を得ることに加え，供述の信用性を客観的に判断できる情報（外部の客観的情報と照合できる情報：checkable facts）を引き出すことが重要である（第12講の表12-3）。子どもの供述と一致する客観的な情報は，子どもの供述の信用性を高める補助証拠として用いることができる。

　下記の情報は，面接のフィールド研究（現実の面接事例を分析した研究）で，供述の信用性を推定するのに用いられる情報である。現実の事例では，子ども

と（犯人がいたならば）犯人にしか真実はわからないわけだが，子どもの供述と一致する下記のような情報が確認されれば，子どもの供述の信用性はより高いと推定される（Lamb et al., 1997; Hershkowitz, 1999）。

・医療的証拠：精液の痕跡，性器の傷，身体的傷等。
・物質的／物理的証拠：詳細情報が供述と一致する事物，物質，物体等。
・目撃者情報：第三者（被害者や被疑者とは関連のない人）から独立に誘導・暗示なく得られた目撃情報。
・その他：中立的な立場にある人（教師，カウンセラー等）に対する明確な開示。
・被疑者の自白：被疑者から独立に誘導・暗示なく得られた自白供述。

2　補助証拠の種類

◆ 医学的証拠

　精液の痕跡，性器の傷，身体的な傷も重要な情報である。しかし，一般には，性器の傷は治癒しやすく，跡も残らないことが多い。また，処女膜や肛門の傷，膣の開口等では判断ができないとする報告もある（Frasier & Makoroff, 2006）。しかし，そうであっても医学的検査を受けることのメリットは多い。まず，性感染症や妊娠の疑いを排除することができる。上記のFrasier & Makoroff (2006) は，性器の傷よりも淋病，梅毒，HIVなどの性感染症のほうが性交渉の証拠となると指摘している。また，虐待を受けたことにより，「赤ちゃんは産めない」「自分の性器は汚れている」などと考えている子どももいる。医者が「性器はきれいですよ。だいじょうぶですよ」と言葉をかけることで，子どもの不安は大きく軽減されるだろう。そのため，数か月前の事例であっても，医療的な検査は受けておくほうが望ましいと考えられる（逆に，検査を受けさせないと，裁判で「軽く見ていた」という印象を与えることになるかもしれない）。

　いずれにしても，日頃から小児科医，婦人科医，虐待専門医などと関係性を築き，いざというときには連携できる体制を作っておくことが重要である。また，医者は誘導・暗示的な質問や言葉かけをしないようトレーニングを受けておくことが望ましい。うっかり「お父さんにやられたの？」などと聞いてし

まっては台無しである。

◆ **物質的／物理的証拠**

　物質的，物理的情報が子どもの供述と一致するかどうかを調べることで，子どもの供述の信用性を査定することができる。ある子どもは，大人から道具を用いてわいせつ行為をされたと報告した。日時の報告には混乱が見られたが，被疑者の所有物から，子どもの供述通りの道具が発見され，供述の信用性は高いと判断された。

　別の事例では，子どもは，図書館で借りた本を読んでいた時に虐待を受けたと報告した。貸し出し簿の日付を確認することで，事件のあった日時が特定された。こういった外部情報との一致があれば，子どもの供述の信用性は高まるとされる。

　児童ポルノが疑われる事案では，写真が大きな証拠となる。また，性虐待でなくとも，叩いたとされる事物と傷の形状が一致するか，子どもの供述と，その格好で熱湯につけられた時にできる火傷が一致するか，子どもが供述した転び方と，その格好で打ちつけたとされる傷の位置の形が一致するか等は重要な情報である。こういった情報を保全するには，傷や火傷，事物の測定や適切な写真撮影が重要である。

◆ **被疑者や参考人の供述**

　第三者（被害者や被疑者とは関連のない人）による目撃情報（その人物と子どもが同じ布団で寝ているのを目撃した等）があれば，それも重要な情報となる。また，中立的な人（教師，カウンセラー）などに対し，明確な開示がある場合も補助証拠となることがある。

　目撃者が母親などの身内の人であった場合は，先入観に基づく過剰な反応がないか精査が必要である。同様に，離婚訴訟などが関わっている場合には，自己に有利な決定を得るために供述が行われていないか注意が必要である。逆に，身内の人の供述は矮小化されている可能性もある。例えば父親に疑いがある場合，母親が子どもよりも父親を選び，子どもの供述を否定したり，軽く見たりすることもあるため，この可能性にも注意する必要がある（仲，2010b）。

被害者が複数（例えば2人）いる場合，2人が同じ体験をしたのであれば，2人とも同じ記憶をもっていると考えられがちである。しかし，人の記憶はビデオ録画のようなものではない。同じ映像を見ても，どこに注目していたかにより記憶は異なってくる（例えば，Skagerberg & Wright, 2008 が引用している，スウェーデンの首相暗殺の目撃事例では，多数の目撃者がそれぞれの目撃記憶に基づきコミュニケーションをとったため，捜査に混乱をきたした）。そのため，食い違いがあるから信用性が低いと判断するのではなく，どこにどのような食い違いがあるのか，どの部分はどの程度一致しているのかを見るほうが有益だと思われる。むしろ，詳細までが一致している場合，口裏を合わせている可能性，互いが協力して記憶を摺り合わせた可能性，面接者がつじつまの合うように誘導してしまった可能性などを検討する必要があるだろう。

被疑者に対しては，証拠を消し去ったりすることのないよう，疑いを示さずに聴取を行うべきである。「お子さんが〇〇と言っています」などと話すと，犯人は子どもに口止めをしたり，言うべきことを子どもに教示したり，証拠隠滅を図る恐れがある。

問題となりそうなことを自発的に報告する犯人はいないであろう。それでも，子どもから被害にあったとされる日の出来事について詳細な情報を得ておくことで，子どもの供述の信用性が査定できる場合がある。例えば，問題となる出来事の部分だけは子どもと被疑者とで食い違うが，それ以前，以後のことはほぼ一致しているようであれば，少なくとも子どもの事前，事後の供述については信用性があると判断できるかもしれない。

いずれにしても供述，証言は人の知覚・記憶に基づく情報である。誤った供述や虚偽自白が起きることのないように，誘導・暗示をかけることなく情報を収集し，可能な限り録音・録画をしておくことが重要である。

◆ **その他の状況証拠**

以上，医学的，物理／物質的，および人的な補助証拠について述べてきたが，以下のような日々の記録にも有用な情報が含まれていることがある。

・間接的情報：メールのやりとり，携帯履歴，日記への記録（嫌なことがあった日に印をつけていた等）も子どもの供述を補助する材料になるかもし

れない。
・状況的情報：場所に関する記述や，天気，学年などで子どもの空間・時間的情報に関する供述を補助できることがある。
・生活に関する情報：学校の成績や出席状況，日常生活における問題行動，医療機関への受診等。冬休みまでは問題がなかったのに，それ以降夜間外出が増えたなどは，子どもの生活の異変を反映しているかもしれない。「おなかが痛い」「喉が痛い」という訴えでの受診が，性被害の結果である場合もある。

繰り返しになるが，これらの情報収集は「虐待ありき」という仮説のもとで行うと誤った結論を導きだす可能性がある。反対仮説を支持する証拠も無視せず，積極的に情報を収集する努力をしなければならない。

3　面接演習3：ヨウ子さん

◆ 準　　備

外部の情報と照合できる情報を収集することを目指し，面接演習を行う。被面接者（子ども）用のシナリオは指定のウェブサイト（237頁）にある。A〜Dの役割は以下のようになる。

A（バックスタッフ）：SE3Rを作成し，補助証拠で支えることのできる情報が得られているかどうか確認しながら面接をモニターする。補足質問を考える。

B（バックスタッフ）：内容の逐語的な記録を行い，補助証拠で支えることのできる情報が得られているかどうか確認しながら面接をモニターする。補足質問を考える。

C（面接者）。

D（子ども）：あらかじめシナリオを読んだ上で，協力的に演じる。

以下のような事例とする。

・義父38歳：ヨウ子が小学校1年生のときに来た義父。会社員。
・実母35歳：会社員。
・ヨウ子11歳：小学校6年生で適応・成績もよく，学級委員。

学校の健康診断で背中にあざがあることが確認され，学校からの通告で，ヨウ子さんに司法面接を行うこととなった。ヨウ子さんの学級担任の話は以下のようなものであった。「ヨウ子さんは時折腕や足にあざや傷をつくってくることがあるが，尋ねると『ころんだ』『ぶつけた』と言っていた。しかし，今回のようなあざは見たことがない。健康診断を行った医者によれば，あざは24時間以内にできたと推定され，身体虐待が懸念される，ということだった。学校では昨日も今日もあざができるようなことはなかった。母親と義父は，以前面談したときにはおだやかな人物だという印象を受けたが，父親については，酒癖が悪く乱暴を振るうという噂も聞いている。ヨウ子さんは学校では『ぶつけた』と言っていたが，義父による身体虐待があるのかもしれない」

このような事例をもとに，面接者とバックスタッフは面接計画を立てる。子ども役は，シナリオを読んで，ロールプレイに備える。なお，計画には10分程度を当てる。最初の5分はチーム4人で議論し，5分経過したところで子ども役は別室に行き，講師からシナリオの説明を受ける（この間，残りのチームは計画についてさらに議論する）。面接の計画に当たっては，マキちゃんの事例と同様，少なくとも(1)面接者側で有している情報を整理し，それをもとに本題への移行でヨウ子さんが「わからない」と言ったらどう質問するかを考え，また，(2)どのような情報を収集するかについて議論する。A3の用紙やSE3Rを利用してもよい（図13-1）。

ヨウ子さんの傷は医者が写真を撮っている。いつ，どこで，どういう文脈，過程でヨウ子さんが何にどのように「ぶつけた」のかを明らかにしてほしい。そのとき現場に誰がいたか，仮に義父が「犯人」だとしたならば，どういう過程でそうなったのか，どのようなやりとりがあったのか，どのように傷ができて，傷ができた後は何があったのかを明らかにする（児童相談所の文脈で課題を設定する場合は，火曜日午後の健康診断で発覚，同日一時保護し，翌々日の木曜日に司法面接を行う，という設定でもよい）。

面接演習はマキちゃんの事例と同様に20分で行い，録音・録画する。

(1) **本題への移行で「わからない」と言われたら？**

面接者側がもっている情報
- 背中にあざがある（医師によれば24時間以内，写真有り）
- 今週の火曜日午後，判明
- 教師・医師には「ぶつけた」
- 教師の報告によれば
  - 学校ではあざができるようなことはなかった。
  - しかし，ときおり腕や足などにあざや傷があることも。
  - 面談では，母親，義父ともにおだやか。
  - 義父については酒癖が悪く，乱暴，との噂もある。
- 一時保護され，木曜日に面接。

(2) **集めるべき情報**

図13-1 面接の計画

◆ 振り返り

終了したならば，録画を振り返りながら，以下の事柄を検討しよう。

- 一問一答になっていないか。
- 面接者が話しすぎていないか。

- 「それからどうなりましたか」「他にもありますか」などのそれから質問で，子どもの言葉を引き出し，話し尽くさせているか。
- まずは時間軸上の情報（出来事のエピソード記憶）を引き出し，その後，意味記憶的な情報（人物，場所，事物等）について情報を得ているか。
- 特に，出来事については前後の文脈情報を聴取しているか。
- 人物，場所，出来事の情報につき，「ラベル」のみでなく，外部の客観的情報と照合できる情報を得ているか。
- その場にいた人物，やりとり，1回かそれ以上か（はじめてか，はじめてではないか）についても情報が得られたか。
- 配置図に，各人の位置や動きを描いてもらったか（言葉による報告を求めた後，描画を求める）。配置図からあざと環境との一致が確認できるか。
- 一時保護中の事案とした場合，ヨウ子さんをこのまま自宅に帰せるかどうか，判断するだけの情報が得られたか。
- 司法的な事案とした場合，事件とする上で必要な情報を，ヨウ子さんから得ることができたか。
- 多職種連携のチームで演習をした場合は，今後，福祉的にはヨウ子さん，父親，母親，学校関係者等に関し何をするか，どう対応するか，司法的（警察，検察の立場で）にはヨウ子さん，父親，母親，学校関係者等に関し何をするか，どう対応するかを議論してみよう。

コラム 13　事情聴取における発問方法の効果　【山本渉太】

　正確な情報を多く得るために聴取者はどのような発問をすべきであるのかという問題は，福祉の場面のみならず，司法の場面においても重要な課題である。そして，様々な場面で行われた多くの研究が，オープン質問は，特定の内容について問う質問（「はい／いいえ」での回答を求めるもの等）よりも，被聴取者から多くの正確な情報を引き出すことを示してきた（仲，2011b; Oxburgh & Myklebust, 2010）。

　このようなオープン質問の効果は，対面によらないパソコン上のチャットなどでも生じるのだろうか。チャットでも生じるとすれば，その効果は筆談や文書によるやりとりにまで拡張されうる。また，チャットか対面かによらず，特定の質問が事情聴取の過程のどの時点においてなされたかは，質問方法の効果を明らかにする上で重要である。

　そこで山本ほか（2014）では，チャットのソフトウェアを用いた事情聴取場面を模擬的に設定し，聴取の時間経過も考慮しながら，聴取者の質問方法と被聴取者から得られる情報の関連を調査した。

　実験では，社会人 62 名を聴取者，被聴取者に半数ずつ振り分け，31 組のペアを作った。実験は個別に実施し，聴取者と被聴取者はすべての手続きを対面することなく，別室で行った。被聴取者は約 5 分間の動画を観察した直後に，その動画の内容についての聴取を受けた。聴取はパソコンでチャットのソフトウェアを用いて行われ，聴取時間は 15 分以内とするように教示された。なお，聴取者は動画の内容を知らされていなかった。

　聴取者の質問は，仲（2011b）を参考に，①誘いかけ質問（応答に制約をかけない質問），②それから質問（「それから／他には」等さらなる報告を求める質問），③手掛かり質問（報告の詳細を掘り下げて問う質問），④時間分割質問（時間の分割を含む質問），⑤WH 質問（いつ，どこで，何をなどの八何を問う質問），⑥YN 質問（被聴取者がすでに言及した内容について選択肢や，はい／いいえでの回答を求める質問），⑦暗示質問（被聴取者が言及していない内容について選択肢や，はい／いいえでの回答を求める質問）の 7 種類

表 C13-1　聴取段階別の聴取者の質問の頻度

	暗示	YN	WH	時間分割	手掛かり	それから	誘いかけ	合計
前半	11	5	32	0	14	0	25	87
中盤	21	17	34	1	16	3	0	92
後半	28	22	25	1	9	2	0	87
合計	60	44	91	2	39	5	25	266

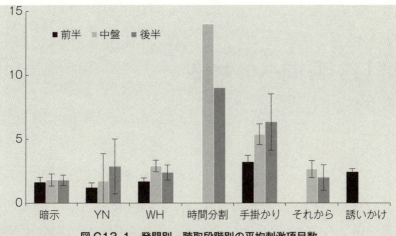

図 C13-1　発問別，聴取段階別の平均刺激項目数

に分類した。また，聴取者の発問数をもとに，各聴取を，前半，中盤，後半の3つの段階に分割した。聴取段階別の聴取者の質問の頻度を表 C13-1 に示す。

　さらに，被聴取者の各発話に含まれる有意味な刺激項目（提示した動画に含まれていた項目）を算出した。聴取段階，発問別の平均刺激項目数を図 C13-1 に示す。

　頻度が少なかった時間分割質問とそれから質問，前半にしか現れなかった誘いかけ質問は分析から除外した。まず，手掛かり質問が他の質問よりも多くの刺激項目を引き出すことが示された。さらに，発問，聴取段階別に分析を行ったところ，手掛かり質問の中盤と後半，WH 質問の中盤，YN 質問の後半で，それぞれ，前半よりも多くの刺激項目が得られていた。

　実験結果から，手掛かり質問は被聴取者から情報を得る上で有効な質問であること，中盤以降で用いることが効果的であることが示唆された。WH 質問，YN 質問は，中盤以降で効果はあるものの，得られる情報量は総じて低い。これらを踏まえると，事情聴取で効率的に情報を収集するためには，まずは誘いかけ質問で被聴取者から大雑把な情報を入手し，手掛かり質問を用いて内容を掘り下げていき，それでも得られない情報があれば，WH 質問を用いて聴取するのがよいといえるだろう。YN 質問は，最終段階において，聴取した内容や，まだ語られていない必要な情報について確認するまで，できるだけ用いないほうがよいと考えられる。

　なお，時間分割質問は頻度が少なかったため分析から除外したが，この質問により得られた刺激項目数は多かった。その効果については，さらなる検討が必要である。

第14講
難しい質問への対応：
性的な言葉に慣れる

　第14講と第15講では，性的な事柄に関する聴取を扱う。
　第14講では，子どもから発せられる「難しい」質問への対処法について考えるとともに，性的な言葉や表現に慣れることを目指す。第15講では，性的な行為について誘導・暗示的にならずに聴取する方法を考える。

1　難しい質問・発話

◆ 性的な事柄のほのめかし

　ここでいう難しい質問とは，性虐待，性被害をうかがわせるような曖昧な発話であり，そこにはタブー語が含まれることもある。例えば，子どもが突然「先生もセックスをするの？」と聞いてきたとする。大人は場所をわきまえない突然の問いに戸惑い，「大人になったらわかるよ」であるとか「そういうことは，人前では話さないことなんだよ」などと，子どもの言葉を遮ってしまうかもしれない。あるいは「仕方ない。それでは，お話ししましょうか」と自己開示をすべきという圧力を感じてしまうかもしれない。そして，もしかすると「こんなことを聞いてくるとは，子どもは何らかの被害にあっているのではないだろうか」と考え「○○ちゃん，もしかしてセックスさせられたの？」と暗示・誘導が含まれる質問をしてしまうかもしれない。
　子どもは好奇心で聞いているだけかもしれないし，最近知った特別の言葉で大人を驚かせようとしたのかもしれない。一方で，気掛かりなことがあり，この質問を発したという可能性もあるだろう。これらの質問は，適切に対応でき

れば、虐待や犯罪を初期に発見することができる重要なきっかけとなるかもしれない。しかし過剰な反応をすれば、それが誘導・暗示となり、冤罪を引き起こす可能性もある（第Ⅰ部で述べたマクマーチン事件やその他の事件は、こういった言葉がきっかけとなった）。

そのため、子どもが気にかかる発話をしてきたときは、子どもの口を封じるのではなく、聞かれた本人が開示をするのでもなく、まずは心を落ち着けて、誘導や暗示を与えることなく子どもから話を聞くことが重要である。

◆ 適切な対応

上述のような質問を受けたなら、ひと呼吸おいてみよう。「先生はセックスするの？」に対し「先生がセックスするか？」とリピートしてみるのもよいかもしれない。その間に、何を言うべきか、何を言ってはいけないかを考えよう。そして、まずは子どもの言葉に耳を傾けてみよう。

- 「どうしてそう思うのかな」
- 「何か心配なことがありますか」
- 「セックスって、○○君はどんなことを知ってるの？」

などと尋ねてみてもよいかもしれない。子どもが話し始めたら「うん、それから」等のオープン質問でさらなる報告を促す。

◆ 被害が疑われる場合

子どもの身に危害が及んでいる可能性が察知された場合、どうすればよいだろうか。確実な証拠がないと通告はできないと考え、あれこれ聞いてみたいという気持ちになるかもしれない。しかし、そういった聴取は子どもを誘導し、暗示にかけてしまう可能性がある。

山本（2012）は児童虐待防止法の改正に基づき、以下の1つでもあれば通告の義務がある、としている。

- 子どもの安全が脅かされている（疑い）。
- 家庭養育で子どもは安全ではない（疑い）。
- 随時・任意に子どもの安全が確認できないか、保護者が安全確認に協力しない（可能性）。

また，通告判断の根拠は「子どもの安全が損なわれている疑い」であって虐待行為や積極的加害の兆候を確認する必要はないとしている。

これを踏まえるならば，虐待の可能性を示唆する言葉を聞いた大人は，いつ，どこで，どのようなきっかけで子どもが何を言ったのかを，迅速に正確に書き留めるのがよいだろう。大人（面接者）自身が発した言葉やそのときのやりとりも正確に書き記す必要がある。質問は，詳細を尋ねるものではなく，「誰が」「どうした」程度で十分であるだろう。もしも，子どもが自発的に詳細を話してくるようであれば，録音しておくことが望ましい（携帯電話の録音機能でもよい）。

こうして子どもから情報を得たのが保護者，保育士，教師，あるいは医師等であるならば，児童相談所や警察等の専門家に相談するのがよい。児童相談所の職員や警察官も，いったんは「誰が」「どうした」程度の報告を得るにとどめ，あらためて面接の計画を立て，連携して司法面接を行うことが望ましい。

2　演習と振り返り

◆ 演　習

こういった突然の質問に対応し耳を傾ける演習をしてみよう。以下は，イギリスのメトロポリタン警察での演習をもとに作成したものであり，性的な言葉や表現に慣れるという目的も兼ねている。

偶数人の研修者（例えば12名：①～⑥と1～6とする）を想定して説明する。研修者は図14-1のように向かい合って立つ。

講師は研修者全員にそれぞれカードを手渡す（カードの内容はそれぞれ異なる。カードは手渡された本人だけが見るものとする）。カードには「先生はセックスするの？」などの質問や「キスされた」（主語や目的語がないことに注意）などの発話が1つ書かれている（その他の質問は指定のウェブサイト〔237頁〕からダウンロードできる）。研修者は，自分が子どもになったつもりで（年齢と名前は本人が任意に決める），対面している研修者に対し，書かれた質問を行う。

具体的には次のように行う。

①～⑥の人は，それぞれ対面している相手（1～6）に対し，例えば，以下

「難しい質問」の演習風景

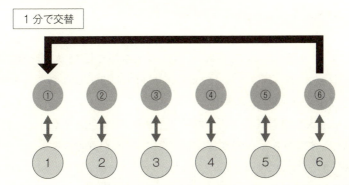

（①～⑥，1～6は，研修参加者を示す。また，矢印は1セット後の移動を示す。）

図14-1　難しい質問の演習

のように言う。

　①：私は［任意の年齢］歳，［任意の名前］です。先生はセックスするの？

相手の人は，この質問を受けた大人として，子どもから話を聞く。例えば，以下のように答える。

　1：え，先生がセックスするか？　うーん，何か気になることあるのかな。

第14講　難しい質問への対応：性的な言葉に慣れる　　255

その後，自由に会話を続ける。大人役は話しすぎないように，一問一答にならないように子どもの発話に耳を傾ける。

演習の時間は1分である。講師が「はい」と合図をしたら，子ども役と大人役は役割を変えて行う。すなわち，1～6の人が，対面している相手（①～⑥）に，例えば次のように発話する。

　　1：僕は［任意の年齢］歳，［任意の名前］です。キスされたー。

①は大人役となり，子どもから話を聞く。

　　①：そうか，そのときのことを最初から最後まで，全部お話ししてください。

同様に，1分経ったならば講師は「はい」と合図をし，1人ずつ横にずれるように教示する。①の人は2の前に，②の人は3の前に移動し，⑥の人は①の位置（1の向かい）に来る。

そして先ほどと同様に，新しい相手と1分間ずつ会話をする。このようにして8試行，すなわち①～⑥が質問し，次に1～6が質問するセットを4回行い，終了する（回数が少なすぎるとバリエーションが経験できず，多過ぎると飽きてしまう）。

◆ 振り返り

終了後，もとの席に戻り，感想を述べ合う。予期できない質問，いわゆるタブー語にも動じることなく，冷静に耳を傾けることができただろうか。

ここで扱う突然の発話の中には，実際に虐待や性被害を疑う端緒となったものもある（改変してある）。慌てて偏った質問をしないこと，誘導，暗示，圧力をかけないこと，タブー語は慎重に扱うこと，面接者が話しすぎないこと，司法面接の前に聞きすぎないことなどを確認する。

第15講
性的な内容の聴取

　第15講では，司法面接において性的な内容を聴取をする場合の留意点について学ぶ。

1　性的な行為について話してもらう

◆ 性虐待・性被害が疑われるとき
　性虐待や性被害が疑われる場合，面接者は様々な心理的体験をするかもしれない。例えば，被害児童に同情し，聞かないでそっとしておいてあげたいと感じるかもしれない。立ち入ったことは恥ずかしくて聞けない，タブーとなることを口にするのははばかられる，という気持ちになるかもしれない。また，加害したとされる人物に怒りを感じ，冷静ではいられなくなることもあるだろう。
　子どもの側も「恥ずかしくて言えない」と下を向いたり，「○○さん（面接者）も大人だから，言わなくてもわかってるでしょ」と，話をしたがらないことがある。しかし，このようなときこそ面接者はますます冷静になり，その出来事について詳細な情報を得る必要がある。このような場合に備えて，ある程度定型的な質問を考えておくことは有益である。

◆ 性的なことを話してもらう
　1つの方法は，子どもの話に出てきた出来事や事物について確認をすることである。子どもが「セックスした」「Hした」と言っても，それは抽象的なラベルであって，実際には何があったのか不明である。また，「ちんちん」「ペニス」「性器」「下のほう」「何か出てきた」などの言葉が出てきても，それをす

ぐに面接者が知っていることに置き換えてしまうことは不適切である。これらの言葉は未知の名称（X）であると考えて，次のように質問し，説明してもらう。

 面接者：私が思っている「セックス」と，○○さんが言っている「セックス」が同じかどうかわからないので，教えてください。何があったか，最初から最後まで話してください。

または，

 面接者：「セックス」をしたと言ったけれど，最初から最後までお話ししてください。一番最初は何がありましたか（以下，「次は何がありましたか」と聞いていく）。

「ちんちん」「ペニス」「性器」「下のほう」などについても，
- 「それは何をするところですか」（おしっこをするところ，などの回答が出てくれば，より明確になる）。
- 「それは身体のどこかですか」（「はい」という返事があったならば，「どこですか」と尋ねて同定してもらう）。
- 「その場所は，他に呼び名はありますか」（「ある」であったら，それを言ってもらう）。

この他，
- Xは，最初はどうなっていましたか，次はどうなりましたか。
- Xは，何をするものですか。
- 「何か出た」と言ったけれど，どんなものが出ましたか（形，色，大きさ，におい等）。

などと尋ね，記述してもらう。

 ◆ **恥ずかしくて話せない場合**
恥ずかしくて言えないとする子どもには，用紙を渡し，言葉や図で示しても

らい，そのあとで説明を求めてもよい（アルドリッジ・ウッド，2004）。また，「この部屋では，あったことは，どんなことでも話していいんですよ」と励ましてもよい。また，話してくれたならば「そのように説明してくれると，とてもよくわかります」と，話す行為についてサポートを与えることも有効である（Hershkowitz et al., 2006）。

◆ 状況，態様・行為，着衣

　私たちは，情報を収集する場合，つい「状況は？」「態様・行為は？」「着衣は？」などと尋ねてしまいがちである。しかし，状況，態様・行為，着衣，動機などの言葉は難しく，このように聞いても子どもには伝わらない。そのため，明らかにしたい事柄を尋ねるための質問を具体的に考えておくことが有効である。

〈状況〉

　例えば，「状況は？」は空間的な位置や関係性を明らかにするための質問であるかもしれない。そうであるならば，「状況は？」と尋ねる代わりに次のように尋ねることができる。

- ○○さん［被害を受けたとされる人］はどこにいましたか。
- □□さん［加害したとされる人］はどこにいましたか。
- ○○さんはどんな格好をしていましたか。
- □□さんはどんな格好をしていましたか。

〈態様・行為〉

　態様，行為については，時間軸に沿って聞いていくことで，詳細な情報を収集できるかもしれない。

- はじめから終わりまで，全部話してください。
- （出てこなければ）最初，○○さんは何をしていましたか。
- （答えが出てくれば）その後，何がありましたか（□□さんの声かけがあった，□□さんが部屋に入ってきた等が出てくるかもしれない）。
- それから何がありましたか（と続ける）。
- 終わった後は何がありましたか／○○さんはどうしましたか／□□さんはどうしましたか（服を着る，シャワーを浴びる等が出てくるかもしれない）。

〈着衣〉

着衣については「服を着ていましたか」と言えば「服を着る」、「服は脱いでいましたか」と言えば「服を脱ぐ」が誘導となる可能性がある。その場合は、以下のように尋ねればよいだろう。

・○○さんの服はどうなっていましたか。
・□□さんの服はどうなっていましたか。

◆ **詳細情報**

子どもの回答を拡張していくことで、詳細情報を得ることもできる。
・「触った」と出てきたならば「何が触った？」「何を触った？」
・「手が触った」と出てきたら「手のどこが触った？」
・「指」と出てきたら「どの指かわかったら教えてください」
・「入った」と出てきたら「何が入った？」「どこに入った？」「どのように入った？」(場所については、解剖学的に正確でなくとも、子どもがどのように認識していたかを報告してもらえればよいと考える)。

また、「服を着ていた」と出てきたが、それ以上は語られない場合「服の上からか、下からか、覚えていないか」、「手」は出てきたが、それ以上は語られない場合「手は動いていたか、止まっていたか、覚えていないか」などと尋ねることもできる。ただし、これらの質問は誘導にもなりうるので注意が必要である。行うのであれば、面接の終わりのほうで行う。

子どもは性的な知識を友人との話や、インターネット、雑誌などで得ているかもしれない。しかし、性行為の前に起きる情報(声かけ、接触等)や、行為の後に起きる事柄(始末等)の情報は、体験がなければわからないことも多いと思われる。よって、性行為の内容だけでなく、前後の事柄について情報を集めることも重要である。

◆ **明らかにすべき事柄 (points to prove)**

どのような対応をするかにより、収集すべき情報は異なる。保護や分離を行うのか、条例違反か、刑事事件なのか等、必要な要件をあらかじめ確認しておき、暗示や誘導をかけることなく情報収集ができるように準備しておく。

例えば性虐待や性被害が疑われる場合，何歳であったか（13歳未満か否か），被疑者は被害者の年齢を知っていたか，どのような場所で行われたのか（公然の場所なのか，個人宅か）などは重要な情報である。また，加害したとされる人との関係性，制圧，写真撮影，挿入，射精，発話（脅迫，口止め等），凶器の使用等は，証拠としてのみならず，行為に関する関与者の意図や動機を推測する上でも重要である。こういった情報は犯罪の重さとも関わってくるだろう。

2　面接演習4：タカシくん

◆ 準　　備

外部情報と照合できる情報を収集することを目指し，面接演習を行う。被面接者（子ども）用のシナリオは指定のウェブサイト（237頁）にある。A～Dの役割は以下のようになる。

A（子ども）：あらかじめシナリオを読んだ上で，協力的に演じる。
B（バックスタッフ）：SE3Rを作成し，得られた情報を面接計画に照らしてチェックしつつ，外部情報と照合できる情報の収集を支援する。補足質問を考える。
C（バックスタッフ）：内容の逐語的な記録を行い，得られた情報を面接計画に照らしてチェックしつつ，外部情報と照合できる情報の収集を支援する。補足質問を考える。
D（面接者）

以下のような事例とする。

・実母（32歳）：専業主婦。
・実父（32歳）：会社員。
・タカシ（8歳）：適応がよい2年生。
・サトル（18歳）：敷地内に住むいとこで浪人中。タカシの父親とサトルの父親が兄弟。

　タカシの父親とサトルの父親は兄弟であり，同じ敷地内に2軒家を建てて住んでいる。サトルは小さい頃からよくタカシの家に来ては，遊んだり，

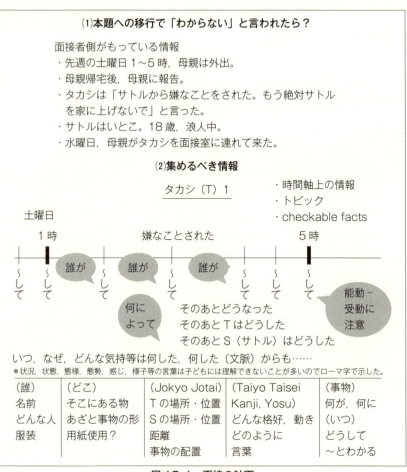

図15-1　面接の計画

食事をしたり，時にはお風呂に入っていったりする。先週の土曜日の午後1時頃，母親はタカシに留守番をさせ，1人で買い物に出かけた。5時頃帰宅したところ，タカシが玄関まで出てきて「サトルから嫌なことをされた。もう絶対サトルを家に上げないで」と訴えた。最初，母親は喧嘩をしたのだろうくらいに考えていたが，原因を聞いてもタカシは答えず，最後は顔を真っ赤にして地団駄を踏んで訴えた。母親はただごとではないと感じ，月曜日に相談機関に相談，水曜日に司法面接を行うことになった。面

接当日は母親がタカシを連れてきた。

このような事例をもとに，面接者とバックスタッフは面接計画を立てる。先の演習と同様，計画には10分程度を当てる。最初の5分はチーム4人で議論し，5分経過したところで子ども役は別室で講師からシナリオの説明を受ける（残りのチームは計画についてさらに議論する）。面接計画では，少なくとも(1)面接者側で有している情報を整理し，それをもとに本題への移行でタカシくんが「わからない」と言ったらどう質問するかを考え，また，(2)どのような情報を収集するかについて議論する。A3の用紙やSE3Rを利用してもよい（図15-1）。

タカシくんと（おそらくは）サトルくんとの間で，一昨日の土曜日の1時～5時の間に，どこで，どのようなことがあったのかを明らかにしてほしい。何があって，次に何があって，その後何が起きたのか。それからどうなったのか。仮にサトルくんが加害をしていても，サトルくんは「やっていない」と言うかもしれない。タカシくんの言うことに関し，どのような補助証拠が考えられるか，外の情報と照合できる供述を聴取することを目指す。性的な事柄が出てきたならば，その内容についても冷静に，詳細に聴取してほしい。

◆ 振り返り

終了したならば，録画を振り返りながら，以下の事柄を検討しよう。
- 一問一答になっていないか。
- 面接者が話しすぎていないか。
- 「それからどうなった」「他にもある」などのそれから質問で，子どもの言葉を引き出し，出し尽くさせているか。
- まずは時間軸上のエピソード記憶を引き出し，その後，意味記憶的な情報（人物，場所，事物等）を得ているか。
- 特に，出来事については前後の文脈情報を聴取しているか。
- 人物，場所，出来事の情報につき，「ラベル」のみでなく，外部の情報と照合しチェックできる情報を得ているか。人名に関しては姓名を得たか（関係性のある人による加害が疑われる場合，姓名がわかれば人物は同定できることが多い）。
- 性的な事柄が出てきたとしたら，その内容についても適切に聴き取ったか。

・配置図などにより，出来事と環境との一致が確認できるか。
・その場にいた人物，やりとり，これがはじめてか否かについても情報が得られたか。

コラム14　子どもの聴き取りは誰が行うか【田鍋佳子】

日本での司法面接　事件や事故の被害者や目撃者となった子どもから精度の高い事実情報を引き出すためには，司法面接が有効である。イギリスでは警察官とソーシャルワーカーが司法面接を行い，アメリカでは児童人権擁護機関（Child Advocacy Center）の面接者等が司法面接を行う。日本でも，研究者やNPOが司法面接研修を実施し，面接技術の伝達が行われ，子どもの事件に携わる機会の多い実務家，すなわち，児童相談所や子ども家庭センターの職員などの福祉関係者，警察官，検察官，家庭裁判所調査官などの司法関係者，医師，看護師，保健師などの医療従事者などが，そうした研修を通じて司法面接法を習得し，現場において活用している。

実際に司法面接研修に参加してみると実感することだが，知識として面接技術を習得することと，それを実際に面接場面でロールプレイしてみることには大きなギャップがある。事件に巻き込まれ，傷ついた子どもを目の前にして，中立的な態度を保ち，一定のプロトコルに沿ってたんたんと事実確認をしていくには，強靱な精神力を要すると推察される。司法面接法は，通常の面接に慣れた実務家であっても，度重なる訓練を積むことによってようやく習得することのできる，専門性の高い技術であるように思われる。

母親は"よき司法面接官"か？　しかし，こうした高い専門性を，特別な訓練を受けることもなく身につけているであろうと一般に信じられている存在がある。それは，"母親"という存在である。小学生の子どもをもつ保護者を対象に行った田鍋ほか（2011）の調査によると，「子どもから情報を聞き出すのに適している立場」だと判断されているのは，圧倒的に"母親"であった（図C14-1）。一方，実際に司法面接訓練を受けている実務家（児童相談所職員，警察官，医者など）を「子どもから情報を聞き出すのに適している立場」だとする評定値は低い。そこで，「子どもから情報を聞き出すのに適している立場」という意味をより明確にするため，「子どもから情報を聞き出す能力」と「子どもから情報を聞き出すべき責任」という2つの観点から再び調査を行った。その結果，能力と責任いずれについても，やはり母親に対する評定値が実務家に対する評定値よりも高かった。これは，子どもをもつ保護者のみならず，育児経験のない大学生を対象として実施した調査においても，一貫したパターンとして見られる（Tanabe, et al., 2013）。こうした意識の背景には，日本の育児社会に根強く残る母性神話の影響があるのではないかと考えられる（Tanabe et al., 2014）。

では，本当に，母親は子どもから事実情報を引き出す専門家としての能力を十分にもっているといえるのだろうか。確かに，普段から子どもとの共同体験も多い母親は，子どもが多くを語らずとも，これまでの経験をもとに，より多くの情報を読

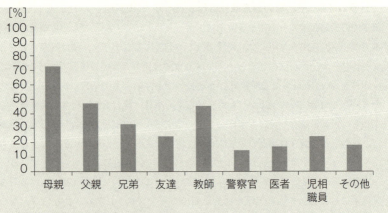

(出所) 田鍋ほか（2011）

図C14-1　子どもから情報を聞き出すのに適していると思われる職業・立場

み取ることができるかもしれない。しかし，そうして得られた情報が，果たして，司法の現場で求められる客観的事実情報といえるのかどうかは疑問が残る。子どもには，本来的に母親に好ましく思われたいという欲求があり，また母親に心配をかけたくないという配慮もあるために，無意識のうちに情報を歪曲して伝達してしまう可能性がある。また，母親も，これまでの経験による先入観から，子どもの言葉で語られていない事実を推測したり，誘導的な質問を行ったり，客観的な事実と主観的な判断とを混在させてしまう可能性もあるかもしれない。司法面接においては，保護者のように，愛着のある大人が面接に同席することには問題があると指摘されている（アルドリッジ・ウッド，2004）。こうした問題点を意識せずに，母親本人や周囲の人たちが母親の聴き取り能力を過度に信用し，専門家に司法面接を依頼する前に，母親が繰り返し子どもから話を聞き出そうとするならば，それは子ども自身の発言のみならず，子どもの記憶自体をも歪めてしまう可能性があり，大変危険である。また，母親の聴き取り能力への過信が，専門家に子どもの面接を委託する行為を妨げることもあるかもしれない。

司法面接をもっと身近な存在に　もちろん，子どもにとって一番身近な存在である母親が，子どもの異変に気づくことは多いだろう。そして「何かあったの？」と問うことは，親として自然な行為である。大事なのは，子どもが大きな事件に直面していると気づいたならば，そのことを何度も問いただそうとするのではなく，すぐに「専門の先生のところに相談に行こう」と司法面接の専門家のいる機関に子

> どもを連れて行くことである。そのためには，もっと日本の社会の中で，司法面接という言葉と意味が浸透し，一般の保護者にとっても司法面接が身近なものに感じられるようになることが大切である。現在のところ，保護者間では，司法面接が十分認知されているとはいいがたい。今後は，保育所，幼稚園，学校等を通じて，保護者に対しても司法面接の存在をアピールしていくことが必要かもしれない。

第16講
話さない子ども

　虐待や犯罪被害の疑いがあるとして面接室に連れてこられたとしても，子どもはすぐに話をするとは限らない（第12講）。こういった話したがらない子どものことを「リラクタントな子ども」（リラクタントは「〜したがらない」の意）という。また，被害を打ち明けることを「開示」（disclosure）というが，開示しない子ども，すなわち「否認」する子どもも少なくない。そして，1度は開示したとしても，「あれは嘘だった」「実はなかった」などと「撤回」（リカント）する子どももいる。ここではそういった，面接室で話さない子どもへの対応について考える。

1　話さない子どもの特徴

◆ リラクタントな子ども

　アルドリッジ・ウッド（2004）は，イギリスで行われた司法面接100事例について言語心理学的な分析を行った。彼らは，面接者が司法面接で出合う様々な困難を示しているが（例えば，語彙がない，面接者（警察官）の仕事を誤解している等），子どもが話してくれないという問題もその1つである。以下は，リラクタントな4歳女児に対する，面接の一場面である。

　　　面接官：どこで絵を描いたり貼ったりしたの？
　　　子ども：言わない。
　　　面接官：なぜお話ししてくれないの？
　　　子ども：言いたくないの。

面接官：じゃあ幼稚園の先生は誰かな？
　　子ども：言わない。
　　面接官：お友達のお名前は何かな？
　　子ども：言わない。
　　面接官：何にも話してくれないんじゃ，お話しできないじゃない！
　　　　　　（アルドリッジ・ウッド，2004，129頁）

　このような場面では，訓練を受けた面接者であっても一問一答のパターンになりがちであり，苛立ってしまうこともある。

◆ 話さない子どもの傾向

　今度はイスラエルに目を向けてみよう。イスラエルでは，NICHDプロトコルの開発に携わったハーシュコヴィツらが，その開発段階からプロトコルを導入し，1995年からは性虐待に，1998年からは身体虐待に司法面接が用いられている（ここでの「虐待」には保護者以外による加害も含まれる〔Hershkowitz et al., 2005〕）。ハーシュコヴィツらは，これらの面接の最中に子どもがどの程度虐待を開示するか，すなわち虐待があったことを打ち明けるかを検討した。1998～2002年の5年間に実施された3～14歳の男子，女子に対する司法面接2万6408件を分析したところ，全体としては性虐待，身体虐待間での開示率の差はなく（70％対60％），男子，女子の差もなかった（62％対65％）。しかし，年齢差は有意であり，3～6歳，7～10歳，11～14歳の各年齢群の開示率はそれぞれ47％，66％，73％であった。

　しかし，開示率に影響を及ぼす最も大きな要因は，被疑者が保護者（親か親の役割を担っている人）か否かであった（表16-1）。身体虐待では保護者，非保護者の差はなかったのに対し（保護者61％対非保護者63％），性虐待では被疑者が保護者である場合に低く（保護者22％対非保護者89％），その傾向は就学前児で特に大きかった。

◆ 遅れる開示

　ハーシュコヴィツらは，この調査で，年長の子どもでは被害の開示が遅れる

表16-1 イスラエルでの司法面接の開示率

年齢群	保護者			非保護者		
	3-6	7-10	11-14	3-6	7-10	11-14
性虐待（N）	158	891	2865	3446	230	222
％	15.4	75.2	90	93.2	20.6	28.5
身体虐待（N）	1599	140	317	224	4176	2903
％	46.8	56.7	66.3	63.3	63.4	66.9

（出所）　Hershkowitz et al.（2005）, Table 3 より作成。

ことも示している。4〜5歳児では，開示された事案の90％は1か月内に起きた出来事であった。しかし，6〜13歳児では，開示された事案の3分の1が半年以上前の出来事であった。

開示の遅れについては，伊東・武井（2008）による調査結果も参考になる。伊東らは，性虐待があったとして保護された7〜17歳の女子10人の予後を調査した。この10人の事例では，虐待期間は2か月から8年であり（平均4.8年），8例では数年間に及んでいた。これらの子どもは抑うつ，解離性障害，不登校，自傷，性的逸脱行為，多動，家出など，虐待の影響だと考えられる問題を抱えていたという。

ソレンセンらは性虐待が疑われる630事例から，特に強い疑いのある116事例を選び，開示の傾向を分析した（Sorensen & Snow, 1991）。これら116事例の80％は被疑者による自白ないし有罪答弁があり，14％は有罪判決が出され，6％は医学的証拠があるものであった（第13講の補助証拠を参照のこと）。その結果，事案の74％が偶然発覚したものであり（例えば，子どもと加害者が同じベッドで寝ているところが発見された），本人自らの開示は23％であった。また，29例につき開示の過程を追跡したところ，開示は①否認（虐待被害を否定すること），②曖昧な開示，③積極的な開示，④撤回，⑤再肯定という過程を経て進むこと，否認は事例の4分の3で見られることなどが示された。

◆ 報告が少ない理由

なぜ，性虐待（日本でいう保護者による性加害）の開示は少なく，また遅れる

のだろうか。ハーシュコヴィツらは先行研究に基づき，その理由を以下のようにまとめている（Hershkowitz et al., 2006）。

・家族を守る。
・秘密を守るよう要請されている。
・責任や罪悪感をもっている。
・恥や恥ずかしいという気持ちがある。
・恐怖，ネガティブな結果を恐れて。

　また，ニーダーバーガーは，性虐待が長期化し，開示が遅れやすい理由として，加害者が暴力や脅しなどの「力」ではなく「愛情」を使うことを挙げている（Niederberger, 2002）。彼は，子ども時代に性虐待を受けたとされる20～40代のスイス人女性980人を対象とし，加害者がどのような手段で虐待を行っていたかを調査した。その結果，加害者は，暴力や脅しなどの「力」よりも「愛情」を用いて子どもを統制すること，例えば「～してくれたら，君は僕のお気に入りだ」「～してくれないと君のことは好きではない，他の誰かを好きになる」「君以外に僕のことを好いてくれる人はいない」などの「愛情の安売り（バーゲン）」によって子どもを統制することが多い，という結果を見出した。

　暴力や脅しなどの「力」が用いられた場合，子どもは「もう嫌だ」と被害を表出しやすい。しかし，「愛情」がある場合，表出は困難になり，発覚も難しくなる。先の伊東・武田の研究でも，加害を認めた親の4人がスキンシップ，かわいさから等と述べた。「愛情」を隠れ蓑にした性虐待は，子どもを欺き，虐待を虐待と認識できなくする力をもっているといえるだろう。

　なかには，子ども自身が自ら進んで虐待者との関係性を続けているように見えるケースもあるかもしれない。しかし，グローヴァーは，それを次のように分析している（Grover, 2003）。

・絶対的な力の差異：大人と児童・青年の間には明確な力の差がある。子どもは選択する可能性，選択しない可能性，その結果生じる利益や損害のすべてが示されて同意するわけではなく，同意をさせられている可能性がある。
・合理化：虐待が保護者等によって行われている場合，子どもは「信頼すべき大人」と不適切な行為を行っているというネガティブな感情を抱く。し

かし，それでは不適応に陥ってしまうため「自分はこの行為を進んで行っているのだ」と自ら誤解し，それを信じている可能性がある。
・情動的な依存：子どもは，信頼すべき人に対して情動的に依存している。そのため，自分は加害者が嫌いなわけではない等の誤った認識をもっている可能性がある。

グローヴァーはこれらの考察に基づき，子どもは被害を受けていても，それを報告しにくくなっているとしている。

子どもがリラクタントな場合，私たちは「防衛的だ」「コミュニケーションがとれない」「私のことが嫌いなのではないか」などと，子どもに対してネガティブな気持ちを抱いてしまうかもしれない。しかし，それは妥当ではない。子どもは話せないだけの多くの理由を背負っている可能性がある（もちろん，疑われる事実がないという可能性もある）。

2　子どもが話さない場合，面接はどうなるか

◆ イスラエルの研究

冒頭の例にもあるように，子どもが話さないとき，面接者はつい WH 質問やクローズド質問を繰り返したり，苛立ったりしがちである。このことにつき，ハーシュコヴィツらは興味深い研究を行っている（Hershkowitz et al., 2006）。先述の 2 万 6000 件の性虐待，身体虐待に関わる司法面接から，外的証拠（第 13 講），すなわち医療的証拠，物理的証拠，第三者による目撃情報，中立的な人（教師，カウンセラー）への明確な開示，被疑者の自白等に照らし，実際に虐待があった可能性が高いと推定される 100 件を選び，その面接過程を分析したのである。ただし，100 件のうち 50 件は面接の中で性虐待／身体虐待の開示がなされ，残り 50 件では開示がなされなかった（疑われる事案の内容や加害したとされる人との関係性は，開示のあった 50 件となかった 50 件とで等しくなるよう統制されている）。

まず，子どもの発話の形式を見てみよう。子どもの発話は「情報あり」（質問への適切な応答）と「情報なし」に分けられた。「情報なし」には以下のようなものがある。

- 省略：答えがない，聴き取れない，話せないことを謝る，「知らない」「覚えてない」「わからない」，逆質問（「どういう意味？」）等。
- 脱線：要求されていることとは関連のない反応。例えば，
  面接者：何歳ですか。
  子ども：クラスのお友達，お行儀が悪いの。
- 置き換え：「本題への移行を求める発話」に対する，期待されない，または関連のない申し立て。例えば，
  面接者：今日はどうしてここに来ましたか。
  子ども：クラスの子が私に石を投げた。
  あるいは，怪我に対する不適切な説明。例えば，
  面接者：あなたがやけどをしたっていうお医者さんの診断書があるんだけれど……。
  子ども：転んでホットプレートに当たった。
- 抵抗：話したくないという意思表示。「話したくない」という発話や，マイクのコードを引き抜いたり，面接室を出ていく等。
- 否認：問題となっている出来事／前の会話／以前開示したことは，実際にはなかった，あるいは前の開示は「嘘」だったと言う（ハーシュコヴィッツらは「否認」と呼んでいるが，通常は「撤回」と呼ばれることが多い）。

次に，面接者の発話を見てみよう。面接者の発話は，サポーティブな発話か否かに分析された。サポーティブな発話とは以下のようなものである。
- 暗示のない，ポジティブな強化：話の内容には言及することなく「よくお話しできてるね」等と励ます」。
- 「あなた」ではなく個人名で呼ぶ：「ダン君，そのことを全部お話しして」等。
- 感情に言及する：「話すのがつらいことはよくわかるわ」等，（出来事の内容ではなく）話す行為に関する子どもの感情に言及する。
- 促し：「そうか」「それで」等。

サポーティブでない発話とは以下のようなものである。
- 対立：外部情報に言及したり（「だけど，警察の人は○○（詳細情報）って言っ

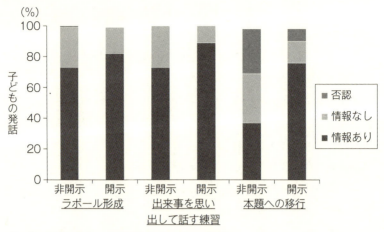

(出所) Hershkowitz et al., 2006 の Table 3 から作成。

図 16-1 虐待の開示があった子どもとなかった子どもの発話

てたわよ」),矛盾に言及する(「何もなかったと言っているけれど,だったらこの手のやけどはどう説明するの？」)。

・「よい結果」への言及：「お話ししてくれたらすっきりするわよ」「お話ししてくれたら助けてあげられるわ」等。

・「悪い結果」に警告を発する：「お話ししてくれない子は助けてあげられないわ」等。

・否定的な言葉：子どもの態度に対し,ネガティブなことを言う。「よそ見してるわね」「テープレコーダーは触らないで」「ちゃんと座って！」「声が小さすぎるわ,聞こえないもの」等。

ここでの対立や,「よい結果」「悪い結果」への言及は,多くの研究で誘導・圧力・暗示と呼ばれているものと重なる。

◆ 子どもの発話,面接者の発話の推移

虐待の存在を開示した子どもと開示しなかった子どもとの違いは,どの時点で現れるのだろうか。図 16-1 は,開示した子ども 50 人(開示群)と開示しなかった子ども 50 人(非開示群)のラポール形成,出来事を思い出して話す練習,本題への移行段階の発話を示している。「情報あり」とあるのは,問題となっ

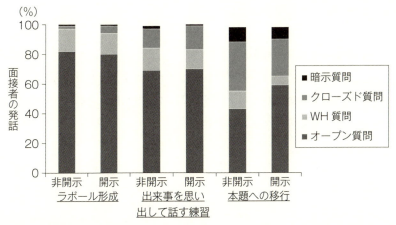

（出所）　Hershkowitz et al., 2006, table3 から作成。

図 16-2　虐待の開示があった子どもとなかった子どもに対する面接者の発話

ている出来事に関する人物，事物，活動を内容として含む発話である。「情報なし」とあるのは，上述の省略，脱線，置き換え，抵抗であり，否認のみ別に示してある。

図 16-1 に示されるように，ラポール形成の段階では，各情報について開示群と非開示群に有意な差はなかった。しかし，出来事を思い出して話す練習の段階では開示群で「情報あり」が増えるのに対し，非開示群では「情報あり」の量は変わらず，両群の差は有意となっている。そして，本題への移行段階では，非開示群の「情報あり」の割合は大きく落ち込んでいる。

こういった違いは，面接の仕方によって生じるのだろうか。図 16-2 に面接者の発話（オープン質問，WH 質問，クローズド質問，暗示質問の割合）を示す。ラポール形成，出来事を思い出して話す練習，本題への移行の段階を比較してみよう。ラポール形成の段階では開示群の面接者，非開示群の面接者に差はない。両群とも発話の 8 割はオープン質問である。WH 質問にも差はない。出来事を思い出して話す練習では，上述のように，子どもの側には開示群，非開示群に差が見られたが，面接者の発話には差はない。両群とも 7 割がオープン質問である。しかし，本題への移行段階になると（ここで，非開示群の子どもにおける「情報あり」の割合は大きく落ち込む），非開示群の面接者のオープン質問が減り，

WH質問やクローズド質問が増える。

◆ **話さない子どもへの面接に関する示唆**
こういった結果から，以下のような示唆を引き出すことができるだろう。
　まず，出来事を思い出して話す練習の段階で，開示群，非開示群の子どもの発話には有意な差が生じた。このことから，

　　子どもが開示するか否かは，出来事を思い出して話す練習のところである
　　程度予測できる。

エピソード記憶の練習において，子どもの発話が明らかに少ないようであれば，面接をここで終了し，次の機会に面接を行うことを考えてもよいかもしれない。本題に入らない限り，子どもの記憶が面接により汚染されることはなく，次の面接に期待することができるからである（コラム8参照）。
　また，子どもの発話と面接者の発話から，以下のようなことが示唆される。

　　子どもが開示するか否かは，面接者の質問の仕方とは独立に起きる。

子どもからの開示がないと，面接者は「私の面接が悪いから話さないのだ」と，その原因を自分に帰属させてしまうかもしれない。しかし，少なくとも出来事を思い出して話す練習の段階までは，面接者の発話に違いはなかった。このことから，面接の仕方が悪いから子どもが話さなくなるわけでは必ずしもない。
　加えて，面接の仕方に関して，もう1つ重要なことが示唆される。

　　子どもが話したがらないと，面接者のオープン質問が減少し，WH質問や
　　クローズド質問が増加する。

子どもが話さないからと，面接者が次々と質問を行えば，子どもはさらに口を閉ざしてしまうかもしれない。また，クローズド質問によって面接者の口から情報が提示されれば（「叩かれた？」の「叩く」等），子どもの記憶は汚染され，

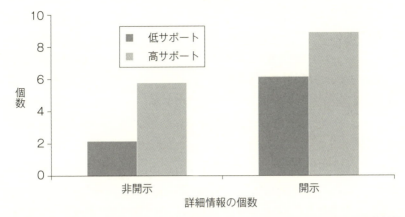

図 16-3 サポートが低い場合と高い場合における，非開示群，開示群の詳細情報数

後に子どもが開示しようとしても正確な情報が得られにくくなるかもしれない。子どもが話したがらないときこそ，面接者はオープン質問に徹する必要があるといえるだろう。

　事実，ハーシュコヴィッツらは，非開示群，開示群によらず，最も多くの情報を引き出したのはオープン質問であることを示している。開示群で得られた詳細情報数は，オープン質問，WH質問，クローズド質問の順に9.23, 5.58, 1.25であり，非開示群で得られた情報は，順に6.28, 2.62, 1.26であった。このことは，子どもが開示しなくても，オープン質問を心がけることが効果的であることを示している。

　さらに，サポーティブな発話（273頁）も重要である。図16-3は，非開示群，開示群において，面接者によるサポーティブな発話が相対的に多かった面接と少なかった面接での詳細情報数を示している。全体として，非開示群のほうが開示群よりも詳細情報の産出は少ないが，それでもサポーティブな発話があるほうが，より多くの情報が産出されている。第7講で見た被疑少年，被疑者（被疑少年，被疑者は話したがらないことが多い）の聴取においても，オープン質問は功を奏することが示されている。面接者の力量は，どの程度オープン質問を維持できるかにかかっているともいえるだろう。

3 その他のアプローチ

◆ 話しやすいことを話してもらう

リラクタントな子どもに対しては，他のアプローチも可能かもしれない。例えば，ラポール形成での話題に戻ったり，あるいは出来事に関することであっても，中核ではなく，話しやすいところから話してもらうという手がある。

本講第1節で見たように，子どもは話すことでネガティブなことが起きるのを恐れて，あるいは脅されていて，話ができないのかもしれない。また，恥ずかしいという気持ちをもっており，あるいは，相手である人物を恋人だと思っていて，話したがらないのかもしれない。それでも，例えば病院に行ったときのエピソードであれば話せるかもしれない。話してもらえそうなことの中にきっかけがあれば，本題に入ることができるかもしれない（きっかけがあれば，躊躇することなく，本題に入る）。

　　面接者：お医者さんに行ったと聞いたんですが，その時のことをお話しして
　　　　　ください。
　　子ども：地下鉄で行った。
　　面接者：お医者さんで何があった。
　　子ども：ずっと待ってて。
　　面接者：うん。
　　子ども：やっと呼ばれて。
　　面接者：うん。
　　子ども：診察してもらって。
　　面接者：うん。
　　子ども：あと，お医者さんと話しして。
　　面接者：うん。
　　子ども：で，終わり。
　　面接者：どんな話をしましたか。
　　子ども：え，「セックスしたの」とか。

面接者：そうか。で，○○さんは何と答えたの？
子ども：え，「はい」とか？
面接者：そうか。相手は誰ですか。

　また，具体的な出来事（エピソード記憶）は語れなくとも，意味記憶に属するスクリプト（出来事の流れ）やルーチン（日課）ならば話せるかもしれない。例えば，家族のこと，食事，お風呂，就寝などについて話してもらうなかで，いつも「おじさん」とお風呂に入る，寝る時も「おじさん」と一緒である，などの情報が得られるかもしれない。こういうところから出来事の報告を求めるきっかけを見つけられるかもしれない。
　また，家族のことを順に話してもらうなかで，本題に入るきっかけが得られるかもしれない。

面接者：お母さんのこと，どんなことでもお話しして。
子ども：普通。
面接者：普通ってどんなふう？
子ども：仕事で忙しくて。ご飯は作ってくれるけど。
面接者：他にもある？
子ども：結構，いらいらしてて。ときどきは優しいけど……。
面接者：どうもありがとう。お母さんのこと，よくわかりました。では，お父さんは？
子ども：お父さんはもういない。お母さんが追いだしたから。
面接者：そうか。じゃ，どうしてお母さんが追いだしたか，お話しして。

◆ 話せない理由を話してもらう
　なかには「話せない」「話したくない」という子どももいるだろう。あるいは，口止めや脅しによって話せない可能性もある。このような場合は，「話さない理由があったら教えてください」「話したら，どうなると思いますか」などと尋ねることもできる。

面接者：何か話せないことはありますか。
子ども：ある。
面接者：話せない理由があったら，教えてください。
子ども：言ってはダメと言われたから。
面接者：誰が言ってはダメと言いましたか。

面接者：話せない理由があったら，教えてください。
子ども：話さなかったらお家に帰れるんでしょ。

　また，以前は誰か（教師，友人等）に話していたものの，いざ面接となったら「あれはなかった」「嘘だった」と口を閉ざしてしまう子どももいる（撤回，リカント，あるいはリトラクトなどともいう）。この場合も，以前は何と話していたのか，「今は嘘だと思う」理由は何かを話してもらえるかもしれない。

子ども：あれは本当のことじゃないから。
面接者：うん，今，本当のことじゃないと言う理由があったら，教えてください。
子ども：本当じゃないほうが，みんなにとって都合がよいから。

子ども：あれは嘘だった。
面接者：うん。嘘ということはわかったけれど，前は何と言っていたかお話ししてください。
子ども：あれは嘘だったんだけど，そのときはこういうふうに言ってたんだよね……。

　上の例では，「そして」「それで」と聞いていくなかで，虐待の可能性を示唆する詳細情報が語られるかもしれない。

4　話さない子どもへの面接演習

◆ 手続き

ここでは2人ずつペアになり、「話さない子ども」への面接を試みる。第2節で見たように、子どもが話さないとき、私たちは次のような態度をとりがちである。

・WH質問やクローズド質問をしてしまいがちになる。
・子どもに対してとまどいや否定的な感情を抱きがちである。

このことを経験するとともに、以下のことを心がける。

・オープンな質問を行う。
・サポーティブな発話を行う。例えば、「○○さん、もっと詳しく話してください」と名前を入れて呼びかけたり、「そのように話してくれるとよくわかります」などと励ます。
・話せそうなところ、話しやすいところを話してもらう。

◆ 話さない子どもへの面接演習と振り返り(1)

Aが「面接者」、Bが「被面接者」となり、ペアを作る。同様に、Cが「面接者」、Dが「被面接者」となり、ペアを作る。シナリオは以下のようなものとする。

> サチ子さん（14歳）は、実母、義父の父親（「お父さん」）と住んでいる。身体の異常から病院で受診し、性感染症に罹患していることが判明した。母親は、性感染症のキャリアである「お父さん」との性交渉があったと考え、「お父さん」との関係を問いただそうとしたが、サチ子さんは「お父さん」を「恋人」と認識しており、話をしない。そこで母親は、サチ子さんを相談機関に連れてきた。
>
> サチ子さんは活発でがんばり屋であり、勉強もよくできる。「お父さん」とのこと以外であれば何でも話をするが、「お父さん」とのことを聞こうとすると口を閉ざしてしまう。

このような設定のもとで，面接者は「今日はどうしてここに来ましたか」から面接を開始することにしよう（サチ子さんは，実質的なことは何も話さない。それ以外のことであれば話をする）。2分間たったら終了する。

どうであっただろう。4人組になり，話し合ってみよう。
・面接者は苛立ちや否定的な感情を体験したか。
・そのような感情が起きても，オープンな発話，サポーティブな発話をすることができたか。
・被面接者はどのように感じたか。
・被面接者はどのような質問／態度に対し，話すまいと思ったか，あるいは話してもよい，と思ったか。

◆ **話さない子どもへの面接演習と振り返り(2)**
話さない子どもに直接問題となる事柄（「お父さんと何があったのか」）を尋ねても，否定的な態度しか得られない。対立することなく，ラポール形成に戻ったり，あるいは被面接者が話しやすい事柄から話してもらうことを試みる。例えば，次のようなトピックについて話してもらう。
・日常生活。
・家族のこと。
・話せない／話さない理由。
・話せそうなエピソード。

話せそうなエピソードとしては，「病院に行った日のこと」もあるかもしれない。「それで」「それで」と話をしてもらううちに，子どもは話してもよいか，という気持ちになるかもしれない。また，「医者からセックスしたのと聞かれた」などと出てくれば，「何と答えましたか」から「あると答えた」などと本題に近い情報が得られるかもしれない。このようなチャンスが訪れたならば「相手は誰ですか」と尋ねればよい（WH質問であるので，誘導にはならない）。聞きにくいからといって触れないのではなく，チャンスがあれば問題となるトピックに移行することが大切である。

では，再度，役割を変えて演習を行ってみよう。今度はBが「面接者」，C

が「被面接者」となり，ペアを作る。また，Dが「面接者」，Aが「被面接者」となり，ペアを作る。まったく同じシナリオだが，振り返りで話し合ったことも参考にしながら，再度「今日はどうしてここに来ましたか」というかたちで開始する。時間は2分とする。終了したならば，上記と同様に，振り返りを行う。最初の演習との違いがあれば，どう違ったかについても話し合ってみよう。

◆ まとめ

以上，話さない子どもに直面した場面を想定して演習を行った。しかし，現実的には，子どもの反応はある程度予測がつくものである。その場合は「面接の計画」で検討したように，子どもが「わからない」と言った場合の質問を準備し，最低限何を確認するか計画を立ててから面接を行う。事前にロールプレイをしてみるのもよいだろう。

また，第2節で示唆したように，話さない子どもの徴候は，出来事を思い出して話す練習の段階で把握できる可能性がある。この段階で困難を感じるようであれば，そこで面接を打ち切ることも不可能ではない。そうすることで，「本題」をほのめかすことなく，次のチャンスを待つことができる（この場合，子どもにとっては少なくとも卑近な出来事を思い出して話す練習ができたことになる）。

このように，面接を複数回に分けることを拡張司法面接（Extended Forensic Interviews）という。同じ題材について面接を繰り返すことは精神的な2次被害につながり，供述を不正確にする。しかし，出来事を思い出して話す練習を2度に分けて行うことは次善の策としては悪くない。

なお，疑われる被害が大きく，面接が1度では終わらないと予想される場合は，同じことを2度に分けて聞くのではなく，事案を分けて（この事案については，1回目，その後の事案については2回目等）面接を行うほうが混乱が少ない場合もある。それでもできるだけ回数を少なくする努力は必要である。

5 面接演習5：ユリカさん

◆ 準　備

ここでは今まで学んだことを活かし，面接演習を行うことにしよう。被面接

者（子ども）用のシナリオは指定のウェブサイト（237頁）からダウンロードできる。A～Dの役割は以下のようになる。

A（面接者）。

B（子ども）：あらかじめシナリオを読んだ上で，協力的に演じる（リラクタントではない）。

C（バックスタッフ）：SE3Rを作成し，面接の計画に沿って得られた情報をチェックする。また，補足質問を考える。

D（バックスタッフ）：内容の逐語的な記録を行い，面接の計画に沿って得られた情報をチェックする。また，補足質問を考える。

次のような事例であったとする。

・父：40歳（会社員）。
・母：37歳（小学校教員）。
・一子：タカシ 15歳（中学3年）。
・二子：ユリカ 7歳（小学1年）。

　×月×日の朝，市内の学童保育所の職員から相談機関に電話があった。保育しているスズキユリカさんがきょうだいから性虐待を受けている可能性があるとの相談であった（日本では虐待は保護者による加害と定義されるので，厳密には「虐待」という範疇には入らない。きょうだいからの加害は，ネグレクトとして処理される可能性がある）。職員によれば，3日前，ユリカさんは室内の隅で数人の女児と会話をしていた。職員が通りかかったとき，ユリカさんは他の女児に「タカシにいちゃんがノノさんをさわるの」と言い，女児らは意味ありげに反応していたという。「ノノさん」が何かは不明だが，性器を指している可能性があると思い相談した，とのことであった。「タカシにいちゃん」とはユリカさんの兄である。

　近年きょうだい間の問題が多発していることから，相談機関ではユリカさんに司法面接を行うこととした。通告のあった翌日，相談機関の職員が当該学童保育所において実施する。

　以上のような事例をもとに，面接者とバックスタッフは面接計画を立てる。

これまでの面接演習と同様，計画には10分程度を当てる。最初の5分は4人のチームで「わからない」と言われたらどうするか，どのような情報を収集するか等をSE3Rを利用しながら計画する。5分経過したところで子ども役は別室で講師からシナリオの説明を受ける。特に以下の点に注意して計画を立ててほしい。

- ユリカさんの言葉は「さわる」（さわったではなく）である。これはルーチン，あるいは意味記憶である可能性があるので，特定の出来事について聴取するよう気をつける。
- 「ノノさんをさわる」だけに焦点化せず，性的な加害が疑われるようなことがあれば，その内容ならびにその前後のことを話してもらう。時間軸に沿って，最初から最後まで聴取するように計画を立てる。
- 「ノノさん」の意味を明らかにする。
- 外部の情報と照合できる情報（checkable facts）を求める。
- 仮にタカシ君が「僕は何もやっていない」と言ったとき，タカシ君の言い分とユリカさんの言い分のどちらがより信用性が高いと推察できるか，判断できる情報を収集する。

◆ 振り返り

終了したならば，録画を振り返りながら，以下の事柄を検討してみよう。

- 面接者が話しすぎていないか。
- 一問一答になっていないか。
- 「そういうことがあったのは1回か1回よりも多いか（はじめてか，はじめてではないか）」と尋ねることで出来事の分割を行い，特定の1回に焦点をあてて聴取したか。
- まず，時間軸上のエピソード記憶を引き出し，その後，意味記憶的な情報（人物，場所，事物等）についての詳細情報を得たか。
- 「そして」「それで」と，子どもの言葉を引き出し，出し尽くさせたか。
- 「ノノさんさわる」だけに固執せず，関連する他の出来事があれば，その出来事についても聴取したか。
- 出来事の前後の文脈情報も聴取したか。

・「ノノさん」は何か明らかになったか。
・性的な事柄が含まれていたならば，何があったかをたんたんと，しかし詳細に聴取できたか。
・仮にタカシ君が「僕は何もやっていない」と言ったとき，タカシ君の言い分とユリカさんの言い分のどちらがより信用性が高いといえそうか，判断できる情報が得られたか。

コラム15 「だいたい」と「正確に」：報告レベルのコントロール 【佐々木真吾】

目撃証言を聴取する際，報告者は覚えている事柄をそのまま報告するのではない (Fisher & Geiselman, 1992)。例えば，その場にいた人数を答える際に，ある時はだいたいであっても正確さを重視して，「100人くらい」と粗く回答するかもしれない。逆に，ある時は詳細さを重視して，「101人」と特定の人数を回答するかもしれない。つまり，報告者は面接者の期待に応じて，報告する情報の正確さと詳細さをコントロールしていると考えられる。

それでは，子どもは上記のような報告内容のコントロールが可能なのであろうか。とりわけ，面接者の期待に応じて，詳細な回答や粗い回答ができるのであろうか。佐々木・仲 (2014) では，"だいたいでよいので教えてください"と"できるだけ正確に教えてください"という，異なる詳細さの報告を求める教示を用いて，児童の異なる詳細さで報告するスキルの発達について，小学校1年生と4年生を対象に検討した。以下，佐々木・仲 (2014) について紹介し，司法面接への示唆を述べる。

研究1では，「だいたい」で尋ねる概ね群，「正確に」で尋ねる正確群，単に課題の質問のみを行う統制群を設けた。課題は以下の4つであった。(1)個数：赤，青，緑，黄色の丸が多数描かれた図版を用い，各色の丸の数を尋ねた。(2)長さ：身長の異なる複数の動物が描かれた図版を用い，各動物の身長を尋ねた。(3)色：異なる単色の服を着た動物が描かれた図版を用い，各動物の服の色を尋ねた。(4)場所：部屋の中に複数の事物が配置された図版を用い，各事物の場所を尋ねた。実験では，まず1分間，参加者に課題の図版を見てもらった。その後，概ね群では，例えば「赤い丸は何個ありましたか？『だいたいでよいので』教えてください」と，主たる質問に「だいたい」を加え回答を求めた。同様に，正確群では質問に「正確に」を加えて，回答を求めた。

その結果，個数では，概ね群で，「5個ぐらい」などの粗い回答が多かった。また，これらの粗い回答は4年生のほうが1年生よりも多かった。長さでも，4年生のほうが1年生よりも粗い回答が多かった。しかし，色と場所では年齢と教示の違いは見られず，「赤，黄色」などの単色の回答，「椅子の横，下」などの位置を簡単に述べる回答が多かった。以上の結果から，児童は，個数については教示に応じた詳細さのコントロールが可能であるといえる。また，1年生は4年生に比べて「○○ぐらい」などの大雑把な回答表現を作れない可能性が示唆された。

研究1では，長さ，色，場所では，教示に応じた異なる詳細さの報告が見られなかった。これは，「だいたい」「正確に」だけでは，その意味が理解しにくいからかもしれない。そこで研究2では，1つの教示の後もう1つの教示を行い，教示を対比できる状況を作った。これにより「だいたい」「正確に」の意味が際立ち，異な

る詳細さの報告が多くなるかもしれないと考えたからである。なお，順序の影響を考慮し，"だいたい－正確に"の順で尋ねる概ね先群と，"正確に－だいたい"の順で尋ねる正確先群を設定した。

　研究2の課題は，研究1と同様だが，概ね先群では，課題の図版を1分間見てもらった後，「だいたい」で回答を求め，その後，同じ課題について「正確に」の教示で再び回答を求めた。正確先群では，逆の順序で回答を求めた。

　その結果，個数では，「だいたい」で粗い回答が多く，また，「正確に」で「21個」など単一数字の回答が多かった。とりわけ"だいたい－正確に"と尋ねる概ね先群でこの効果は顕著であった。長さ課題でも，概ね先群の「正確に」で単一数字の回答が多かった。さらに，色課題では「正確に」で「明るい黄色，暗い緑」などの明度・彩度に言及する詳細な回答が多かった。場所においても，「正確に」で左右や斜め等に言及する詳細な回答が多かった。これらの効果は，"だいたい－正確に"と尋ねる概ね先群と4年生で顕著であった。

　以上の結果から，両教示を対比させることにより，児童は，長さ，色，場所においても教示に応じた詳細さのコントロールが可能になったといえる。このことから，児童は教示をそれ独自の意味で捉えているというよりも，相対的な対比の中で捉えている可能性が示唆された。また，概ね先群でこの効果が顕著だったことから，「最初は粗く次に詳細な回答を求める」という質問の在り方は，報告の仕方に関する児童の期待と合致するといえるかもしれない。さらに，学年差もあることから，異なる詳細さで報告するスキルは，年齢とともに発達する"認知的能力"と関わっていることが示唆される。

　佐々木・仲（2014）より，子どもへの司法面接場面では，まず概略を尋ね，次に詳細を尋ねることで，異なる詳細さの2種類の情報を得ることができると推察される。しかし，ゴールドスミスらは，詳細な回答は具体的だが誤りとなりやすく（例えば，17個と報告したが，実は16個など），粗い回答は誤りとはなりにくいが具体性に欠ける（例えば，17個を20個くらいと報告するなど）という関係があることを指摘している（Goldsmith et al., 2002）。司法面接の場面では，子どもの異なる詳細さで報告するスキルと，ゴールドスミスらの指摘を考慮し，求める情報の正確さ，詳細さに応じた質問を構成する必要があるだろう。

第17講 質疑

　ここでは，研修や問い合わせ等で質問されることの多い事柄について筆者の考えを述べる。どのような問いにも「正解」はなく，最善，あるいは次善の策を選ぶということになる。AにするかBにするか悩む場合は，実証的な研究結果を参照し，それでも判断に迷うときは，基本（正確な情報を精神的な負担を最小限にしながら聴取する）に従うのがよいだろう。正当な根拠や理由があればよいと考える。

◆ 準備・背景

問：面接室におもちゃや心をなごませるものを置く必要はないか。
答：面接室は，暖かいけれども（色などで工夫），シンプルであり，注意をそらすもの（ディストラクター）が少ないほうがよい。特に子どもが小さい場合は，どのようなものでもディストラクターになりうるので注意が必要である。スリッパもおもちゃになってしまう。

問：録音・録画はなぜ必要か。カメラを向けると被面接者は萎縮するかもしれない。
答：供述のすべてを書き取ることは難しい。複数の研究が，供述の4〜5割程度しか筆記できないことを示している（Lamb et al., 2000; Westera et al., 2013 等）。特に，発話に伴う非言語的な情報（パラ言語情報ともいう），すなわち声音，抑揚，間，表情，動作等は筆記で残すことは困難である。被面接者から得られる情報をすべて確実に記録しておくには録音・録画は不可欠である。
　カメラが圧力にならないかという点については，まったくならないとは言え

ない（ある実験では，実験参加者に圧力をかけるために「カメラで録画する」と伝えた）。しかし，昨今の録音・録画機器は小型化され，レンズをむき出しにしない工夫も可能であり，圧迫感を低減することができる。また，圧迫感があったとしても，正確に記録するための道具であると説明することで，被面接者の不安を軽減することもできるだろう。実際，面接では，最初は気にかかっていても（カメラのほうをちらちら見る等），やがては気にならなくなるようである（カメラを見なくなる）。また，録画されているほうがよく話せるという被害者，被疑者もいる。被面接者が「撮影は嫌だ」と言う場合は，どうしてそう思うのか理由を尋ね，負担感を減らす方策があれば，それを実行するとよいだろう。

問：司法面接を行うとき，面接者の性別は考慮すべきだろうか。

答：スキル（用いる質問の種類）については，トレーニングを受けたか否かによる差はあっても，性差，経験年数の差は見られないとする研究がある（例えば，仲，2011b; Smith et al., 2009）。一方で，女性の面接者は男性の面接者よりも女児への面接においてより暗示的な質問をしがちであること，男児へのでは面接者の性差は見られないこと，などを報告している研究もある（ただし，この研究で分析された面接にはNICHDプロトコルによらない面接も含まれていた。NICHDプロトコルによる面接では性差は低減されていた〔Lamb & Garretson, 2003〕）。

一般的には，加害したとされる人が男性の場合は，女性の面接者が面接を行うことが多いかもしれない。また，母親から虐待されていたというような子どもには，男性が面接を行うのがよいかもしれない。しかし，ラムらによる上記の研究では，年長の女児においては（加害者が男性であったケースでも）男性の面接者がオープン質問を行ったときにより多くの情報が得られた。よって，子どもの意向や機関のリソースを踏まえ，ケースバイケースで判断するのがよいと思われる。いずれにしても，事前に子どもの意向を尋ね，できるだけその意向に沿うことが重要である。

問：一般的には，バックスタッフには担当福祉司は入らないほうがよいといわれるが，なぜか。

答：いくつかの理由を挙げることができる。

- 子どもと担当福祉司の関係性が強く「この人だけには知られたくない」「心配をかけたくない」といった心理がはたらくことがある（Saywitz, et al., 1991）。
- すでに一部打ち明けている場合など，前の報告との整合性を気にするなどして話せなくなることがある。
- 報告内容によって子どもへのケアの在り方が変わるとすれば（ひどい出来事があったので，より手厚いケアが提供される等），その利益のために子どもの報告が変わる可能性がある。

以上のような危険性があるため，一般には福祉司は入らないほうがよいとされる。しかし，バックスタッフの人手が足りない，面接の過程で担当福祉司の知識が必要になる（面接前では予想できないような子どもの事情について，担当福祉司に照会する必要がある等），その後の的確な支援ができないなどの理由により，福祉司が入らなくてはならないケースもあるだろう。どのようなケースであっても，理由が明確であり，子どもの安全を守るにはこうしたほうがよいという結論になったのであれば，それでよいと考える。

問：司法面接は何歳くらいまでの子どもを想定しているのか。
答：イギリスでは，被害者／目撃者となった子どもへの特別措置として司法面接が導入された。そこでの「子ども」は14歳未満，性虐待／性被害の被害者の場合は17歳未満であった（英国内務省・英国保健省, 2007）。しかし，その後，この年齢は18歳未満に引き上げられ，成人であっても知的障害，精神障害，身体障害等により面接を繰り返すことが困難である場合は，司法面接が適用可能となった（Ministry of Justice, U.K., 2011）。

子どもにとってフレンドリーな聴取法は，おそらくどの年代の人にとっても適切である。そのため，一般的には，司法面接の対象となる子どもの上限は成人に達しない年齢（未成年）ということになるだろう。思春期，青年期の子どもであっても，「大人」に比べ精神的には脆弱であり，司法面接の方法で聴取を行うのが適切である（例えば，被疑少年は成人に比べより多く虚偽自白をすることが知られている（Lamb et al., 2015）。

なお，司法面接を実施できる年齢の下限は，エピソード記憶が成立し始める

年齢だといえるだろう。これは概ね3,4歳である（Nelson, 2000）。実際，司法面接研究のほとんどは，主として3,4歳以降の子どもへの面接を分析対象としている。

問：子どもや障がい者の供述が変遷する過程，変遷しやすい状況とはどのようなものか。
答：記憶や，記憶に基づく供述の変遷は次のようなときに起こりやすいと考えられる。
・事件から聴取までの時間が長い場合（記憶が低下するばかりでなく，外部の情報が記憶を汚染する可能性も高くなる）。
・面接で誘導的な質問を行った場合（誘導的な質問とは，質問の中に面接者からの情報が含まれている質問である。例えば「白い車でしたか？」という質問には「白い車」という情報が含まれている。このような情報が記憶を汚染する）。
・面接を繰り返した場合（上記とも重なるが，前に面接で質問されたことが記憶を汚染し，それが次の面接のときに報告として語られることがある。そのために，面接を行うたびに報告が変わる）。
・面接時間が長い場合（疲れが増し，どうでもいいや，早く帰りたいなどという気持ちから，迎合することがある）。

これらに加え，「再現」（実際にどのようなことが起きたか格好や動作をさせてみること）も記憶を汚染する可能性がある。つまり，事件のときの記憶と再現で見聞きし体験したことが混じってしまい，情報源の混乱が生じることがある。

事件からの時間経過が短かければ短いほど（つまり，初期であるほど）記憶は正確である。そのため子どもや障がい者への聴取においては，初期の供述を録音・録画しておくことが特に重要である。

問：司法面接を行う前に，親や周囲の人があれこれ聞いてしまっている場合，あるいは聞こうとする場合がある。どうすればよいか。
答：親や周囲の人（以下，親とする）の言ったことが子どもの記憶や供述に影響を及ぼす可能性は大きいので，次のことが重要である。
・親に対し，子どもから根掘り葉掘り聞かないようにと告げる（記憶が汚染

され，証拠的な価値が低下する可能性があると説明する）。
- 親に対し，子どもが自発的に話した場合，携帯電話の機能などを用いてできるだけ録音しておくように求める。録音できなければ，子どもが話をし始めたときの状況や，そのときの親の発話をできるだけ正確に書き留めておくように求める（その場合も，子どもが自発的に話したこと以上は聞かないようにしてもらう）。
- 司法面接を行う場合は，面接に親を同席させない。それは親が口を挟みたくなったり，言葉を発さなくても圧力となることがあるからである。また，子どもも，親を悲しませる，驚かせる，「すきがあった」「なぜこれまで話さなかったのか」と叱られる等と考え，話せなくなる場合がある。
- 司法面接に際し，子どもに対し「これまでもお母さん／お父さんにお話ししたり，お母さん／お父さんから何か聞いたりしたかもしれませんが，今日はもう一度，何があったか，あったことをできるだけ思い出して話してください。わからないことは『わからない』と言っていいですし，前に話したことと違ってもだいじょうぶです」と告げるなどして，もとの体験を報告するように動機づける。

　これまでの聴取で記憶に汚染が起きている可能性があったとしても，今ここでの面接が本人の供述を録音・録画できる最初の機会だと考え，オープン質問を用い，できるだけ多くの情報を得る。一度誘導的な面接を行い，誤った供述がなされたとしても，その後自由再生（何があったか紙に書き出すこと：書くバージョンでのオープン質問といえる）を求めた場合，量は少ないが誤りの少ない正確な情報が得られたという実験結果もある（仲，2012a）。

問：専門家が面接をするときには，すでに周囲の大人にいろいろと聴取され記憶が汚染されていることがある。汚染された記憶をもとに戻すことはできるだろうか。

答：一度汚染された記憶をもとに戻すことはできない（戻そうとすれば，それはさらなる暗示になってしまうかもしれない）。しかし，例えば今日，司法面接を行う機会があるのならば，その時点で得られる報告を客観的に記録しておくことは重要である（明日，あさってになると，さらに汚染が進んでしまう可能性がある）。

上の問いへの答えとも重なるが，面接の冒頭で「これまでも人に話したり，人から何か聞いたりしたかもしれません。けれども今日はもう一度，そのときにあったことをできるだけ思い出して話してください」と伝えることは多少は有効であるかもしれない。また，上述のように，オープン質問で情報を得ることが重要である。そして，どのような面接についても言えることだが，供述の信用性はそれまでの聴取の在り方や，他の外的証拠に照らして判断する。

◆ 質問・面接方法

問：グラウンドルールの前にラポール形成を行うこともあると聞いたが，そうしてもよいか。

答：ドイツの構造面接，カナダのステップワイズ面接，ハーシュコヴィツらによる NICHD プロトコルの修正版（Hershkowitz et al., 2014；本書 302 頁）などではグラウンドルールの前にラポール形成を行うこととしている（ハーシュコヴィツらはそうすることが，子どもによりよく話してもらう一助となる可能性があるとしている）。面接の導入部分をこのような順序で行うことは差し支えない。

しかし，本書における「最小限の手続き」では，ラポール形成の位置はオリジナルのまま（グラウンドルールの後）としている。その理由は，①ハーシュコヴィツらの研究は，ラポール形成の位置の効果のみを調べたものではないこと（そのため，ラポール形成の位置の効果そのものは明らかではない），②筆者らの観察によれば，グラウンドルールでは面接者が多く話すが，ラポール形成，エピソード記憶の練習へと進むにつれ子どもがより多く話すようになるため順序を変えると，ラポール形成の後，再び「面接者が話す」ことになる可能性があること，③グラウンドルールでの練習（犬の名前等）が面接を開始する際のアイスブレイキングとなる場合があること，などである。

問：オープン質問（自由再生質問）と WH 質問（焦点化質問）の違いは何か。

答：オープン質問は広く自由報告（「語り」）を求めるのに対し，WH 質問は「いつ」と尋ねれば時間，「どこで」と尋ねれば場所など，限定的で焦点化された答えを要請する。WH 質問のように焦点をあてて尋ねたほうが答えを得やすい場合もあるが，最小限の情報しか得られにくいこと，多用すると，被面接者

は「質問を待つ」ようになり，自発的に記憶をサーチしなくなって思い出せるものも思い出せなくなることがある。さらに，WH質問やクローズド質問による一問一答が続くと，被面接者は尋問を受けているように感じ，疲弊してしまうこともある。そのため，できるだけオープン質問を用い，WH質問を用いるときはオープン質問と組み合わせるのがよい。例えば，「どこでしたか」というWH質問に対し，「居間です」という答えが返ってきたならば，「では，居間のことをもっと詳しく話してください」「そして」「それから」「他にもありますか」等，オープン質問を用いて拡張してもらう。

問：最初の自由報告である程度の流れがわかったのち，さらに「AからBまでの間にあったことを教えてください」などと時間分割質問をするのはなぜか。

答：被面接者が「Aがあって，Bがあって，Cがあった」と話した場合，それで十分な情報が得られたのであれば（例えば「顔を洗って，服を着替えて，朝ごはんを食べた」等，A, B, Cの時間間隔が比較的短い場合），時間分割質問を行う必要はないかもしれない。しかし，A, B, Cの時間間隔が長い場合（「朝ごはんを食べて，昼ごはんを食べて，夜ご飯を食べた」等）や，AとBの間，あるいはBとCの間に重要な出来事があった可能性がある場合は，間を埋めてもらう必要がある。また，Aの前，Cの後にも重要な情報がある場合が多いので，これらを話してもらうことも有用である。

問：それから質問（「それから」「あとは」）が使いにくいと感じることがある。どうすればよいか。

答：機械的に「それから」を繰り返すのではなく，聴取している内容に応じてそれから質問を調整するとよいだろう。

例えば，エピソード記憶（出来事の記憶）を話してもらっている場合の「それから」は，「それから／その後／それで何がありましたか」「それから／その後／それでどうなりましたか」「それから／その後／それでどうしましたか」等の形に置き換えられる（ごはんを食べた→それから／それで→歯をみがいた→それから／それで→服を着替えた→……で次なる情報が出てくるのは，「それから／それで」

第17講 質疑　295

に「何がありましたか」「どうなりましたか」等が含意されているからである)。

　一方，意味記憶（知識）について話してもらっている場合には，「それから」よりも「他には」「あとは」のほうがよいかもしれない。例えば，「その車のことを教えてください」に対し「白」という答えが返ってきた場合，「それから」よりは「その車のことで，他にも知っていることがあったら教えてください」と尋ねるほうが，さらなる情報を求められていることが伝わりやすいかもしれない。

　ただし，それ以上記憶／知識がない場合には「それから？」「あとは？」と質問を繰り返すことは圧力となり，「作話」（作り話）を引き出してしまう可能性がある。それを防ぐには，「覚えていなければ『覚えてない』，知らなければ『知らない』と言ってください」とあらかじめ伝えておくことが有効である。また，子どもが「覚えていない」「知らない」と言ったならば，「それから」質問を繰り返すべきではない。

　問：ブレイクは何分くらいまでが適当か。
　答：できれば10分程度に抑えたい。そのためには，事前の面接計画を入念に立てておくことが必要である。なお，ブレイクは，複数回とっても構わない。止むを得ず長いブレイクをとることになってしまった場合は，子どもに「長い時間待っていてくれて本当にどうもありがとう」などと配慮を示すことが重要である。

　問：ブレイクの最中に飲み物やスナックを与えてもよいか。
　答：喉の乾き，空腹，トイレ等の身体的欲求については面接開始前に対応し，面接中は飲み物やスナックは与えないことが望ましい。特定の内容について話すことへの「ご褒美」と受け止められる可能性があるからである。しかし，面接が長くなり，子どもがそのような欲求を訴えたならば，水（ジュースやスナックではなく）を与えたり，トイレに連れて行くなどは必要である。水やトイレを我慢させると，子どもは面接を早く終わらせようとして迎合したり，「わからない」を連発する可能性がある。こういった問題を回避するためにも，面接前に子どもの身体的欲求を充足しておくことが必要である。

問：クロージングの前に「このことを知っている人は他に誰かいますか」と以前の開示について確認するのはなぜか。

答：子どもがすでに話をした人がわかれば，その人物からさらなる情報を得ることができる。また，これが最初の開示であるということがわかれば，汚染の度合いは少ないと推測できる。そのため，加害したとされる人との会話や他者の存在に加え，これまでの開示についても確認する。

問：面接中，メモやノートを取ってもよいか。

答：聴取したことを全部書き取ろうとすると，書いている時間がもったいないということになる（子どもの話を聞く時間が少なくなってしまう）。また，自由報告で得られる情報は多いので，メモやノートで全部を書き取ることはできない (Lamb et al., 2000; Westera et al., 2013 等)。そこで，詳細なノートはバックスタッフに任せ，面接者は必要に応じてメモを取る程度とするのが望ましい（メモを取らなくても差し支えない）。

なお，綿密な面接計画を立てていれば「出来事の流れ」「人物情報」「場所情報」「時間情報」などの必要な情報について「出てきた／出てきていない」のチェックができるので，面接者がメモを取る要請は低減されかもしれない。また，メモを取る場合は，何を書いたか気にする子どももいるので，テーブルの上の見える場所で書くという配慮が必要かもしれない。

問：子どもから詳しい情報を得るために，人形や模型を使って再現させてもよいか。

答：人形や模型などの補助物を用いることには認知的，情動的な問題がある。

認知的な問題としては，以下のような懸念が挙げられる。第一に，事物は人の行為をアフォード（誘発）する。例えば，出ているものは引っ張りたくなり，穴のあいているものには指や手を入れたくなる。子どもが人形の性器に対してこういった行為を行った場合，それが実際の出来事を反映しているのか，誘発された行為なのかを判別することは困難である。第二に，上の問題とも関わるが，人形は現実の人間ではないため，実際にはない行為が可能である。例えば「歩く」行為の代わりに人形の身体を持ち，ぴょんぴょんとスキップさせて動

かすことがある。しかし，そのような行為は実際には起きていない可能性が高い。こういった行為は「実際にはなかった」とし，仮説に合う行為（例えば，人形の性器を触る）は「実際にあった」とするのは恣意的である。第三に，人形に対して様々な動作をさせる／見せることは，もとの記憶を汚染する可能性がある。すなわち，その動作が実際にあったのか，再現の際にした／見たことだったのか，区別がつかなくなることがある。さらに情動的な問題として，精神的な2次被害の可能性がある。例えば，等身大の人形を用いて被害者に同じ格好，同じ動作を行う／行わせることはフラッシュバックをもたらす可能性がある。こういったことにも配慮が必要であり，道具を用いての再現は，できれば行わないほうがよい。

　もしも使用するのであれば，最終手段として用いるのがよいだろう。虐待があったという開示の後，言葉で十分に説明させ，言葉だけでは不明な場合は，用紙に描いてもらうなどして説明を求める（描画は頭の中にある情報を自発的に再生する行為であり，すでに描かれたものを指で指したり，道具で説明させたりする再認よりも正確である）。それでも不明なことがあったならば，最終手段として事物を用い，局所的に説明を求めるのがよいと思われる（ミルン・ブル，2003 も参照のこと）。

　問：「良いタッチ」「悪いタッチ」を聞いてもよいだろうか。
　答：一般に，「誰かが○○を触ったか」というクローズド質問（再生ではなく再認による質問）を行うことは，「触る」という重要な情報を面接者から提示することになるので避けたほうがよい。また，良い悪いという基準が明確でない，あるいは面接者と被面接者とで一致していない可能性があることも懸念される。このことから，特に面接の最初に「良いタッチ」「悪いタッチ」を聞くことは適切ではないように思われる。まずはオープン質問で面接を開始し，何があったかを話してもらい，「触った」が出てきたならば，そのことを詳しく話してもらうことを目指すのがよいと思われる。

　問：事実だけでなく，気持ち，理由，動機などを聞くためにも司法面接の方法を用いることはできるか。

答：適切に導入を行い，面接での約束事を示し，ラポール形成や話す練習をした上で自由報告を求めるという司法面接の方法は，どのような聴取にも適用可能であり，それは気持ち，理由，動機を話してもらうためにも有効だと思われる。

一般に，気持ち，理由，動機の把握はメタ認知とも関わっており，「どんな気持ちでしたか」「なぜそうしましたか」と直接尋ねても，低学年の児童や知的障がいをもっている人には難しい可能性がある。安易で抽象的な応答や「普通」「さあ」「わからない」などの応答しか得られないこともあるだろう（アルドリッジ・ウッド，2004）。それよりも「（その行動／判断に至るまでに）何があったか話してください」と自由報告を得るほうが実質的な情報が得られる可能性がある。また，気持ち，理由，動機は後の行動（泣いた，怒った，逃げた）や希望や判断（～したかった，～しなければよかった）に表れることもある（仲，2010a）。そのため「その後どうしましたか」「その後何がありましたか」「これからどうしたいですか」などと誘いかけて話してもらうことで，気持ち，動機，理由を推定できる情報が得られる可能性もある。いずれにしても，自由報告を求めるために司法面接の方法を用いることは有用であるだろう。

問：急を要し，被害者からすぐにでも被疑者情報を入手しなければならない場合はどうするか。

答：犯人が今逃亡した等，急を要する場合はWH質問に頼らざるをえないこともあるだろう（司法面接は，典型的には通告後1週間以内に，関係機関が共同で面接計画を立てた上で実施する）。しかし，その場合も「殴られたのか？」よりは「何があった？」などとオープン質問を尋ね，子どもが「殴られた」「蹴られた」などと言ったならば，「誰／どんな人が殴った？」「誰が蹴った？」等，最小限のWH質問を行う。「背は高かった？ 低かった？」「太ってた？ 痩せてた？」とクローズド質問を行うと，質問に含まれる情報が記憶を汚染する可能性がある。出来事が「今，ここ」で起きたという場合は，最低限「誰が」「どうした」が聴取できればよいと考える。

なお，録音・録画の設備はなくとも，携帯電話の機能を用いるなどして，最低限の客観的記録を録っておくことが重要である。

◆ トレーニング

問：こういった面接技法を早く身につけたい。日常生活の中でできるトレーニング法はないか。

答：例えば，配偶者や子どもに「今日，朝起きてから今までのこと，どんなことでも全部話して」と報告を求める。「いつ？」「どこで？」「誰が？」などと一問一答にならないように気をつけながら，「うん，うん」「そうか，それから？」と促し，できるだけ長く話してもらう。これは相手にとっても「たくさん話す」練習となり，有効である。

問：子どもに話す力をつけさせるには，どうすればよいか。

答：出来事や体験の記憶やその報告の仕方には，出来事や体験に関する日常会話の質が関わっているとされる（Fivush & Fromhoff, 1988; Harley & Reese, 1999）。例えば，「いつ？」「どこで？」「誰が？」等の WH 質問を中心に会話を進める養育者の子どもに比べ，「それからどうなった？」「そして？」「それから」といった，ストーリーラインを重視する養育者の子どものほうが，出来事の記憶や報告の仕方が詳細である。話を聞いてもらうことで，話そう，記憶しておこうという動機づけが高まること，報告することで語彙が増え出来事の認識や理解が高まること，話すことで「リハーサル」ができ，よりよく覚えておけるようになることなどが関わっていると考えられる。

そのため，日頃から「確認」ではなく「話してもらう」会話を行う，すなわち出来事を思い出して話す練習を行っておくことが，子どもの話す能力を高めるために重要であるといえるだろう。こういった活動は家庭でも，幼稚園や学校でも，一時保護所や養護施設などでも行うことができる。

◆ 様々な事案・子どもへの配慮

問：面接中に別の事件の話も出てきたらどうするか。

答：子どもに余力があれば，最初の出来事についてすべて報告してもらったのち，次の出来事について「最初から最後まで全部話してください」と報告を求める。出来事には，例えば「おじさんの家でのこと」（事案1），「公園でのこと」（事案2）などと名前をつけておくと，混乱が起きにくい。

事案1について話してもらった時点で子どもが疲労しているようであれば，できるだけ近い日程で，事案2を聞く機会を設ける。この場合も導入部分（説明，グラウンドルール，ラポール形成，出来事を思い出して話す練習）は最初の面接と同様に行う。

　問：面接の終わりのほうで，重要なことが開示された場合，時間を延ばしてでも聞いたほうがよいか。それとも後日あらためて面接をするほうがよいだろうか。
　答：子どもは前に話したことを後で撤回したり（「あれは思い違いだった」「嘘だった」等），忘れてしまったり，言うことが変わったりする（Sorensen & Snow, 1991）。したがって，子どもが話せそうな場合は，そのときに聞いておくほうがよい。しかし，子どもが疲れていたり，時間がない場合は聞かないで次の機会を設けるほうがよいだろう。そうすれば，前の面接による汚染を防ぐことができる。途中まで聞いて，次の機会にもう一度聞くというのは望ましくない。

　問：性虐待が疑われる子どもに司法面接を行ったところ，疑われる身体暴力については報告したが，性虐待については話さなかった。この場合，再度，面接を行うことはできるか。
　答：2度目の面接を計画する前に，まずは最初の面接で，疑いを確認することが可能である。プロトコルの11（確認のための質問）を用い，例えば「（身体的暴力）について話してくれましたが，○○さんは（疑われる事柄）をされたことはありますか／誰かが○○さんを（疑われる事柄）しましたか」と尋ね，「はい」という答えが出てきたならば，そのことを詳しく報告してもらう。また，疑われる事柄が自発的に語られない場合に尋ねる質問（面接者がもっている情報のうち，誘導になりにくい情報の一部を提示する）を計画段階で考えておくことも有用である（第12講を参照のこと）。
　しかし，面接を複数回行わなければならないケースもあるかもしれない。当該の子どもが「この間は話せなかったがぜひ聞いてほしい」と言ってきた場合や，当該の子どもの次に面接した子どもが「○○さんもされていた」などと言った場合は，そのことについて新たに面接を行う必要があるかもしれない。

その場合はなぜ2回目の面接を行うのか，導入の際の言葉を慎重に吟味しておく必要がある。前者であれば「〇〇さんが『この間は話さなかったが聞いてほしい』と言ったと聞きました。何があったか話してください」などと尋ねるのがよいかもしれない。後者については，他の子どもからの情報のうち誘導になりにくい事柄に言及することで面接に入ることが可能かもしれない。「誘導になりにくい事柄」は事案により異なるが，例えば「（次に面接した子ども）が〇〇さんと（場所の名前）に行ったと聞きました。そのときのことを最初から最後まで話してください」などがあるかもしれない。また，最終的には「〇〇さんは（疑われる事柄）されたことはありますか」と確認する必要があるかもしれない。

いずれにしても，面接を繰り返すことは精神的な2次被害を高め，不正確な報告を引き出す可能性を増加させるので，慎重に行わなければならない。疑われる情報が出てこなかったので，出てくるまで面接を繰り返すということは行ってはならない。

問：話したがらない子どもには，どのような配慮が可能だろうか。

答：第16講で見たように，リラクタントな子どもへの面接では，子どもを（「あなた」ではなく）名前で呼び，話す行為や話す際の感情に共感を示すサポーティブな発話が子どもからより多くの情報を引き出した（「〇〇さん，話すのが大変だということはよくわかります。でも，がんばってお話ししてください」等，〔Hershkowitz et al., 2006〕）。こういった研究を受けてハーシュコヴィツらはプロトコルの修正版を作成し，効果があることを示している（Hershkowitz et al, 2014）。そこでは（出来事の内容に対してではなく，話すことに対し）被面接者を動機づけ，励ますことが重視されている。以下，ハーシュコヴィツらが述べている推奨事項を示す。（*）のある項目は，本書で示したNICHDプロトコルの「最小限の手続き」にも取り入れられている。

・最初に「〇〇さん，今日は来てくれてどうもありがとう」と言う。（*）
・必要に応じて「体調はどうですか」などと体調を気遣う。
・挨拶の後，グラウンドルールの前にラポール形成を行う（グラウンドルールは，形成されたラポールを維持するようなかたちで行う）。

- 出来事を思い出して話す練習に加え，子どもにとって意味のある事柄について自由報告を求める。（＊）
- 「あなた」ではなく，子どもの名前を言う。（＊）
- 「〇〇さんに何があったか，本当に知りたいんです」と子どもの体験に関心を示す。
- 子どもが，悲しかった，怒った，あるいはその他の気持ちを述べたならば，「(悲しかった，怒った，その他の気持ち) だったんですね」とエコーイングしたり，「(悲しかった，怒った，その他) という気持ち，わかりますよ」と子どもの気持ちを受け止めたり，「その気持ちのことをもっと話してください」と報告を求め，子どもにとって重要な事柄をオープン質問を用いて話してもらう。
- 導入部分，本題部分によらず，言語的にも非言語的にも子どもを支援する。例えば，子どものほうに身体を傾ける，微笑む，アイコンタクトをとる等。
- 出来事の特定の内容ではなく，話してくれること（話す行為）に感謝し，子どもの話を尊重し，ポジティブな強化を与える。「話してくれてありがとう」「話してくれたので，よくわかりました」等。（＊）
- 子どもが面接に関し特定の感情や困難を表明したならば，共感を示す。例えば，子どもが「面接が長い」「質問が多い」などと述べたならば，「面接が長くなりましたね」「たくさんの質問がありましたね」などと受け止める。子どもが「疲れた」「話すのはつらい」などと言ったならば「(疲れましたね，話すのがつらいんですね)。よくわかります」と共感を示す。ただし，出来事の内容に対して共感を示すことはしない。
- 話すのがよい，ということを伝える。「この部屋では，あったことはどんなことでも話していいんですよ」「ここでは，悪い言葉／言ってはいけない言葉を言ってもだいじょうぶです」等。
- 子どもの困難を一般化して伝える。「秘密がある子どもはたくさんいます。もしも秘密があったなら，信頼して話してください」等。
- 助けを提供する。「話すのが難しいとしたら，どうすればもっと話しやすくなりますか」「話すのが難しかったら，書いてもいいですよ」等。
- それが可能な場合には，安心させる。「だいじょうぶ，ほかの子どもには

話しません」等。
- 困難は乗り越えられるという楽観的見解を表明する。「○○さん，できるだけ説明してみてください。できると思いますよ」等。
- 子どもが虐待の報告をしても，詳細を話したがらないようであれば，「あったことは，どんなことでも信頼して話してください」と不安を低減させたり，「話してもらうのがとても大切です」と励ます。
- 一般的なかたちで，子どもが感じている責任を低減させる。「誰かが子どもを叩いても，その子どもが悪いのではありません」等。

以上のように，また第11講でも示したように，会話の最中に「はい，よくわかりました」「そういうふうに説明してくれるとよくわかります」「（説明してくれて／わかるように話してくれて／詳しく話してくれて）どうもありがとう」などの言葉を入れることは大変よい。話すことに関する子どもの気持ちや困難に言及し，受け入れ，励ますことも有用である。ただし，ハーシュコヴィツらも指摘しているように，出来事の内容そのものを「正しい」とするような反応を示したり，迎合を誘うようなことがあってはならない。上記の推奨事項は司法面接の基本を理解した上で取り入れることが重要である。

問：子どもが「加害が疑われる者」に対し愛着をもっている等で話をしないことがある。そのような場合はどうすればよいか。

答：司法面接は，話す意思がある子どもに，最大限誘導することなく話してもらう方法であり，話したがらない子どもに無理に話させることはできない。ただし，いくつかの対処法が考えられる。
- 子どもを保護したならば，しばらく時間をおき（子どもが被疑者と離れ，被疑者からの影響が小さくなってから），司法面接を行う。
- 強い疑いがあっても開示がなければ，出来事を思い出して話す練習の段階で終了し，次の機会を設ける（すなわち，エピソード記憶の練習で止める）。
- 疑いとなった出来事の一部について，詳細を伝えることなく尋ねる。
- 「話してはいけないことがあるか」「話さない理由はあるか」「話したらどうなるのか」「話さなかったらどうなるか」等につき回答を待つ。
- 期待する事柄が出てこなくても，子どもの安全が守られているかどうかの

確認ができれば，それで良しとする。

問：自由報告を求めているとき，被面接者が関係のないことを次々と話し始めてしまうことがある。どうすればよいか。
答：子どもによっては生い立ちから話さないと本題に移行できない場合もある。そのようなときは，多少脱線しているように見えても待つことが功を奏する場合がある。3分程度は話してもらってもよいだろう。一方で，関連のない話をし続け，子どもが疲れてしまう場合もある。明らかに後者であるような場合は，次のように言うことで，聞きたいトピックへと話題を戻すことができる。「よくわかりました。どうもありがとう。今度は，（さっき少し話した）○○について話してください」。脱線していても，話してくれた内容については理解を示し，感謝することが望ましい。

問：同じ質問をした場合，答えが変わってしまう子どもがいる。どうすればよいか。
答：同じ質問を繰り返すと答えが変わるのは，子どものみならず一般に見られることである。人の記憶は曖昧であり，特に子どもにおいては詳細な記憶を長く維持することは困難である。そのため，面接者の期待に応えたい，「わからない」とは言いたくないなどの気持から，質問には一応答えるものの，実際にはその場限りの応答をしてしまうということがある。また，同じ質問を2度尋ねられると，前とは違うことを言わなければならないという語用論的推論（言葉の使い方に関する推論）によって，答えを変えてしまうこともある（例：「北海道の道庁はどこにありますか？」－「小樽」－「もう1回聞きますよ。道庁はどこにある？」－「うーん，札幌かな」等）。したがって，基本的には同じ質問は繰り返さないことが重要である。

供述に矛盾がある，あるいは聴き取れなかったなどの理由で同じ質問を繰り返す場合は，その理由を述べた上で質問するとよい。例えば，「お母さんにはAと言ったけれど，お父さんにはBと言ったと聞きました。よくわからなくなってしまったので，そのときのことをもう一度，話してください」あるいは「ごめんなさい，よく聞こえなかったので，もう一度話してください」等。

問：落ち着きなく動き回る子ども，飽きてしまって座っていられない子どもがいる。どう対応すればよいか。

答：経験則ではあるが，児童が面接に集中できる時間は5分×年齢程度である。つまり，5歳児であれば25分，10歳児であっても50分程度であり，小学校の授業時間が40～50分程度であるのも頷けるところである。面接を開始する前に遊ぶなどして時間をとってしまうと，面接に使える時間は減ってしまう。そのため，関係性のできているサポーターが子どもを面接室に連れてきたならば，面接者はプロトコルに沿ってすぐに面接への導入を行い（7，8分で行うのが一般的である），子どもの注意が持続している間に本題に入ることが望ましい。

子どもが遊び始めたり，あくびをしたり，「わからない」を連発するようであれば，それは集中できる時間を過ぎているというサインであるかもしれない。その場合は，小休止を入れる必要があるだろう（しかし，できればブレイク以外の小休止はとらずに終了するのが望ましい）。面接を短時間で終えるためには，最小限，何を話してもらいたいか，何を明らかにしたいか，面接の計画を入念に立てておくことが必要である。

問：虐待の疑いがある子どもに面接した際，家族のことや虐待体験に近い話をすると眠くなるという子どもがいた。どのような対応が望ましいか。

答：十分な睡眠をとり，体調は良好であるのにこのようなことが起きるとしたら，解離が疑われるかもしれない。解離はさらなる精神的被害から心を守る反応だと考えられている。そのため，問にあるような状態になったならば，速やかに面接を終え，精神科医等のアドバイスを受けるのがよい。

なお，解離は事件直後よりも（直後はむしろ覚醒していることが多い），数週間後，あるいはもう少し経ってから出てくることが多いとされる。したがって，司法面接は早めに行うことが重要である。

問：事件のストレスから精神的な障がいが生じる可能性がある場合は，どうすればよいか。

答：事件の精神的外傷は，1か月くらいまでは急性ストレス障害という。認知的に活性化した状態であり，記憶は鮮明だが，ここで繰り返し話をさせると

PTSD（心的外傷後ストレス障害）を発症し，過敏になったり，思い出せない，解離するなどの症状が起きることがある。そのため，事件後，日が浅くても話ができるようであれば，医師や臨床心理士の支援のもと，できるだけ早い時期に少ない回数で聴取することが望ましい。時間が経つと話せなくなる可能性があるので，面接は録音・録画（録画が難しければ録音だけでも）しておくことが大変重要である。

　なお，精神症状により子どもが話せなくなった場合は，治療が必要であり，聴取は困難であるかもしれない（民事訴訟では，そのような精神症状が生じたこと自体が被害の証拠とされる場合もある）。カウンセリングや心理療法を行うと記憶の変容や汚染が生じ，記憶の正確性は低くなる可能性がある。そのため，イギリスの初期のガイドライン MOGP（英国内務省・英国保健省，2007）では，カウンセリングや心理療法は事情聴取の後に行うことが望ましいとされていた。現在のガイドライン（Ministry of Justice, U.K., 2011）では，子どもにカウンセリングや心理療法を待たせることはできないとしているが，それでもどのようなカウンセリング，心理療法を行ったかを記録し，裁判等では情報提供できるようにしておかなければならないとしている。

問：被疑者の余罪が多いケースでは，事件捜査が長期にわたる場合がある。被害者・参考人の心理的負担を軽減するにはどうすればよいか。

答：被害者，参考人の記憶は時間とともに低下していく。特に事件後1,2週間の間に急激に低下し，3週，4週，1か月，2か月，と時間が経つにつれ，低下の速度はゆるやかになる。したがって，できるだけ早い時期に，できるだけ多くの情報を本人の言葉で語ってもらい，録音・録画しておくことが重要である。このことが何よりも，精神的な負担を軽減することにつながるであろう。

　その他，オープン質問を用いることも負担軽減に貢献する。確認したいことだけを WH 質問やクローズド質問を用い，一問一答で尋ねると，①被害者は，話を聞いてもらっているというよりも「尋問」「取り調べ」を受けているような気持ちになる。その結果，話す動機が低くなり，十分な情報が得られないという可能性が高まる。また，②一問一答では質問への「答え」しか得られず，そのため余罪が出てくるたびにあらためて聴取が必要となる。その結果，被害

届の取り下げや聴取の拒否につながる可能性もある。

　なお，被害回数が多く聴取の負担が大きい場合は，最善とはいえないものの，例えば面接を3回に分け，1回目は一番よく覚えている出来事，2回目はその次によく覚えている出来事，3回目はその次によく覚えている出来事というように，分けて話してもらうことも可能である。また，事案によっては，一番よく覚えている出来事を詳細に話してもらい，あとは情状（他にも○回くらいあった）というかたちで聴取することを検討してもよいかもしれない。

　余罪が多いケースの被害者は，それだけ外傷体験も大きいと思われる。そのようなケースではできるだけ早く事情聴取を終え，カウンセリングや心理療法などを受けさせる必要がある。ただし，先の問いへの回答の通り，心理療法やカウンセリングを受けた後では正確な聴取ができなくなる可能性がある。したがって，できるだけ早く，本人が思い出せるときに最大限話してもらい，録音・録画しておくことが重要である。

　なお，司法機関（警察や検察）は被害届が出され，「事件」となり，裁判が終わる（あるいは被疑者が不起訴になる）までの期間は，子どもに手厚く関わることができるものの，「事件」でなくなった途端に子どもとの関わりは切れることになる。そのため，特に精神的な被害が大きいケースでは，「事件」となるか否かにかかわらず，司法機関，児童相談所，医療機関等が連携して対応することが大変重要である。

◆ 犯罪・加害が疑われる場合

問：否認する被疑者と無実であるために話せない者とを区別する方法はあるか。

答：最初から区別することは不可能であろう。どちらの被疑者にも同じようにオープン質問を用いた面接を行い，多くの自由報告が得られたならば，そこに嘘か虚偽自白かを判断する手掛かり情報が含まれているかもしれない。例えば，犯罪を否認する人は「やってない」というストーリーを語るだろうが，そのストーリーに齟齬や矛盾が出てくる可能性がある。また，虚偽自白をする人は「やった」というストーリーを話すかもしれないが，覚えていないことが多すぎたり「やった」にしては，つじつまの合わないことが出てくる可能性があ

る。いずれにしても，判断する材料を得るためには，面接者側から「ヒント」を出すことなく本人に話してもらうことが重要である。最終的には，そこで自発的に得られた情報を外部の客観的証拠と照合し，真偽を判断するしかないであろう。

問：面接の場で，被面接者が嘘をついているか本当のことを話しているかを見分けることはできるか。

答：以前は，目が泳ぐ，舌なめずりをする，手で身体を触る等の行動により，被疑者が嘘をついているか否かを見分けることができると考えられていた。しかし，近年の研究は，これらの行動は「緊張」を表す指標ではあっても，「嘘」の指標とはならないことを示している（取り調べを受ける人は緊張し，嘘をついてはいなくても上記のような行動をとりがちである）。こういった行動手掛かりでは嘘を見分けることはできない（Vrij et al., 2010）。

では，どうすれば嘘と本当を見分けられるのか。ヴリらは，被疑者にできるだけ自発的に，たくさん話をしてもらうことが嘘の検出に役立つとしている（Vrij et al., 2010）。嘘をつくには本当のことを隠しながら，相手に（嘘の話を）本当だと信じさせつつ，つじつまが合うように話さなければならならない。そのため，自発的な報告を求めれば求めるほど認知的負荷が高くなり，話の整合性が低下する，本当のことが口に出てしまう，言い間違える，間が長くなるなど，嘘を発見する手掛かりが得やすくなるとされる。事件から聴取までの時間が短いほど，「本当のこと」が記憶に残っているので，嘘がつきにくく，認知的負荷が高まるという指摘もある。

問：口の重い性犯罪被疑者に話をしてもらうにはどうすればよいか。

答：被疑者が話そうとしない場合，聴取者は強く自白を求める態度をとってしまうかもしれない（第16講で示したように，被害者が話したがらない場合であっても，面接者はWH質問やクローズド質問をしがちになる）。しかし，犯罪を犯したか犯さなかったか，そのことだけを問いただしても被疑者はますます口を閉ざしてしまうかもしれない。また，無実の人が虚偽自白をする可能性もある。

したがって，圧力をかけたり，被害者の言葉を突きつけるのではなく，まず

は被疑者が話せるところから話してもらうのがよい（第7講のPEACEモデルを参照のこと）。被疑者が明らかに事実とは異なることを言っていても，嘘だと決めつけるのではなく，まずは被疑者側の説明を求め，その上で矛盾することがらについて報告を求めるのが効果的である。

　第7講でも紹介したが，ケベルらは，オーストラリアの性犯罪者を対象に，被疑者はどのようなときに自白をすると思うかを調査した（本人が実際に自白したかどうかではなく，小話を示し，そのなかで犯人が自白するかどうかを判断させた）(Kebbell et al., 2008)。その結果，圧力をかける面接，言い訳を提供する面接（警察官が「被害者はあまり嫌がってはいなかったかもしれない」などと言う），中立で機械的な面接よりも，心情を理解しポジティブな態度を示す人道的な面接（ただし，出来事に共感したり，迎合させるわけではない）において，犯人は真実を話すだろうとする回答が多かった。小話で示された人道的な面接とは以下のようなものであった。

　　面接室は簡素な作りであった。警察官は首元，袖元までボタンをかけた長袖のワイシャツとグレーのズボンを身につけ，グレーの靴下と黒い紐つきの靴をはき，左手にはシルバーの腕時計をしていた。警察官は面接を開始する前，しばらくジョン（被疑者）と雑談し，ジョンが今どんな気持ちでいるかを理解しようと努めているようであった。警察官はジョンに対する証拠の概要を告げ，アリスがジョンを犯人だと特定したと言った。警察官はジョンへの配慮を示し，ジョンに対しポジティブな態度をとっているように見えた。警察官は面接の最中，ジョンに対しずっと協力的であった。(Kebbell et al., 2008, p.440 を意訳)

問：黙秘，否認している被疑者の取り調べを行う上で，ラポール形成以外に必要だと考えられる配慮としてはどのようなものがあるか。

答：「どのようなときに心を開いたか」「聴取に応じたか」という，被疑者を対象とした調査（渡辺，2005）によれば，人道的な対応を受けたときに心を開いた／話したと言う回答が多かった（第7講を参照のこと）。人道的な対応とは，友達のように親しくなって迎合させることではなく，オープンマインド（偏見

のない，中立，公正な態度）で話を聞くことである。相手を悪者として決めつけることなく，人道的な対応をとるには，以下のようなことが助けになるかもしれない。第7講第3節の再掲となるが，重要だと考えられる事柄をまとめておく。

〈態度・環境〉

- 面接者自身への圧力：面接に当たっては，面接者（取調官）に外圧がかからないようにする。また，面接者が自分自身に圧力をかけないようにする（手柄を立てなければという圧力，失敗は許されないという圧力，被害者との関係性による圧力，身内や親しい者に対する捜査で感じる圧力等）。
- 面接者の印象：面接者が被疑者に与える最初の印象は重要である。暖かく中立的な態度で挨拶をし，配慮を示し（眠れましたか等）面接を開始する。相手がふてぶてしくても面接者は引きずられることなく，公正な態度で接する。
- 身体的欲求：睡眠や食事などの身体的な欲求が充足されていないと話はできない。心身への配慮を行う必要がある。
- 面接室：被疑者がリラックスして話せるよう，面接者と被面接者の間には机を置かないほうがよいとされる。被害者への面接と同様，椅子をハの字型に置くことも検討する。

〈面接〉

- 面接の趣旨や面接での約束事，被疑者の権利などを丁寧に説明する。「話したくないことは話さなくても構いません。話さないことが○○さんにとって不利になることはありません。話したことは○○さんにとって裁判で不利な証拠として使われるかもしれません。弁護士に相談することができます」と伝える。また，有罪か否かを決めるのは面接者ではなく，裁判官や裁判員であることを伝える（面接者が適切な取り調べをしていても，被疑者が不当に口を閉ざしていれば，その様子は録画される。裁判官や裁判員がそれを見る可能性もある）。
- 相手が話さないと，証拠を突きつけたくなるかもしれない。しかし，最初から手持ちの証拠をすべて示してしまうと，被疑者は「全部わかっているなら話す必要はない」とさらに話さなくなる可能性がある。「話さないと

帰れない」等，被疑者と対立構造を作り出す発話も逆効果である。
・仮説検証型になることなく，暖かく中立的な態度で被疑者の報告を求める。嘘であることがわかっても，矛盾を問い詰めたり，証拠を示して糾弾することなく，できるだけ多く話してもらうのがよい。そのためには一問一答パターンを避け，「そして」「それから」などのそれから質問を用いて話を促す。間をとることも効果的である。話せなくても（話さなくても）苛立たず，オープンマインドで待つことが重要である。
・黙秘，否認していても対立しない。被疑者のことを気遣いながら，公正に聴取をしているという態度を示し，話せることから話してもらう。被疑者が「やっていない」と言うのであれば，その時被疑者がどこで何をしていたか詳しく話してもらい，裏が取れる可能性のある情報を得る。嘘であったならば，話をたくさんしてもらうほど，矛盾や誤りを発見しやすくなる。
・証拠はすぐに示すのではなく，被疑者の報告を全部聴取した後，証拠と矛盾する情報が語られたならば提示する。その場合も「〇〇さんは先ほどAと説明しましたが，私はBと聞いています。ここのところを説明してください」などと中立的に告げ，さらなる供述を求める。

面接の第一の目的は情報を収集することである。外部の情報と照らし，話していることが真実か偽り（誤り）かを判断できる情報を得ることが重要であり，面接の最中に謝罪させたり，反省を求めたりする必要はない（求めないほうがよい）。話さないこと，嘘をつくことも情報のうちだと考えて，それをすべて録画することが大切である。

◆ 多機関連携

問：多専門連携（多職種連携，多機関連携）はなぜ必要なのか。
答：面接の目的や対応は機関ごとに異なるが，事実の特定，すなわち特定の日時に特定の場所で何があったのかを明らかにすることは，福祉的にも，司法的にも，医療的にも，心理臨床的にも重要であり，かつそこで得られた情報は共有可能である。事件や出来事の記憶は，何度も聞くと汚染や変遷が生じることがある。また，精神的な2次被害が引き起こされる可能性もある。機関が連携をとって面接計画を立て，一度で聴取することは，各機関の効率的・効果的

な活動のためにも，子どものみならず，すべての当事者にとっても有用である。

連携のためには，各機関において窓口を決めておき，面接の日程・場所，計画をまとめ調整するコーディネーターがいるとよい。児童相談所，警察，検察，病院等での聴取（各2回ずつだとしても計8回になる）が数回でも少なくできれば，子どもの負担は大きく軽減されるだろう。各機関が定期的に会合をもち，順番にコーディネート役を引き受けることなどができれば理想的である。

問：多機関の連携は重要だが，機関によって面接の実施の目的，実施後の取り扱いは共通ではない。機関1で聴取した後，機関2で聴取することが必要な場合もある。そのようなときは，どうすればよいか。
答：機関1が面接を録音・録画し，その映像を機関2と共有できれば，少なくとも事実確認については，聴取すべき内容を減らすことができるだろう。

問：最近，多機関連携が強調されるようになった。どうしてか。
答：家庭内での虐待や暴力に対しては，福祉的な対応（家族，家庭を支援する）と司法的な対応（加害したとされる者に対処する）の両方が必要である。従来，こういった対応は独立に行われることが多かったが，方向性の異なる活動が並行して行われることにより，当事者に負担がかかることもあった。特に，子どもへの事実確認に関しては，児童相談所，警察，検察等で面接が繰り返され，その結果，供述が不正確になったり，精神的な2次被害が起きることもあった。こういったことを防ぐために，近年では児童相談所，警察，検察の連携が求められるようになった。

2015年10月に厚生労働省，警察庁，最高検察庁が出した通知では，三者が協力して協同面接を行うことが推奨されている（警察庁，2015a；厚生労働省，2015b；『北海道新聞』2015年12月21日付）。厚生労働省の「子ども虐待対応の手引き」によれば，ここで想定されているのは司法面接（三者のいずれかが面接者となり，ほかはバックスタッフとして面接をモニターする）である。協同面接が，今後児童から聴取を行う際の標準的な方法となっていくことを期待したい。

問：児童相談所，警察，検察で協同面接を行う際，誰が面接者になるのが望

ましいか。

　答：司法面接を行うには，面接者やバックスタッフが司法面接の知識や技能をもっていることが重要である。トレーニングを受けており，協同で面接計画を立てることができるならば，基本的にはどの専門職が面接者となってもよいように思われる。

　司法的には，検察官が行った面接は警察官や児童相談所の職員が行った面接に比べ，証拠として用いる上でのハードルが低い（刑事訴訟法321条1項2号）（コラム16を参照のこと）。しかし，緑がコラム16で論じているように，他の職種の者が行った面接でも証拠として用いる道はないわけではない。こういったことを踏まえれば，発覚した時点で刑事事件になる可能性が高い事案については検察官が面接者となり，児童相談所職員，警察官はバックスタッフとなるのがよいだろう。実際，ある事件ではそのようなかたちで面接が行われた。子どもの特性をよく理解している児童相談所が関わったこと，警察官が捜査を行うために重要な問いを的確に考案したこと，トレーニングを受けた検察官がオープン質問を主とする面接を行ったことで，法的に価値のある供述が一度の面接で聴取できた。

　一方で，多くの事件が，まずは児童相談所，あるいは警察に通告される。ネグレクトの疑いで保護したが，身体や性虐待の疑いが後で発覚するといったケースもある。そのような場合は，最初の時点では児童相談所の職員，あるいは警察官が面接を行うことになるだろう。そうであっても，いずれもが司法面接の手続きに沿い，面接を録音・録画しておけば，後にもう一度検察庁で面接を行わなければならないとしても，初期の面接資料は補助証拠となるかもしれない。特に，検察庁での聴取が事件発覚後時間を経て行われる場合には，初期の供述の客観的記録は大変重要である。

　いずれにしても，それぞれの職種の専門家が，面接者，バックスタッフとしての知識や技能を身につけておくことが重要である。

　問：協同面接を含め，多職種，多専門連携を可能にするには，どのような研修を行えばよいだろうか。

　答：1つの方法は，児童相談所，警察，検察が合同で司法面接の研修を行う

ことである。例えば，児童相談所の職員，警察官，検察官がチームとなり，面接者役とバックスタッフ役をローテーションさせながらロールプレイを行う。ロールプレイにおいては面接に先立ち，三者でどのような情報が必要かを検討し面接計画を立てる。また，ロールプレイで得られた情報をもとに，子ども，非加害親，被疑者に対し，福祉的にはどういう対応をとるか，司法ではどのようなアプローチをとるかを討議することも有効である。例えば，以下のような事柄を話し合うことができる。

もしも，虐待の事態が「事件」となり被疑者が逮捕されたならば，
・児童相談所は残された家族をどう支援するか。支援するためには，さらに誰から，どのような情報が必要か。
・警察や検察はどのような情報を児童相談所と共有できるか。警察や検察にとっては子どもや家族に関するどのような情報が有用か。

起訴猶予（検察による，起訴しないとする決定）や処分保留となった場合，
・児童相談所は加害したとされる親を含め，家族に対しどう対応するか。対応するためには，誰から，どのような情報が必要か。
・警察や検察はどのような情報を児童相談所と共有できるか。また，児童相談所に対しどのような支援が可能か。
・警察や検察は加害したとされる親にどう対処するか。

起訴しなくても，検察では被疑者に対し遵守事項（「月に一度児童相談所で指導を受けること」等の守るべき事項）を設定することができる。また，処分保留の場合は，加害したとされる親のその後の行動により，起訴も可能であろう（例えば，香川高等検察庁での取り組みについては，『朝日新聞』2015年2月6日付「be」）。

さらに，裁判となり被疑者が執行猶予となった場合，被疑者が刑務所に行き数年後に戻ってくる場合等において，福祉と司法はどのように連携できるかを議論することも有効である。

子どもを守るという目的は同じでも，児童相談所，警察，検察の役割やアプローチの方法は異なる。これらを理解した上で，子どもを中心とし，各機関が他機関の考え方にどのように歩み寄れるか，互いのために何ができるかを考えることが実りある連携の第一歩となるだろう。

コラム 16　司法面接を証拠として用いる方法【緑大輔】

刑事裁判の伝聞証拠禁止原則　虐待等の被害者である子どもから，児童相談所職員等が事件の状況を聴き取る場合がありうるが，その聴き取った結果を刑事裁判で用いることはできるだろうか。刑事裁判では原則として，事件を直接体験した被害者や目撃者を証人として出廷させ，裁判所の面前で，検察官や被告人・弁護人からの尋問を行うことが期待されている（刑事訴訟法320条1項）。それは，被害者や目撃者の知覚・記憶・叙述の各過程に誤りが入っていないかを公判廷において（偽証罪による制裁の可能性を背景として）直接に確認するためである。

しかし，虐待等の被害を受けた子どもを出廷させて，記憶を想起させ，証言をさせることは，子どもに大きな負担を与える上，事件から時間が経過している裁判で正確な記憶を保持して適切に証言できるのかという問題もある。そこで，子どもの初期供述を記録する司法面接の成果を，法廷でそのまま活用できないかは検討に値する問題である。

司法面接結果の伝聞性　刑事訴訟法は一定の要件を充たす場合に，例外的に証人尋問をせずに，被害者・目撃者等の供述を録取した書面を証拠として用いることを認めている（321条以下）。典型例は，刑事裁判の相手方（例えば，検察官が司法面接を記録したDVD（司法面接DVD）を出すときには，相手方たる被告人・弁護人）が証拠採用に同意すれば，子どもの尋問を行わずに，司法面接DVDを証拠として用いることができる（326条）。相手方が証拠採用に同意しない場合でも，(a)知覚・記憶・叙述の伝聞過程に誤りが入っている可能性が少なく，(b)証拠として使用する必要性が認められれば，伝聞性が除去され，証拠採用される場合がある。ただし，この(a)(b)は，誰が書面等を作成し，誰が供述したか等の事情によってハードルの高さが異なる。

例えば，児童相談所職員や心理学者等が子どもに司法面接を行う場合，「知覚・記憶・叙述」という伝聞過程が2つ介在している点に特色がある。第一に，事件を経験した子どもが，事件を知覚・記憶し，職員等に叙述する過程がある。第二に，職員等が子どもの話を知覚・記憶し，書面やDVDに叙述（記録）する過程がある。この2つの伝聞過程を刑事訴訟法に従って除去できれば，証拠として使用できる。

刑事訴訟法は，第一の過程については，①その子どもが「死亡，精神若しくは身体の故障，所在不明又は国外にいる」など，法廷で供述できないとき（供述不能）で，②その子どもの供述が「犯罪事実の存否の証明」に不可欠であり，③その供述が「特に信用すべき情況の下にされたものであるとき」（特信情況），これらをすべて充たすときに，伝聞性が除去される。

他方で，第二の過程については，原供述者である子どもが，書面を確認した上で，自分の供述した通りのことが書いてあると認めて署名押印すれば，伝聞性が除去さ

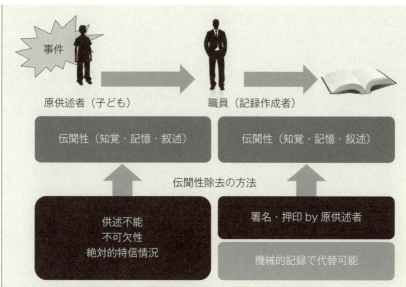

図 C16-1　刑訴法 321 条 1 項 3 号の要件の構造

れる。子どもにこのような署名押印を求めるのは，困難であろう。しかし，最高裁判例によれば，供述の様子を録音・録画したものを証拠として出す場合には，機械的な記録ゆえに正確性が担保されているので，署名押印がなくてもよい（最判平成 17 年 9 月 27 日刑集 59 巻 7 号 753 頁等）。司法面接 DVD であれば，子どもの署名押印は不要とされよう（図 C16-1）。

司法面接 DVD と伝聞性の除去　　問題は，第一の過程のハードルをどのように越えるかである。家庭内の虐待事件などでは，被害者・目撃者たる子どもの初期供述の証拠価値は高く，犯罪事実の証明に不可欠だといえよう（上述②）。また，司法面接の技法が特に信用できる供述採取方法であり，その子どもに対して適切な司法面接が実施されたことを立証できれば，特信情況もあるといえよう（上述③）。司法面接 DVD がこれらの要件を充たすことは，司法面接に対する司法関係者の評価が確立すれば，十分に可能であろう。それまでは，司法面接が供述採取方法として優れていることの立証を要する場面が想定される。

　司法面接 DVD の証拠採用にあたって残るハードルは，供述不能といえるか否かである（上述①）。最高裁判例は，記憶喪失の場合も供述不能にあたるとしている（最判昭和 33 年 10 月 24 日刑集 12 巻 14 号 3368 頁）。子どもの被暗示性が強く，記憶が

> 変容している可能性が高い場合に，供述不能に該当すると解する余地がないかは，検討に値するように思われる。例えば，「子どもに証言能力が欠けている場合がいかなる場合か」に関する実証的な知見，当該事件の子どもの証言能力が乏しいことの立証などを通じて，記憶喪失に類する供述不能だといえる可能性はないか。それが認められれば，司法面接 DVD が刑事裁判で証拠採用される方途も見えてこよう。

参考文献

Ackil, J. K. & Zaragoza, M. S. (1998). Memorial consequences of forced confabulation: Age differences in susceptibility to false memories. *Developmental Psychology*, **34**(6), 1358-1372.

Agnew, S. E., Powell, M. B., & Snow, P. C. (2006). An examination of the questioning styles of police officers and caregivers when interviewing children with intellectual disabilities. *Legal and Criminological Psychology*, **11**, 35-53.

アルドリッジ,M.・ウッド,J./仲真紀子編訳(2004).『子どもの面接法——司法手続きにおける子どものケア・ガイド』北大路書房.

浅田和茂(1998).「年少者の証言と鑑定」井戸田侃ほか編著『誤判の防止と救済』現代人文社.341-370.

バトラー,E. W.・フクライ,H.・ディミトリウス,J-E.・クルース,R./黒沢香・庭山英雄編訳(2004).『マクマーチン裁判の深層——全米史上最長の子ども性的虐待事件裁判』北大路書房.

バートレット,F. C./宇津木保・辻正三訳(1983).『想起の心理学——実験的社会的心理学における一研究』誠信書房.

Bradburn, N. M., Rips, L. J., & Shevell, S. K. (1987). Answering autobiographical questions: The impact of memory and inference on surveys. *Science*, **236**, 157-161.

British Medical Journal (1988). Summary of the Cleaveland inquiry. *British Medical Journal*, **297**, 190-191.

Brown, D. A., Lamb, M. E., Lewis, C., Pipe, M.-E., Orbach, Y., & Wolfman, M. (2013). The NICHD Investigative Interview Protocol: An analogue study. *Journal of Experimental Psychology: Applied*, **19**(4), 367-382.

Bruck, M., Ceci, S. J., Francouer, E., & Renick, A. (1995). Anatomically detailed dolls do not facilitate preschoolers' reports of a pediatric examination involving genital touching. *Journal of Experimental Psychology: Applied*. **1**(2), 95-109.

Bruck, M., Ceci, S. J., & Hembrooke, H. (2002). The nature of children's true and false narratives. *Developmental Review*. **22**, 520-554.

Buck, J. A., London, K., & Wright, D. B. (2011). Expert testimony regarding child witnesses: Does it sensitize jurors to forensic interview quality? *Law and Human Behavior*, **35**, 152-164.

Bull, R. & Soukara, S. (2010). Four studies of what really happens in police interviews. In G. D. Lassiter & C. A. Meissner (Eds.), *Police interrogations and false confessions: Current research, practice, and policy recommendations* (pp. 81-95). American Psychological Association.

ブル,R.・クック,C.・ハッチャー,R.・ウッドハム,J.・ビルビー,C.・グラント,T./仲真紀子監訳(2010).『犯罪心理学——ビギナーズガイド:世界の捜査,裁判,矯正の現場から』有斐閣.

Burton, R. V. & Strichartz, A. F. (1991). Children on the stand: The obligation to speak the truth. *Developmental and Behavioral Pediatrics*, **12**(2), 121-128.

Bussey, K. (1992). Lying and truthfulness: Children's definitions, standards, and evaluative reactions. *Child Development*, **63**, 129–137.

Camparo, L. B., Wagner, J. T., & Saywitz, K. J. (2001). Interviewing children about real and fictitious events: Revisiting the narrative elaboration procedure. *Law and human Behavior*, **25**(**1**), 63–80.

Cauchi, R. T., Powell, M. B., Hughes-Scholes, C. H. (2010). A controlled analysis of professionals' contemporaneous notes of interviews about alleged child abuse. *Child Abuse & Neglect*, **34**, 318–323.

Ceci, S. J. & Bruck, M. (1995). *Jeopardy in the courtroom: A scientific analysis of children's testimony*. American Psychological Association.

コールマン，A. M. ／藤永保・仲真紀子監修（2004）. 『心理学事典』丸善出版.

Committee on the Rights of the Child (2010). Consideration of reports submitted by States parties under article 12(1) of the Optional Protocol to the Convention on the Rights of the Child on the sale of children, child prostitution and child pornography. *United Nations convention on the Rights of the Child*, **11**, p. 6.

Davis, L. B. & Porter, R. H. (1991). Persistent effects of early odor exposure on human neonates. *Chemical Senses*, **16**, 169–174.

DeLoache, J. S. (1995). The use of dolls in interviewing young children. In M. S. Zaragoza, J. R. Graham, G. C. N. Hall, R. Hirschman, & Y. S. Ben-Porath (Eds.), *Memory and testimony in the child witness* (pp.160–178). Sage.

DeLoache, J. S. & Marzolf, D. P. (1995). The use of dolls to interview young children: Issues of symbolic representation. *Journal of Experimental Child Psychology*, **60**, 155–173.

Drummey, A. B. & Newcombe, N. S. (2002). Developmental changes in source memory. *Developmental Science*, **5**, 502–513.

英国内務省・英国保健省編／仲真紀子・田中周子訳（2007）. 『子どもの司法面接——ビデオ録画面接のためのガイドライン』誠信書房.

Faller, K. C. (2007). Coaching children about sexual abuse: A pilot study of professionals' perceptions. *Child Abuse & Neglect*, **31**(**9**), 947–959.

Fisher, R. P. & Geiselman, R. E. (1992). *Memory-enhancing techniques for investigative interviewing: The Cognitive Interview*. Charles Thomas.

Fivush, R. & Fromhoff, F. A. (1988). Style and structure in mother-child conversations about the past. *Discourse Processes*, **11**, 337–355.

Fivush, R. & Haden, C. A. (1997). Narrating and representing experience: Preschoolers' developing autobiographical accounts. In P. W. van den Broek, P. J. Bauer, & T. Bourg (Eds.), *Developmental spans in event comprehension and representation: Bridging fictional and actual events* (pp. 169–198). Lawrence Erlbaum Associates.

Frasier, L. D. & Makoroff, K. L. (2006). Medical evidence and expert testimony in child sexual abuse. *Juvenile and Family Court Journal*, **57**(**1**), 41–50.

Fulcher, G. (2004). Litigation-induced trauma sensitisation (LITS): A potential negative outcome of the process of litigation. *Psychiatry, Psychology and Law*, **11**, 79–86.

Goldsmith, M., Koriat, A., & Weinberg-Eliezer, A. (2002). Strategic regulation of grain size in memory reporting. *Journal of Experimental Psychology: General*, **131**, 73-95.

Goodman-Delahunty, J. & L. Howes (2013). Develpoing rapoort with high value tinterviewees: Social influence strategies in the Asia-Pacific. The 6th Annual Conference of the international Investigative Interviewing Research Group. 3-5, The Netherlands.

Goodman, G. S., Quas, J. A., Batterman-Faunce, J. M., Riddlesberger, M. M., & Kuhn, J. (1997). Children's reactions to and memory for a stressful event: Influences of age, anatomical dolls, knowledge and parental attachment. *Applied Developmental Science*, **1(2)**, 54-75.

Grice, H.P. (1975). Logic and conversation. In P. Cole & J. L. Morgan (Eds.), *Syntax and Semantics, 3, Speech Acts* (pp. 41-58). Academic Press.

Griffiths, A. & Milne, R. (2005). Will it all end in tiers? In T. Williamson (Ed.), *Investigative Interviewing: Rights, research, regulation* (pp.167-189). Willan.

Grover, S. (2003). On power differentials and children's rights: A dissonance interpretation of the Rind and Associates (1998) study on child sexual abuse. *Ethical Human Sciences and Services*, **5**, 21-33.

Gudjonsson, G. H. (1984). A new scale of interrogative suggestibility. *Personality and Individual Differences*, **5**, 303-314.

Gudjonsson, G. H. (1987). A Parallel form of the Gudjonsson Suggestibility Scale. *British Journal of Criminal Psychology*, **26**, 215-221.

Haden, C. A., Haine, R. A., & Fivush, R. (1997). Developing narrative structure in parent-child reminiscing across the preschool years. *Developmental Psychology*, **33**, 295-307.

Harley, K. & Reese, E. (1999). Origins of autobiographical memory. *Developmental Psychology*, **35**, 1338-1348.

Hershkowitz, I. (1999). The dynamics of interviews involving plausible and implausible allegations of child sexual abuse. *Applied Developmental Science*, **3**, 86-91.

Hershkowitz, I. & Elul, A. (1999). The effects of investigative utterances on Israeli children's reports of physical abuse. *Applied Developmental Science*, **3**, 28-33.

Hershkowitz, I., Horowitz, D., Lamb, M. E., Orbach, Y., & Sternberg, K. J. (2004). Interviewing youthful suspects in alleged sex crimes: a descriptive analysis. *Child Abuse & Neglect*, **28**, 423-438.

Hershkowitz, I., Horowitz, D., & Lamb, M. E. (2005). Trends in children's disclosure of abuse in Israel: A national study. *Child Abuse & Neglect*, **29**, 1203-1214.

Hershkowitz, I., Orbach, Y., Lamb, M. E., Sternberg, K. J., & Horowitz, D. (2006). Dynamics of forensic interviews with suspected abuse victims who do not disclose abuse. *Child Abuse & Neglect*, **30**, 753-769.

Hershkowitz, I., Lamb, M. E., & Katz, C. (2014). Allegation rates in forensic child abuse investigations: Comparing the revised and standard NICHD Protocols. *Psychology, Public Policy, and Law*, **20**, 336-344.

Holmberg, U. & Christianson, S-Å (2002). Murderers' and sexual offenders' experiences of police interviews and their inclination to admit or deny crimes. *Behavioral Sciences and the Law*, **20**, 31-45.

Huffman, M. L., Warren, A. R., & Larson, S. M. (1999). Discussing truth and lies in interviews with children: Whether, why, and how? *Applied Developmental Science*, **3**, 6-15.

指宿信 (2010).「イギリスにおける被疑者取調べとその可視化——『録音』『録画』で揺れる歴史とデジタル・ネットワーク化計画」『判例時報』**2077**, 3-20.

イギリス保健省・内務省・教育雇用省 (2002).『子ども保護のためのワーキング・トゥギャザー——児童虐待対応のイギリス政府ガイドライン』医学書院.

稲川龍也 (印刷中).「いわゆる『司法面接』に対する検察の取組」『法と心理』.

井上愛弓・仲真紀子 (2012).「司法面接の繰り返しが面接者の質問および目撃報告に及ぼす効果—— NICHD ガイドラインを用いて」『Technical Report, Department of Psychology』**68**.

伊東かほり・武井明 (2008).「性的虐待を受けた女子 10 例の臨床的検討」『児童青年精神医学とその近接領域』**49**, 14-24.

厳島行雄・仲真紀子・原聰 (2003).『目撃証言の心理学』北大路書房.

Kassin, S. M., Tubb, V. A., Hosch, H. M., & Memon, A. (2001). On the "General acceptance" of eyewitness testimony research: A new survey of the experts. *American Psychologist*, **56**, 405-416.

Kebbell, M. R. & Johnson, S. D. (2000). Lawyers' questioning: The effect of confusing questions on witness confidence and accuracy. *Law and Human Behavior*, **24**, 629-641.

Kebbell, M., Alison, L., & Hurren, E. (2008). Sex offenders' perceptions of the effectiveness and fairness of humanity, dominance, and displaying an understanding of cognitive distortions in police interviews: A vignette study. *Psychology, Crime & Law*, **14**(5), 435-449.

警察庁 (2010).「被害児童からの客観的聴取について」.

警察庁 (2012). 取調べ（基礎編）. www.npa.go.jp/sousa/kikaku/20121213/shiryou.pdf

警察庁 (2015a).「児童を被害者等とする事案への対応における検察及び児童相談所との更なる連携強化について」. https://www.npa.go.jp/pdc/notification/keiji/keiki/keiki20151028.pdf (2015 年 10 月 28 日)

警察庁 (2015b).「児童虐待及び福祉犯の検挙状況等（平成 26 年 1 〜 12 月）」.

金敬愛・仲真紀子 (2002).「中国人親子による出来事の対話——母親と父親は幼児の出来事の語りをどのように引き出すか」『発達心理学研究』**13**(3), 274-283.

Kitagami, S., Sato, W., & Yoshikawa, S. (2002). The influence of test-set similarity in verbal overshadowing. *Applied Cognitive Psychology*, **16**, 963-972.

Koehnken, G., Malpass, R. S., & Wogalter, M. S. (1996). Forensic application of line up research. In S. L. Sporer, R. S. Malpass, & G. Koehnken (Eds.), *Psychological issues in eyewitness identification* (pp. 205-231). LEA.

国連児童の権利委員会 (2010).「児童の売買，児童買春及び児童ポルノに関する児童の権利に関する条約の選択議定書第 12 条 1 に基づき締約国から提出された報告の審査（仮訳）」. http://www.mofa.go.jp/mofaj/gaiko/jido/pdfs/bf_kenkai.pdf (2013 年 8 月 28 日)

Koriat, A., & Goldsmith, M. (1996). Monitoring and control processes in the strategic regulation of memory accuracy. *Psychological Review*, **103**(3), 490-517.

Koriat, A., Goldsmith, M., Schneider, W., & Nakash-Dura, M. (2001). The Credibility of children's testimony: Can children control the accuracy of their memory reports? *Journal of Experimental Child Psychology*, **79**, 405-437.

厚生労働省 (2008).「子ども虐待対応の手引き」. http://www.mhlw.go.jp/bunya/kodomo/

dv36/（2008 年 4 月 1 日）

厚生労働省（2013）.「子ども虐待対応の手引き（平成 21 年 3 月）」http://www.mhlw.go.jp/bunya/kodomo/dv36/dl/02.pdf

厚生労働省（2015a）.「児童虐待相談の対応件数及び虐待による死亡事例件数の推移」. http://www.mhlw.go.jp/file/06-Seisakujouhou-11900000-Koyoukintoujidoukateikyoku/0000108127.pdf（2015 年 10 月 8 日）

厚生労働省（2015b）.「子どもの心理的負担等に配慮した面接の取組に向けた警察・検察との更なる連携強化について」. http://www.mhlw.go.jp/file/06-Seisakujouhou-11900000-Koyoukintoujidoukateikyoku/0000104931.pdf（2015 年 10 月 28 日）

久保ゆかり（1996）.「自己の感情について幼児はいかに語るか——否定的な感情が語られにくい理由」『日本教育心理学会第 38 回総会発表論文集』195.

Lamb, M. E. & Fauchier, A. (2001). The effects of question type on self-contradictions by children in the course of forensic interviews. *Applied Cognitive Psychology*, **15**, 483–491.

Lamb, M. E. & Garretson, M. E. (2003). The effects of interviewer gender and child gender on the informativeness of alleged child sexual abuse victims in forensic interviews. *Law and Human Behavior*, **27**, 157–171.

Lamb, M. E., Hershkowitz, I., Sternberg, K. J., Boat, B., & Everson, M. D. (1996). Investigative interviews of alleged sexual abuse victims with and without anatomical dolls. *Child Abuse & Neglect*, **20**, 1251–1259.

Lamb, M. E., Sternberg, K. J., Esplin, P. W., Hershkowitz, I., Orbach, Y., & Hovav, M. (1997). Criterion-based content analysis: A field validation study. *Child Abuse & Neglect*, **21**, 255–264.

Lamb, M. E., Orbach, Y., Sternberg, K. J., Hershkowitz, I., & Horowitz, D. (2000). Accuracy of Investigators' Verbatim Notes of Their Forensic Interviews with Alleged Child Abuse Victims. *Law and Human Behavior*, **24**, 699–708.

Lamb, M. E., Orbach, Y., Hershkowitz, I., Esplin, P. W., & Horowitz, D. (2007a). A structured forensic interview protocol improves the quality and informativeness of investigative interviews with children: A review of research using the NICHD Investigative Interview Protocol. *Child Abuse and Neglect*, **31**, 1201–1231.

Lamb, M. E., Orbach, Y., Hershkowitz, I., Horowitz, D., & Abbott, C. B. (2007b). Does the type of prompt affect the accuracy of information provided by alleged victims of abuse in forensic interviews? *Applied Cognitive Psychology*, **21**, 1117–1130.

Lamb, M. E., Hershkowitz, I., Orbach, Y., & Esplin, P. W. (2008). *Tell me what happened: Structured investigative interviews of child victims and witnesses*. Wiley & Sons.

Lamb, M. E., Orbach, Y., Sternberg, K. L., Aldridge, J., Pearson, S., Stewart, H. L., Esplin, P. W., & Bowler, L. (2009). Use of a structured investigative protocol enhances the quality of investigative interviews with alleged victims of child sexual abuse in Britain. *Applied Cognitive Psychology*, **23**, 449–467.

Lamb, M. E., Malloy, L. C., Hershkowitz, I., & La Rooy, D. (2015). Children and the law. In M. E. Lamb (Ed.), *Handbook of child psychology and developmental science*, Volume 3, Socioemotional processes, 7th Ed. (pp. 464-511). Wiley

Lepore, S. J. & Sesco, B. (1994). Distorting children's reports and interpretations of events through suggestion. *Journal of Applied Psychology*, **79**, 108-120.

ロフタス,E. F.(1997).「偽りの記憶をつくる——あなたの思い出は本物か」『日経サイエンス』**12**, 18-25.

ロフタス,E. F.・ケッチャム,K./仲真紀子訳(2000).『抑圧された記憶の神話——偽りの性的虐待の記憶をめぐって』誠信書房.

Loftus, E. F. & Palmer, J. C. (1974). Reconstruction of automobile destruction: An example of the interaction between language and memory. *Journal of Verbal Learning and Verbal Behavior*, **13**, 585-589.

Loftus, E. F., Miller, D. G. & Burns, H. J. (1978). Semantic integration of verbal information into a visual memory. *Journal of Experimental Psychology: Human Learning and Memory*, **4**, 19-31.

London, K. & Nunez, N. (2002). Examining the efficacy of truth/lie discussions in predicting and increasing the veracity of children's reports. *Journal of Experimental Child Psychology*, **83**, 131-147.

Lyon, T. D. (2011) Assessing the competency of child witnesses: Best practice informed by psychology and law. In M. E. Lamb, D. J. La Rooy, L. C. Malloy, & C. Katz (Eds.), *Children's Testimony: A Handbook of Psychological Research and Forensic Practice* (2nd Ed.). John Wiley & Sons.

Lyon, T. D. & Saywitz, K.J. (1999). Young maltreated children's competence to take the oath. *Applied Developmental Science*, **3**(**1**), 16-27.

Marin, B. V., Holmes, D. L., Guth, M., & Kovac, P. (1979). The Potential of children as eyewitnesses: A comparison of children and adults on eyewitness tasks. *Law and Human Behavior*, **3**, 295-306.

Matsumoto, D. & Ekman, P. (1989). American-Japanese cultural differences in intensity ratings of facial expressions of emotion. *Motivation and Emotion*, **13**, 143-157.

目黒由幸・千田早苗(2014)「仙台地検における入口支援——地域社会と協働する司法と福祉」『法律のひろば』**12**, 13-20.

Meissner, C. A. (2002). Applied aspects of the instructional bias effect in verbal overshadowing. *Applied Cognitive Psychology*, **16**, 911-928.

Meissner, C. A., Russano, M. B., & Narchet, F. M. (2010). The importance of a laboratory science for improving the diagnostic value of confession evidence. In G. D. Lassiter and C. A. Meissner (Eds.), *Police interrogations and false confessions: Current research, practice, and policy recommendations* (pp. 111-126). American Psychological Association.

Memon, A. & Rose, R. (2002). Identification abilities of children: Does a verbal description hurt face recognition? *Psychology, Crime and Law*, **8**, 229-242.

Memon, A., Meissner, C. A., & Fraser, J. (2010). The cognitive interview: A meta-analytic review and study space analysis of the past 25 years. *Psychology, Public Policy, and Law*, **16**(**4**), 340-372.

Menig-Peterson, C. L. & McCabe, A. (1978). Children's orientation of a listener to the context of their narratives. *Develpoemtnal Psychology*, **14**, 582-592.

緑大輔(印刷中).「司法面接結果の公判廷への顕出の可能性」『法と心理』.

ミルン,R.・ブル,R./原聰編訳(2003).『取調べの心理学——事実聴取のための捜査面接

法』北大路書房.

Ministry of Justice, U.K. (2011). Achieving Best Evidence in Criminal Proceedings: Guidance on interviewing victims and witnesses, and guidance on using special measures. https://www.cps.gov.uk/publications/docs/best_evidence_in_criminal_proceedings.pdf

宮崎浩幸・横島健一郎・西田秀輝・志賀裕子・近堂香奈・佐藤和幸・越後範子（2013）.「子どもと向き合う——父母の紛争の渦中にある子どもの心情把握について」『家事面接 家裁調査官研究展望』**40**, 58-74.

Mondloch, C. J., Le Grand, R., & Maurer, D. (2002). Configural face processing develops more slowly than featural face processing. *Perception*, **31**, 553-566.

Myers, J. E. B. (1993) The competence of young children to testify in legal proceedings. *Behavioral Sciences and the Law*, **11**, 121-133.

Nabata, Y., & Naka, M. (2011). Lay judges' perception of eyewitness testimony: The influence of eyewitness age, race, handicap, looks and social status, the 16th world congress of the international society for criminology. Kobe, Japan.

仲真紀子（2000）.「出来事の想起とコミュニケーション」. 日本児童研究所（編）『児童心理学の進歩 2000 年版』金子書房, 79-101.

仲真紀子（2001）.「子どもの面接——法廷での『法律家言葉』の分析」『法と心理』**1**, 80-92.

仲真紀子（2010a）.「子どもによるポジティブ, ネガティブな気持ちの表現——安全, 非安全な状況にかかわる感情語の使用」『発達心理学研究』**21**, 364-373.

仲真紀子（2010b）.「事例へのコメント 性虐待事例における非加害親への支援で留意すること」『そだちと臨床』**8**, 127-128.

仲真紀子（2011a）.『法と倫理の心理学——心理学の知識を裁判に活かす 目撃証言, 記憶の回復, 子どもの証言』培風館.

仲真紀子（2011b）.「NICHD ガイドラインにもとづく司法面接研修の効果」『子どもの虐待とネグレクト』**13**(3), 316-325.

仲真紀子（2011c）.「事実確認と子どものケア——感情を交えずに話を聞く事」『世界の児童と母性』**71**, 41-45.

仲真紀子（2012a）.「面接のあり方が目撃した出来事に関する児童の報告と記憶に及ぼす効果」『心理学研究』**83**, 303-313.

仲真紀子（2012b）.「法と心理学会大会企画シンポジウム——エビデンスにもとづく取調べの科学化」『法と心理』**12**(1), 10-11.

仲真紀子（2012c）.「科学的証拠にもとづく取調べの高度化——司法面接の展開と PEACE モデル」『法と心理』**12**(1), 27-32.

仲真紀子（2012d）.「子どもの証言と面接法」日本発達心理学会編／根ヶ山・仲真紀子責任編集『発達科学ハンドブック 4 発達の基盤——身体, 認知, 情動』新曜社, 284-296.

仲真紀子（2012e）.「法と認知科学」石口彰監／池田まさみ編『認知心理学演習 日常生活と認知行動——応用・実践編』オーム社, 173-197.

仲真紀子（2013）.「出来事の報告と時間を表す語彙の発達的変化——時間（日）による出来事の検索と時間語彙の理解・産出」日本心理学会第 77 回大会.

仲真紀子（2014a）.「司法・福祉における子どもへの面接——司法面接と多職種連携」子安増生・仲真紀子編『こころが育つ環境をつくる——発達心理学からの提言』新曜社, 129-144.

仲真紀子（2014b）．「出来事の報告と時間を表す語彙の発達的変化——出来事の報告の正確性」発達心理学会．京都大学．3:30-5:30

仲真紀子（2014c）．「司法場面におけるコミュニケーション」安西祐一郎ほか編『岩波講座コミュニケーションの認知科学　自立と支援』第5巻．岩波書店．

仲真紀子（印刷中）．「司法面接の展開——多機関連携への道程」『法と心理』．

仲真紀子・無藤隆・藤谷玲子．（1982）．「間接的要求の理解に関わる要因教育」『教育心理学研究』**30**, 175-184.

仲真紀子・上宮愛（2005）．「子どもの証言能力と証言を支える要因」『心理学評論』**48**(3), 343-361.

仲真紀子・杉浦ひとみ・廣井亮一・白取裕司・西田美樹・西尾洋介（2008）．「少年事件における少年へのインタビュー」『法と心理』**7**(1), 70-72.

Naka, M. (2006). Memory talk and testimony in children. In Mazuka et al. (Eds.), *Handbook of East Asian Psycholinguistics* (pp. 123-129). Cambridge University Press.

Naka, M. (2011). Children's description of feelings of others and of their own in negative and positive situations. Symposium: Children's Performance and Experiences in Legal Contexts (Fiona Jack), 17th Biennial Conference of the Australasian Human Development Association, Dunedin, New Zealand, 4-6. July, 2011.

Naka, M. (2013). Lay Judges' evaluation of a child interview: Effects of how a child talks and camera perspectives. *International Investigative Interviewing Research Group* (*iIIRG*), **3**(**5**)

Naka, M. (2014). A training program for investigative interviewing of children. In R. Bull (Ed.), *Investigative Interviewing* (pp. 103-122). Springer.

Naka, M. (2015). Interviews with victims and witnesses of crime in Japan: Research and practice. In D. Walsh, G. E. Oxburgh, A. D. Redlich, and T. Myklebust (Eds.), *International developments and practices in investigative interviewing and interrogation*, Volume 1: Victims and witnesses (pp. 43-57). Routledge.

Naka, M., Futakuchi, Y., & Koyama, T. (2010). A training program on investigative interviewing with children: Three-day training and its effect on the interview. Poster presented at the 3rd International Investigative Interviewing Research Group Annual Conference, Stavern, Norway, June, 22-24.

Naka, M., Okada, Y., Fujita, M., & Yamasaki, Y. (2011). Citizen's psychological knowledge, legal knowledge, and attitudes toward participation in the new Japanese legal system, Saiban-in seido. *Psychology, Crime & Law*, **17**, 621-641.

Nelson, C. A. (1995). The ontogeny of human memory: A cognitive neuroscience perspective. *Developmental Psychology*, **31**, 723-738.

Nelson, K. (1988). The ontogeny of memory for real events. In U. Neisser & E. Winograd (Eds.), *Remembering reconsidered: Ecological and traditional approaches to the study of memory* (pp. 244-276). Cambridge University Press.

Nelson, K. (2000). Memory and belief in development. In L. Daniel Schacter, (Ed) Scarry, Elaine (Ed). *Memory, brain, and belief*. (pp. 259-289). Harvard University Press.

Niederberger, J. M. (2002). The perpetrator's strategy as a crucial variable: a representative study of sexual abuse of girls and its sequelae in Switzerland. *Child Abuse & Neglect*, **26**, 55-71.

越智啓太 (1998).「アナトミカルドールを用いた性的虐待児へのインタビュー——アナトミカル・ドール論争の展望」『犯罪心理学研究』**36**, 33-46.

越智啓太・長尾恵 (2009).「耐誘導トレーニングによる子どもの被誘導性の減少」『法政大学文学部紀要』**58**, 87-95.

大久保愛 (1981).『子育ての言語学』三省堂.

Orbach, Y. & Lamb, M. E. (2001). The relationship between within-interview contradictions and eliciting interviewer utterances. *Child Abuse & Neglect*, **25**(3), 323-333.

尾山智子・仲真紀子 (2013).「幼児によるポジティブ,ネガティブな出来事の語り——親が出来事を選定した場合と子どもが出来事を選定した場合」『発達心理学研究』**24**, 1-12.

Oxburgh, G. E. & Myklebust, T. (2010). The question of question types in police interviews: a review of the literature from a psychological and linguistic perspective. *The International Journal of Speech, Language and the Law*, **17**(1), 45-66.

Perry, N. W., McAuliff, B. D., Tam, P., Claycomb, L., Dostal, C., & Flanagan, C. (1995). When lawyers question children: Is justice served? *Law and Human Behavior*, **19**, 609-629.

Peterson, C. & McCabe, A. (1996). Parental scaffolding of context in children's narratives. In C. E. Johnson & J. H. V. Gilbert (Eds), *Children's language*, Vol. 9 (pp. 183-196). Lawrence Erlbaum Associates, Inc.

Peterson, C., Jesso, B., & McCabe, A. (1999). Encouraging narratives in preschoolers: an intervention study. *Journal of Child Language*, **26**, 49-67.

Peterson, C. C., Peterson, J. L., & Seeto, D. (1983). Developmental changes in ideas about lying. *Child Development*, **54**, 1529-1535.

Pezdek, K., Morrow, A., Blandon-Gitlin, I., Goodman, G. S., Quas, J. A., Saywitz, K. J., Bidrose, S., Pipe, M-E., Rogers, M., & Brodie, L. (2004). Detecting Deception in Children: Event Familiarity Affects Criterion-Based Content Analysis Ratings. *Journal of Applied Psychology*, **89**, 119-126.

Picozzi, M., Cassia, V. M., Turati, C., & Vescovo, E. (2009). The effect of inversion on 3- to 5-year-olds' recognition of face and nonface visual objects. *Journal of Experimental Child Psychology*, **102**, 487-502.

Pipe, M. & Wilson, J.C. (1994). Cues and secrets: Influences on children's event reports. *Developmental Psychology*, **30**(4), 515-525.

Poole, D. A. & Lamb, M. E. (1998). *Investigative interviews of children: A guide for helping professionals*. American Psychological Association.

Poole, D. A. & White, L. T. (1991). Effects of question repetition on the eyewitness testimony of children and adults. *Developmental Psychology*, **27**(6), 975-986.

Povinelli, D. J., Landau, K. R., & Perilloux, H. K. (1996). Self-recognition in young children using delayed versus live feedback: Evidence of a developmental asynchrony. *Child Development*, **67**, 1540-1554.

Pozzulo, J. D. (2007). Person description and identification by child witnesses. In R. C. L. Lindsay, D. F. Ross, J. D. Read, & M. P. Toglia (Eds.), *The handbook of eyewitness psychology, Vol. II, Memory for people* (pp. 283-307). LEA.

Pozzulo, J. D. & Balfour, J. (2006). Children's and adult's eyewitness identification accuracy when a culprit changes his appearance: Comparing simultaneous and elimination line-up procedures. *Legal and Criminological Psychology*, **11**, 25–34.

Pozzulo, J. D. & Lindsay, R. C. L. (1998). Identification accuracy of children versus adults: A meta-analysis. *Law and Human Behavior*, **22**, 549–570.

Pozzulo, J. D., Dempsey, J., & Crescini, C. (2009). Preschoolers' person description and identification accuracy: A comparison of the simultaneous and elimination lineup procedures. *Journal of Applied Developmental Psychology*, **30**, 667–676.

Reed, S. K. (2009). *Cognition: Theories and applications* (8th ed.). Wadsworth Publishing.

Roberts, K. P., Lamb, M. E., & Sternberg, K. J. (2004). The Effects of Rapport-building Style on Children's Reports of a Staged Event. *Applied Cognitive Psychology*, **18**(2), 189–202.

Rovee-Collier, C. & Gerhardstein, P. (1997). The development of infant memory. In N. Cowan (Eds.), *The development of memory in childhood* (pp. 5–39). Psychology Press.

Ruby, C. L. & Brigham, J. C. (1998). Can criteria-based content analysis distinguish between true and false statements of African-American speakers? *Law and human Behavior*, **22**(4), 369–388.

佐々木真吾・仲真紀子 (2014).「異なる詳細さで報告するスキルの発達——だいたいと正確」『心理学研究』**84**(6), 585–595.

佐藤典子 (1983).「ある強制ワイセツ事件」『日本の冤罪』, 236–239.

Saywitz, K. J., Goodman, G. S., Nicholas, E., & Moan, S. F. (1991). Children's memories of a physical examination involving genital touch: Implications for reports of child sexual abuse. *Journal of Consulting and Clinical Psychology*, **59**, 682–691.

Saywitz, K. J., Geiselman, R. E., & Bornstein, G. K. (1992). Effects of cognitive interviewing and practice on children's recall performance. *Journal of Applied Psychology*, **77**(5), 744–756.

Saywitz, K., Camparo, L. B., & Romanoff, A. (2010). Interviewing children in custody cases: Implications of research and policy for practice. *Behavioral Sciences and the Law*, **28**, 542–562.

Schacter, D. L., Kagan, J., & Leichtman, M. D. (1995). True and false memories in children and adults: A cognitive neuroscience perspective. Psychology, *Public Policy, and Law*, **1**(2), 411–428.

Schooler, J. W. & Engstler-Schooler, T. Y. (1990). Verbal overshadowing of visual memories: Some things are better left unsaid. *Cognitive Psychology*, **22**, 36–71.

Scoboria, A. & Fisico, S. (2013). Encouraging and clarifying "don't know" responses enhances interview quality. *Journal of Experimental Psychology: Applied*, **19**(1), 72–82.

セーデルボリ, A-C., グンペルト, C. H., アバド, G. L./仲真紀子・山本恒雄監訳, リンデル佐藤良子訳 (2014).『知的障害・発達障害のある子どもの面接ハンドブック——犯罪・虐待被害が疑われる子どもから話を聞く技術』明石書店.

Shaver, P., Schwartz, J., Kirson, D., & O'Connor, C. (1987). Emotion knowledge: Further exploration of a prototype approach. *Journal of Personality and Social Psychology*, **52**, 1061–1086.

Shepherd, E. (2007). *Investigative interviewing: The conversation management approach*. Oxford University Press.

Shing, Y. L., Werkle-Bergner, M., Brehmer, Y., Müller, V., Li, S. C., & Lindenberger, U. (2010). Episodic memory across the lifespan: The contributions of associative and strategic components. *Neuroscience and Biobehavioral Reviews*, **34**, 1080-1091.

下島裕美 (2008). 「自伝的記憶の時間的体制化」佐藤浩一・越智啓太・下島裕美編『自伝的記憶の心理学』北大路書房. 116-127.

白石紘章・仲真紀子・海老原直邦 (2006). 「認知面接と修正版認知面接における出来事の再生と反復提示された誘導情報の情報源再認」『認知心理学研究』**4**, 33-42.

Siegal, M. (1996). Conversation and cognition. In R. Gelman & T. Kit-Fong (Eds.), *Perceptual and cognitive development* (pp. 243-282). Academic Press.

Siegal, M. (1999). Language and Thought: The fundamental significance of conversational awarenss for cognitive development. *Developmental Science*, **2**(**1**), 1-34.

Siegal, M. & Peterson, C. C. (1996). Breaking the mold: A fresh look at children's understanding of questions about lies and mistakes. *Developmental Psychology*, **32**(**2**), 322-334.

Skagerberg, E. M. & Wright, D. B. (2008). The prevalence of co-witnesses and co-witness discussions in real eyewitnesses. *Psychology, Crime & Law*, **14**, 513-521.

Smith, R. M., Powell, M. B., & Lum, J. (2009). The relationship between job status, interviewing experience, gender, and police officers' adherence to open-ended questions. *Legal and Criminological Psychology*, **14**(**1**), 51-63.

Sorensen, T. & Snow, B. (1991). How children tell: The process of disclosure in child sexual abuse. *Child welfare*, **70**(**1**), 3-15.

Squire, L. R. (1986). Mechanisms of Memory. Science, *New Series*, **4758**, 1612-1619.

Sternberg, K. J., Lamb, M. E., Hershkowitz, I., Yudilevitch, L., Orbach, Y., Esplin, P. W., & Hovav, M. (1997). Effects of introductory style on children's abilities to describe experiences of sexual abuse. *Child Abuse & Neglect*, **21**(**11**), 1133-1146.

Sternberg, K. J., Lamb, M. E., Orbach, Y., Esplin, P. W., & Mitchell, S. (2001). Use of a structured investigative protocol enhances young children's responses to free-recall prompts in the course of forensic interviews. *Journal of Applied Psychology*, **86**(**5**), 997-1005.

Stobbs, G. & Kebbell, M. R. (2003). Jurors' perception of witnesses with intellectual disabilities and the influence of expert evidence. *Journal of Applied Research in Intellectual Disabilities*, **16**, 107-114.

Strichartz, A. F. & Burton, R. V. (1990). Lies and Truth: A study of the development of the concept. *Child Development*, **61**, 211-220.

Sugimura, T. (2010). Eyewitness memory of a real-life event: Recognition accuracy of young children for a disguised face and a bystander. *Journal of Human Environmental Studies*, **8**, 181-187.

Sugimura, T. (2011a). Eye-tracking investigation of facial processing in discriminating gender: Developmental differences between young children and adults. *Journal of Japanese Academy of Facial Studies*, **11**, 29-40.

Sugimura, T. (2011b). Young children's responses to repeated facial identifications: A comparison of one-day and one-month delayed tests. *Bulletin of Fukuoka University of Education*, **60**, 53-62.

Sugimura, T. (2013) Young children's difficulty in disregarding information from external features when matching unfamiliar faces. *Journal of Experimental Child Psychology*, **116**, 296-308.

杉村智子（2010）.「幼児の目撃記憶の発達――顔の再認成績に及ぼす言語供述の影響」『発達心理学研究』21，342-352.

杉村智子（2012）.「人物識別の正確さに及ぼすラインアップ方法の影響――幼児と成人における同時提示法と消失提示法の比較」『日本心理学会第76回大会発表論文集』2AMC28.

多田伝生・佐藤薫・藤本真由美・小山和利・二口之則・畠中さおり・仲真紀子（2011）.「児童相談所における司法面接（事実確認面接）の在り方と課題等について」『北海道児童相談所研究紀要』30，1-45.

Tanabe, Y., Naka, M., & Uemiya, A.（2013）Lay people's belief on a forensic interviewer: Who are the best to interview with a child? The 10th Conference of the Society for Applied Research in Memory and Cognition. Rotterdam, the Netherlands.

田鍋佳子・上宮愛・仲真紀子（2011）.「子どもの証言能力についての素朴理論(2)――小学生の保護者を対象とした調査」日本心理学会第75回大会.

Tanabe, Y., Uemiya, A., & Naka, M.（2014）. Lay people's belief on a forensic interviewer(2): Correlation analyses. ICAP: The 28th International Congress of Applied Psychology. 8-13 July, 2014. Palais de Congrès de Paris, France.

田崎仁一（2013）.「心理学的知見にもとづく取調べ技術」『警察学論集』66(4)，37-59.

Thompson, P.（1980）. Margaret Thatcher: A new illusion. *Perception*, **9**, 483-484.

Thierry, K., Lamb, M. E., Orbach, Y., & Pipe, M.（2005）. Developmental differences in the function and use of anatomical dolls during interviews with alleged sexual abuse victims. *Journal of Consulting and Clinical Psychology*, **73**(6), 1125-1134.

Toth, P.（2012）. Child forensic interviews: Differences, debates and best practices. NCA n.e.t. Training. 2012. 6. 14.

Tulving, E.（1985）. Memory and consciousness. *Canadian Psychology*, **26**, 1-12.

内田伸子・大宮明子（2002）.「幼児の説明の発達――理由づけシステムにおける領域知識と推論形式の関係」『発達心理学研究』13，232-243.

上原泉（1998）.「再認が可能になる時期とエピソード報告開始時期の関係――縦断的調査による事例報告」『教育心理学研究』46，271-279.

上原泉（2005）.「乳幼児の記憶発達に関する新しい理論構築の試み」『清泉女学院大学人間学部研究紀要』2，3-13.

上宮愛・仲真紀子（2009）.「幼児による嘘と真実の概念的理解と嘘をつく行為」『発達心理学研究』20，393-405.

上宮愛・仲真紀子（2010）.「幼児による人形・道具を用いた出来事の報告」『発達研究』24，25-36.

Vrij, A., Ennis, E., Farman, S., & Mann, S.（2010）. People's perceptions of their truthful and deceptive interactions in daily life. *Open Access Journal of Forensic Psychology*, **2**, 6-49.

Walker, A. G.（1993）. Questioning Young Children in Court: A Linguistic Case Study. *Law and Human Behavior*, **17**, 59-81.

Walker, A. G.（2005）. *Handbook on questioning children: A linguistic perspective* (2nd Ed.). ABA Center on children and the law.

Walker, J. A. & Hunt, J. S.（1998）. Interviewing child victim-witnesses: How you ask is what you get. In C. P. Thompson, D. J. Herrmann, J. D. Reod, D. Bruce, D. G. Peyne, & M. P. Toglia

(Eds.), *Eyewitness memory: Theoretical and applied perspectives* (pp. 55-87). LEA.

渡邉和美（印刷中）.「体験した事実を聴き取るための面接スキル」『法と心理』.

渡辺昭一編著（2005）.『捜査官のための実践的心理学講座 捜査心理ファイル──犯罪捜査と心理学のかけ橋』東京法令出版.

Waterman, A. H. & Blades, M. (2011). Helping children correctly say "I don't know" to unanswerable questions. *Journal of Experimental Psychology: Applied*, **17**(4), 396-405.

Waterman, A. H., Blades, M., & Spencer, C. (2000). Do children try to answer nonsensical questions? *British Journal of Developmental Psychology*, **18**, 211-225.

Wells, G. L. (1978). Applied eyewitness-testimony research: System variables and estimator variables. *Journal of Personality and Social Psychology*, **36**, 1546-1557.

Westera, N. J., Kebbell, M. R., & Milne, B. (2013). Losing two thirds of the story: A comparison of the video-recorded police interview and live evidence of rape complainants. *Criminal Law Review*, **4**, 290-308.

山本渉太・山元修一・渋谷友祐（2014）.「事情聴取における発問方法の効果(5)」日本法科学技術学会第20回学術集会.

山本恒雄（2012）.「家庭内性暴力被害児（児童虐待，児童ポルノ等）の発見・支援における各関係機関の対応と連携に関する調査研究」．子ども未来財団，平成23年度児童関連サービス調査研究等事業．平成24年3月．

山本恒雄（2013）.「児童相談所における司法面接（法的被害事実確認面接）の現状と課題」．シンポジウム：子どもからの被害の訴えを聴く 制度としての司法面接を実現するために．日本子ども虐待防止学会（JaSPCAN）第19回学術集会信州大会（12月14日）．信州大学．

山本恒雄・渡邉直・青木栄治・渡辺裕子・妹尾洋之・稲葉史恵・大久保牧子・丸山恭子・和田一郎・中嶋佐智子（2015）.「児童相談書における性暴力被害児童への支援の在り方．岡本正子（研究代表者）性的虐待事案に係る児童とその保護者への支援の在り方に関する研究」．厚生労働省科学研究費補助金政策科学総合研究事業（政策科学推進研究事業）平成26年度総括・分担研究報告書，13-32.

Yin, R. K. (1969). Looking at upside-down faces. *Journal of Experimental Psychology*, **81**, 141-145.

Yuille, J. C., Hunter, R., Joffe, R., & Zaparniuk, J. (1993). Interviewing children in sexual abuse cases. In G. S. Goodman, & B. L. Bottoms (Eds.), *Child Victims, Child Witnesses: Understanding and Improving Testimony* (pp. 95-115). The Guilford Press.

付録 1：NICHD プロトコルに基づく司法面接の最小限の手続き

【導入】
〈録画開始〉
1. 今日は _____ 年 ____ 月 ____ 日で，時刻は ____ 時 ____ 分です。私は○○
○○［子ども氏名］さんに，_____［場所］で面接をします。

〈子ども入室〉
　　挨拶・説明：こんにちは。今日はお話しに来てくれて，どうもありがとう。
〈席に案内し，座ってもらう〉
私の名前は_____です。私の仕事は子どもからお話を聞くことです。この会話は録画します（機材説明）。私がお話を忘れないように，後で見ればわかるようにするためです。他の人が見ることもありますが，○○さんに迷惑がかかることはありません。別の部屋で，私が○○さんからちゃんと聞けているか，一緒に仕事をしている人が見てくれています。あとで，私がちゃんと聞けているか，相談に行くこともあるかもしれません。

2. グラウンドルール：面接を始める前にお約束があります。（＊は練習課題）
　① 本当：今日は，本当のことだけを話すのがとても大切です。本当にあったことだけを話してください。
　＊ 靴：では練習してみましょう。
　　私が「私の靴は赤い」と言ったら，これは本当ですか，本当ではありませんか。（本当は黒等）
　　・（正しく「本当でない」「違う」などと言ったならば）そうですね。私の靴は黒いので本当ではありませんね。
　　では「○○さんが今，座っている」と言ったら，これは本当ですか，本当ではありませんか。（本当に座っている）
　　・（正しく「本当」「そう」などと言ったならば）そうですね。○○さんは座っているので本当ですね。

○○さんが本当のことと本当でないことの区別がよくわかっていることがわかりました。今日は，本当にあったことだけを話してしてください。
② わからない：もしも私の質問の意味がわからなかったら，「わからない」と言ってください。
③ 知らない：もしも私の質問の答えを知らなかったら，「知らない」と言ってください。
＊ 犬：「私が飼っている犬の名前は何ですか」と聞いたら，○○さんは何と答えますか。
　　・（正しく「知らない／わからない」などと言ったならば）そうですね。知らない／わからないときは，今のように「知らない／わからない」と言ってください。
　　・（「ポチ」などと推測した答えを言ったならば）○○さんは，私の家に来たことがないから犬の名前は知らないでしょう。知らない時は「知らない」と言ってください。
④ 間違い：私が間違ったことを言ったら「間違ってるよ」と言ってください。
＊ 年齢：私が○○さんは［2歳］ですねと言ったら，○○さんは何と言いますか。
　　・（正しく「ううん」「間違ってる」などと言ったならば）そうですね。私が間違ったら，「間違ってる」と言うのがわかりましたね。私が間違ったら，今のように「間違ってる／違ってる」と教えてください。
⑤ その場にいない：私はその場にいなかったので，何があったかわかりません。どんなことでも，あったことを全部話してください。

3. ラポール形成：○○さんのことをもっと知りたいので聞きますね。○○さんは何をするのが好きですか。
　　・（話してもらったならば）はい，よくわかりました。どうもありがとう。このようにたくさん話してくれるとよくわかります。今のようにたくさんお話ししてください。

4. 出来事を思い出して話す練習：それでは前のことを思い出してお話する練習をしましょう。今日あったことを話してください。今日，朝起きてからここに来るまでにあったことを最初から最後まで，どんなことでも全部話してください。
   - (話してもらったならば) はい，よくわかりました。どうもありがとう。このようにたくさん話してくれるとよくわかります。今のようにたくさんお話ししてください。

【本題への移行】

5. それでは，こんどは〇〇さんがどうして／ここ（一時保護所等）にいるか／ここ（面接を行う機関）に来たか／お話しすることにしましょう。何かありましたか。あったとしたら，最初から最後まで全部お話ししてください。
   　　（あるいは）
   今日は何をお話ししに来ましたか。
   　　（出てこなかったら次のように言う）
   ① 〇〇さんが［いつ／どこで］，［通告した人］に話をしたと聞いています。何があったか話してください。
   ② 〇〇さんの［体の場所］に［傷，あざ，跡］がありますが［あると聞きましたが］，その／この［傷，あざ，跡］ができたときのことを，最初から最後まで全部話してください。

【出来事の分割】

6. そういうことがあったのは1回だけですか，それとも他にもありましたか（それとも1回よりも多いですか）。
   - （「他にもあった」「いつも」「たくさん」などと言ったならば）それでは／一番よく覚えているとき／一番最後にあったとき／一番最初にあったとき／のことを話してください。

【質問】

7. オープン質問
   ① 何があったか最初から最後まで，どんなことでも全部話してください。
   ② AからBまでにあったことを，全部話してください。
   ③ さっきAと言っていましたが，そのことを（について）もっと話してください。
   ④ それから？ そして？ あとは？
   ⑤ エコーイング（子どもの言葉を繰り返すのみ）
   ⑥ ふん，ふん。

8. WH質問

9. ブレイク
   ① たくさん話してくれて，どうもありがとう。これから，私がちゃんとお話を聞けているかどうか，別の部屋で見ててくれる人に確認してきます。待っててもらっていいですか。
   〈面接者退室→モニター室で相談→面接室に戻る〉
   ② 待っててくれて，どうもありがとう。それではあといくつか質問します。

10. クローズド質問

11. 会話（口止めや脅し），他者（他の加害者，目撃者，被害者），これまでの開示，および疑われる出来事についての確認質問
    ① その人は何か言いましたか。
    ② 他に誰かいましたか。
    ③ このことを知っている人は他に誰かいますか／その人はどうしてこのことを知っていますか。
    ④ ［疑われる事柄］されたことはありますか／誰かが［疑われる事柄］しましたか。

【クロージング】
12. たくさんのことを話してくれました。助けてくれて、どうもありがとう。
    ① 知っておいたほうがよいこと：他に、私が知っておいたほうがよいことはありますか。
    ② 話しておきたいこと：他に、〇〇さんが私に話しておきたいことは、ありますか。
    ③ 質問：〇〇さんからは、何か質問はありますか。
    ④ 連絡先：また何か話したくなったら、ここに連絡してください。

〈子ども退出〉

13. (配置図や身体の図などがあれば、電源を切る前にカメラに示す)。今は［時、分］です。これで面接を終わります。

〈録画終了〉

※ 本手続きは Lamb, M. E., Orbach, Y., Hershkowitz, I., Esplin, P. W., & Horowitz, D. (2007) A structured forensic interview protocol improves the quality and informativeness of investigative interviews with children: A review of research using the NICHD Investigative Interview Protocol. *Child Abuse and Neglect*, **31**, 1201-1231. に沿って作成されたものである。2007年に筆者が受けた、Salt Lake Child Justice Center での研修内容も反映されている。Michael E. Lamb 教授、Irit Hershkowitz 教授、Heather Stewart 氏に感謝する。

付録2：被疑少年のための NICHD プロトコル
(Hershkowitz et al., 2004 より作成)

　イスラエルでは，福祉省の職員（警察ではない）が被疑少年に対する面接を行う。以下は，イスラエルのハーシュコヴィツらが被疑少年への面接のために作成したプロトコル（Hershkowitz et al., 2004）をもとに作成したものである。ハーシュコヴィツらはこの方法を現実の被疑少年への面接に用い，少年がオープン質問に対してより多く詳細情報を提供することを示している。なお，イスラエルでは少年が12歳未満か12歳以上で法的対応が異なるので，プロトコルにはそれが反映されている。

A. 今日は_____年___月___日で，時刻は___時___分です。私は○○○○さん［被面接者氏名］に，_____［場所］で面接をします。

　挨拶・説明：こんにちは，私の名前は_____です。私の仕事は子どもからお話を聞くことです。この会話は録画します（機材説明）。私がお話を忘れないように，後で見ればわかるようにするためです。私は，［申し立ての要旨］を聞きました。私はそのことについて，○○さんと話すように言われました（少年が12歳以上であれば，Bに進む。12歳未満であれば，CまたはDに進む）。

B. 12歳以上の少年に対する警告（イスラエルでは，12歳以上の子どもには以下の警告文を告げる）：○○さんには，話したくなければ話さなくてもよい，という権利があります。もしも，○○さんが話をしたならば，詳しい調査のために，私はその話を警察の人に伝えます。事件になったならば，○○さんが今日私に話すことは，○○さんに不利益な証拠として使われるかもしれません。けれども，何があったか，どんなことでも全部話してもらうほうが，そのようなことをやめるためのカウンセリングや手助けをすることができます。私が話したこと，わかりましたか？

- 「わからない」と言ったならば，子どもが理解できているか確認しながら，上の警告文を一文ずつ繰り返す。

○○さん，何があったか話そうと思いますか。
- 「話さない」「わからない」などと言ったならばCに進む。
- 「話そうと思う」と言ったならばDに進む。
- すぐに話し出したならば，Fに進む。

C. 話したがらない子ども：
① 今話したように，○○さんには「話さなくてもよい」という権利があります。けれども，これから大切なことを言いますから，よく聞いてください。他の子どもに性的なことをする子どもには，カウンセリングや手助けが必要です。何があったか話さない子どもは，そういったことをし続けて，問題がこじれてしまうことがあります。もしも○○さんが他の子どもに性的なことをしたのなら，どんなことでも全部私に話してください。私たちがお手伝いできるようにすることが大切です。いいですか。
② （子どもが話さなければ）[被害者]は，○○さんのことをたくさん話しました。今度は○○さんが，何があったか話すチャンスです。話そうと思いますか。
③ （子どもが話さなければ）これはとても大切なことなので，何分か考えてみてください。私に話すのではなく，紙に書きたければ，紙とペンをあげます。
④ 考えたこと／書いたことを話してもらえますか。
⑤ （子どもの応答を待つ。子どもが話そうとしなければ）今話したくなければこれで終わりにします。気が変わって，私に話そうと思ったならば[電話番号等]に連絡してください。

D. ラポール形成：子どもが話す意向を示したならば，司法面接と同様に，子ども自身，家族，学校，先生，クラス等について話してもらい，ラポール形成を行う。例えば，「○○さんのことをもっと知りたいので聞きます。○○さんは何をするのが好きですか」「それでは，家族のことを話してく

ださい」と誘いかける。話してもらったならば「はい，よくわかりました。どうもありがとう。このようにたくさん話してくれるとよくわかります。今のようにたくさんお話ししてください」と動機づける。

E. 出来事を思い出して話す練習：司法面接と同様に，卑近な出来事を思い出して話す練習を行う。例えば，「それでは前のことを思い出してお話しする練習をしましょう。今日あったことを話してください。今日，朝起きてからここに来るまでにあったことを最初から最後まで全部話してください」と誘いかけ，話してもらったならば「はい，よくわかりました。どうもありがとう。このようにたくさん話してくれるとよくわかります。今のようにたくさんお話ししてください」と動機づける。

F. 本題への移行：
① それでは，今日は○○さんがどうして［ここに来たか／ここにいるか］，話すことにしましょう。○○さんはさっき［被害者］とのことを話すと言いました。何があったか，本当のことを話すことがとても大切です。［被害者］に何があったか，最初から最後まで，正確に，詳しく話してください。
② ［被害者］と，そういうことがあったのは1回だけですか，それとも他にもありましたか。
（「他にもあった」「いつも」「たくさん」などと言ったならば）［被害者］が話した出来事は，ありましたか。
・被害者との出来事が複数回あったのであれば，証拠が最も多く残っている出来事から報告を求める。
・少年が話し始めたら，特定の日時，場所で，被害者との間で起きた出来事について自由報告を求める。司法面接と同様，誘いかけによって自由報告を求め，時間分割質問，手掛かり質問，それから質問を用い，できるだけ多くの情報を収集する。

G. 否認に対応する：少年が否認した場合は「［被害者］は○○さんと知り合

いだと言いました。そのことについて話してください」等，目撃者，被害者，その他の情報源から得られた情報の一部を示し，説明・報告を求める。

H. 矮小化に対応する：少年が矮小化して話している可能性がある場合は「あなたはAと言いましたが，[目撃者／被害者／その他の情報源]からはBと聞きました。私は，よくわからなくなってしまいました。このことを，もっと説明してください」などと告げ，説明・報告を求める。

I. クロージング：以下のような確認を行う。
① 経緯：話してくれて，とても助かりました。では，○○さんがどうしてそのようなことをするようになったのか，話してください。
② 被害：同じようなことを，誰かが○○さんにしたことはありますか。（「あった」と言ったならば）司法面接の手続きに沿って被害を聴き取る。
③ 知っておいたほうがよいこと：他に，私が知っておいたほうがよいことは，ありますか。
④ 話しておきたいこと：他に，○○さんが私に話しておきたいことは，ありますか。
⑤ 質問：○○さんからは，何か質問はありますか。
⑥ 連絡先：また何か話したくなったら，ここに連絡してください。これで面接は終わりです。○○さんが今後このようなことをしないように，お手伝いできればと思います。

面接では，必要に応じて以下のような方法を用い，さらなる情報を得る。

J. 自由報告の追加を求める：情報が足りない場合は「私は，そのときにあったことを最初から最後まで，全部理解したいと思っています。思い出せることをできるかぎり全部話してください」などと，さらなる自由報告を求める。

K. 説明の拡張を求める：「○○さんは，（先ほど）Aと言いました。そのことをもっと話してください」などの手掛かり質問により，さらなる拡張を求

める。

L. 少年が話していない重要な詳細情報を求める：重要な詳細情報については，報告されていなくても尋ねる必要がある。例えば「あなたは服を着ていましたか，いませんでしたか」などと尋ね，答えが得られたならば「では，そのときの服装をもっと詳しく話してください」と拡張を求める。

M. 少年の報告の信用性を確認する：少年が話していない事柄を被害者が報告していれば，あるいは少年と被害者とで報告に矛盾があれば，次のように確認する。「○○さんはAと言いましたが，［被害者］はBと言いました。そのことについて，何か話せることはありますか」。その応答は，少年の供述の信用性を査定する材料にもなる。

付録3：PEACEモデル

　PEACEモデルは，シェパードによって作られ，イギリスの警察で用いられている被疑者取り調べ法である（Shepherd, 2007）。PEACEのPは計画（plan），Eは説明（explain）と引き込み（engagement），Aはアカウント（account：説明のこと），Cは終結（closure），そしてEは評価（evaluation）を表す。被疑者の権利，面接の意味，手続きなどを十分に説明した上で，被疑者と対立することなく情報収集を行うことを目指した面接法であり，警察庁による「取調べ（基礎編）」（警察庁，2012）にも活かされている。

　イギリスでは，被疑者を勾留できる時間は48時間（裁判所の許可があれば，72時間）であり，1回の面接は2時間と定められている（数回繰り返すことは可能である）。そのため，面接者は目撃者，被害者等の供述や，その他できるだけ多くの情報を収集した上で，綿密な計画を立てて面接を行う（目撃者，被害者の供述についてはそれぞれSE3Rを作成し，それらを重ね合わせて不足している情報や矛盾する情報などを確認しておく）。

　イギリスの警察では5層（tier）から成る面接トレーニングが行われている。第1層は基礎，第2層は複雑でない事案の面接であり，これらを通過し一定の経験を積んだ警察官が第3層のPEACEトレーニングを受ける。以下の手続きは，筆者が2011年にイギリス・サセックス州スラッファム警察トレーニングセンター（スラッファム・マナー）で受けた第3層PEACEモデル被疑者取調べ研修（3週間のトレーニングと1週間の試験から成る）で得た知見をもとに構成したものである（Ray Bull教授，Andy Grifith博士，Paul Haywood氏に感謝する）。

【導入】
〈録画開始〉
1. 挨拶：今日は＿＿年＿＿月＿＿日で，時刻は＿＿時＿＿分です。こんにちは。私は＿＿＿＿＿＿警察の＿＿＿＿＿＿です。○○さん［被疑者名］とお呼びしてもよいですか。この会話は録画します。
2. 法的助言（自由で独立の法的アドバイス）：○○さんは，警察とは独立の立場に

ある弁護士さんから自由に法的助言を受けることができます。電話をかけることもできますし，直接面談することもできます。今，弁護士さんと話をしますか。

・「いいえ」であれば「何か理由はありますか（答を待つ）。もしも，後で弁護士さんと話したくなったら言ってください。すぐに会えるように手配します」などと対応する。

・弁護士の意味を理解していないようであれば「弁護士というのは，警察や裁判所とは違った立場で○○さんを支えてくれる人です」などと，わかりやすく説明する。

3. 被疑事実の説明：（例えば，強盗であったならば）○○さんは強盗の容疑で逮捕されました。「強盗」の意味はわかりますか（答えを待つ）。この面接は，○○さんが話をする最初の重要なチャンスです。

・強盗の意味がわからないようであれば，わかりやすく説明する。

4. 事務的説明：面接は2時間くらいかかります。途中で休みをとるかもしれません。いいですか。

5. 希望：面接に入る前にお願いしたいことがあります。私が話している最中は，さえぎらないでください。私も，○○さんが話している最中は，できるだけさえぎらないようにします。私の質問をよく聞いて，たくさん話してください。いいですか。

6. 面接の見通し（ルートマップ）：○月○日，［場所］で強盗がありました。これから，その日の○○さんの行動，そして○○さんと被害者の関係について，話を聞きます。

・面接の計画を立てる際，証拠（例えば，盗品）をどの段階でどの程度提示するかを綿密に計画しておく。例えば，現場のドアの内側に被疑者の指紋が残っていたとしても，この段階では言及しない。

7. 警告（法的に定められた警告文）：話したくないことは，話さなくても構いません。話さないことで，不利になることはありません。けれども，面接で話したことは，○○さんにとって不利な証拠として用いられるかもしれません（なお，イギリスでは黙秘に対する不利益推定が認められているので，日本とは異なる説明となる）。

8. 牽引質問（被疑者を面接のトピックに引き込むための，事件に関する具体的情報を含む質問）：（例えば，容疑が強盗であるならば）［被害者］が○○さんと同じような姿格好の人に強盗の被害にあったと言いました。○○さんと事件との関わりについて話してください。
   - この段階で「あなたは強盗を働きましたか」などと聞くと，被疑者は「いいえ」と言う。一度「いいえ」と言うと変更は生じにくいので，疑われることを直接的に尋ねることはしない。

以上，導入に要する時間は通常 15 分程度である。

【自由報告】

9. アカウント（自由報告による説明）：○月○日○時頃，○○さんはどこにいましたか／何をしていましたか。（以下，司法面接と同様にオープン質問を用いてアカウントを得る）。
   ① 何があったか最初から最後まで，どんなことでも全部話してください。
   ② A から B までにあったことを，全部話してください。
   ③ さっき A と言っていましたが，そのことを（について）もっと話してください。
   ④ それから？ そして？ あとは？
   ⑤ エコーイング（子どもの言葉を繰り返すのみ）
   ⑥ ふん，ふん。
   - この面接の目標は，「自白」を得ることよりも，被疑者が事件とどのように関わったか／関わっていないか，情報を得ることである。そのため，本人の言葉でできるだけ多くを語ってもらうことが必要である。話題がずれたならば会話マネージメント（「〜について話してください」や WH 質問）で引き戻し，さらなる報告を得る。
   - 「沈黙」も情報である。通常であれば答えられるような質問に対して応答がない場合，この沈黙は「重大な沈黙」だとされる。
   - 「嘘」だとわかっていても，より詳細に話してもらう。負荷がかかるほど，報告に矛盾が生じやすくなる。こういった矛盾は後でチャレンジ

（証拠との齟齬を追求する）のに用いることができる。
10. トピック：それでは［トピック］のことを話してください。
   - トピックとは，面接の計画段階で聴取することを予定した項目である。最初は「被疑者側のトピック」，すなわち被疑者の説明に沿ったトピック（被疑者の当日の行動，被害者との関係等）について順に話してもらい，次に「面接者側のトピック」，すなわち面接者が知りたいことがらに関するトピック（バッグから出てきたハンマー等）について順に話してもらう。

【開示とチャレンジ】
11. 証拠の開示：（トピックを尽くしても被疑者から十分な情報が得られない場合は，注意深く証拠を示し，さらなる説明を求める。）○○さんは，そこには行かなかったと言いましたが，被害者の家で○○さんの指紋が見つかりました。私には，よくわからなくなってしまったので，説明してください。
   - 重要な証拠を提示する場合は面接をいったん終了し，文書で開示し，次の面接で回答を求めることもある。その間，被疑者は弁護士と相談することもある。
12. チャレンジ（供述の齟齬を指摘したり，供述と証拠との矛盾を突くこと）：［先ほど，○○さんは被害者の家に行ったことはないと言いましたが，当日，○○さんの姿が現場の防犯カメラに写っていました。／被害者の持ち物が○○さんの自宅から見つかりました］このことについて，もっと説明してください。
   - イギリスの警察刑事証拠法（PACE）では，チャレンジを行う際，面接者は以下のような「特別の警告」を告げなければならない。
     ① この会話は，録音されています。
     ② この証拠は，この犯罪と関係があります。
     ③ 私たちは，［○○さんが被害者の家に行った／被害者の家から盗んだものだ］と考えています。
     ④ ○○さんが何も話さないのであれば，裁判所は（○○さんにとって不利な）推論をするかもしれません。
     ⑤ 私たちは○○さんに，この証拠について説明してもらわなければなり

ません。

【クロージング】

13. クロージング：録音している間に，他に話しておくことはありませんか。
　　（なければ）それでは，これで面接を終わります。今の時刻は○時○分です。

付録4：家事事件における聴き取り

　面接の目的を告げ，約束事を示し，話す練習をした後で面接の本題に入ることは，どのような面接でも，被面接者から報告を引き出す上で有効だと考えられる。近年は，司法面接研究で得られた知見を家事事件にも活かす試みが行われている（例えば，Saywitz et al., 2010）。以下は，筆者が試みに作成した家事事件における聴き取りのプロトコルである。家裁調査官等が使用することを想定している（実際に，類似の方法が使用されている〔宮崎ほか，2013〕）。

1. 日付・名前・録画
　　① 今日は＿＿年＿＿月＿＿日で，時刻は＿＿時＿＿分です。私は○○○○さん［子ども氏名］に，＿＿＿＿＿＿［場所］で面接をします。
　　② こんにちは，今日はお話しに来てくれて，どうもありがとう。私の名前は＿＿＿＿＿です。私の仕事は子どもからお話を聞くことです。
　　③ お父さん，お母さんが離婚の手続きをしています。お父さんとお母さんは別々に暮らすことになるかもしれませんが，○○さんにとってはずっとお父さん，お母さんです。○○さんが大人になるまで，お父さんもお母さんも，○○さんを支えてくれます。一緒に住むのはどちらかもしれないけれど，どうしたら○○さんがこれからもお父さん，お母さんと家族でいられるか，これを考えるために，○○さんの生活のことや考えを話してもらいたくて，来ました。決めるのは裁判官だけれど，どんなことでも全部話してください。
　　④ この会話は録音します。私がお話を忘れないように，後で見ればわかるようにするためです。他の人が見ることもありますが，○○さんに迷惑がかかることはありません（録音機材を示す。録画までは不要かもしれない）。
　　⑤ （図の「お父さん」「お母さん」「○○さん」を示しながら）お父さん，お母さん，○○さんは，それぞれの考えや気持ちをもっています。私はお父さん，お母さんから，それぞれの考えや気持ちを聞きました。今日は○○さんの話を聞きます。誰かから聞いたことや，言われたことではなく，

○○さんの考えや気持ちを話してくださいね。

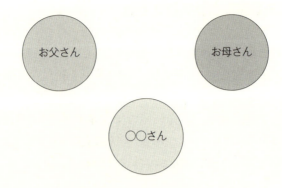

2. グラウンドルール（必要に応じて，司法面接と同様の練習を行う）

面接を始める前にお約束があります。

① 本当：今日は本当のことだけを話すのがとても大切です。本当にあったことだけを話してください。

② わからない：私の質問の意味がわからなかったら「わからない」と言ってください。

③ 知らない：知らないことは「知らない」と言ってください。

④ 間違い：もしも私が間違ったことを言ったら「間違ってるよ」と言ってください。

⑤ 何でも話す・あなたの言葉で：私は○○さんに会うのは初めてで，お父さん，お母さんのこともよく知りません。だから，どんなことでも全部話してください。お父さんでもない，お母さんでもない，○○さんの思うこと，考えることを全部話してください。

3. ラポール形成

① ○○さんのことをもっと知りたいので聞きます。○○さんは何をするのが好きですか。

② （話してもらったならば）はい，よくわかりました。どうもありがとう。このようにたくさん話してくれるとよくわかります。今のようにたくさんお話ししてください。

4. 出来事を思い出す練習
　① もっとたくさん話してもらいたいので，今度は前のことを思い出してお話する練習をしましょう。今日あったことを話してください。今日，朝起きてからここに来るまでにあったことを全部話してください。
　② （話してもらったならば）はい，よくわかりました。どうもありがとう。このようにたくさん話してくれるとよくわかります。今のようにたくさんお話ししてください。

5. 自由報告（本題への移行）
　それでは，このリストに書いてあることについて，話してもらいたいと思います（以下の項目，第7講第4節に挙げたトピック，あるいはセイヴィッツが挙げている352頁のトピック〔Saywitz et al., 2010〕について話してもらう。すべての項目について報告を求めるのではなく，聴取したい項目を選び，あらかじめ子どもに渡しておいてもよいだろう）。
　① 大事なこと／もの：○○さんにとって今，一番大事なこと／ものは何ですか。
　　・「そのことをもっと話してください」「Aって言ったけれど，それはどんなことですか」「もっと詳しく話してください」等，オープン質問で報告を求める。
　　・「それができないときはどうしますか」「これだけは嫌だなと思うことがあったら話してください」等についても報告を求める。
　② 今の生活：今の生活について話してください。今週の，どの日でもよいけれど1日を選んで，朝起きてから夜寝るまでのことを全部話してください。
　③ 以前の楽しかったこと／嫌だったこと：お父さん，お母さんと暮らしていたとき楽しかったこと／嫌だったことを話してください。
　④ 最近の楽しかったこと／嫌だったこと：最近，一番楽しかったこと／嫌だったことを話してください。

6. 暗示質問・誘導質問・開示に関する質問
   ① 口止め：[お母さん／お父さん]から言ってはいけない，と言われていることはありますか。
   ② 秘密：話してはいけないことはありますか。
   ③ 教示：「お母さん／お父さん」からこう言いなさい，と言われていることはありますか。
   ④ 確認：[虐待の可能性等]されたことはありますか。
      ・該当することがあったならば「○○さんの考えや気持ちをできるだけよく理解したいので，できればがんばって話してください」と報告を励ます。

7. クロージング
   たくさん話してくれて，どうもありがとう。
   ① 知っておいたほうがよいこと：他に，私が知っておいたほうがよいことは，ありますか。
   ② 話しておきたいこと：他に，○○さんが私に話しておきたいことは，ありますか。
   ③ 質問：○○さんからは，何か質問はありますか。
   ④ 連絡先：また何か話したくなったら，この電話番号に電話をかけてください。

【面接の例】
　以下に，一問一答型の面接（面接1）と自由報告を求めている面接（面接2）の例を示す（いずれも架空の例である）。会話1では短い応答しか得られていない。会話2では，本人の希望（気持ち）を推測できるような，より具体的な情報が語られている。

1. 面接1
　　面接者：今は学童保育に行ってるの？
　　子ども：うん。

面接者：楽しい？
子ども：まあまあ。
面接者：嫌なこともあるのかな？
子ども：うん。友達いないし。
面接者：そうか。そんなときどうしてる？
子ども：絵描いたり。
面接者：どんな絵を描くのかな。
子ども：ガンダムとか。ガンダムが好きなんだ。
面接者：ガンダムのこととか，話せる友達がいるといいね。
子ども：うん。

2. 面接2

面接者：放課後はどんなことするかお話しして。
子ども：学童行ってる。
面接者：じゃ，学童に行ってすることを，行ってから帰ってくるまで全部お話しして。最初はどうするの？
子ども：カバン置くでしょ。（面接者：うん）で宿題して。（面接者：うん）あとは，あんまりすることないんだよね。暇。遊ぶ人いないし。（面接者：うん，それで）で，絵描いたりさ，本読んだりするんだけど，前はよかったなー。△△君とか□□君とかいて。

【面接で話してもらいたいトピック】

　第7講第4節（113頁）では，社会・対人的な事柄（Social），健康や身体・医療的な事柄（Biological），愛着や意志決定などに関わる心理的な事柄（Psychological），衣食住等環境的な事柄（Environmental）を調査し，そのなかで子どものニーズが満たされ，安全に暮らせそうか／暮らせているかを確認するのがよいと提案した。

　以下は，セイヴィッツが挙げているトピックである（Saywitz et al., 2010）。セイヴィッツも，子どもが人生の重大な決定に参与できるようにするため，子の監護に関わる面接では，グラウンドルールや話す練習をした後に面接の本題に

入るのがよいとしている。また，以下のような項目が子どもの意向や状態を把握する上で有効だとしている。

① 監護において重要な活動や関係性：離婚後も子どもにとって重要な活動や他者との関係性。
② 離婚前・後の1日：離婚の前の1日，離婚後の1日の記述（食事，遊び，送り迎え，手伝い等）。
③ 家族の交流パターン：
　・助け：助けが必要なときはどうするか，困ったら，自転車から落ちたら，病気になったら，宿題がわからなかったらどうするか。
　・ストレスへの対処：何が（子どもにとって重要な人）を喜ばせるか／怒らせるか／悲しませるか，住んでいる家では気分を落ち着かせるためにどうするか。
　・葛藤の解決：住んでいる家ではどうやって物事を決めるか。
④ 子どもの健康・精神衛生，教育・社会・情緒的ニーズ，教師／コーチ／医者とのコミュニケーション：学校で何かあったらどうするか，誰が先生と話をするか。
⑤ しつけ：誰かがルールを破ったらどうなるか。
⑥ 安全のためのルール：安全のために守るルールとしてはどのようなものがあるか，子どもが危険なのはどういうときか。
⑦ 家庭内の監督：1人で家にいることはあるか，お母さん／お父さんがいないときは誰が子どもの世話をするのか（アメリカでは子どもだけで留守番をさせるのは虐待とみなされるため）。
⑧ 離婚に関する子どもの考えや感情
　・子どもは離婚の発生や解決における自分の役割をどう見ているか。
　・母／父の家庭における，離婚後の予想（望みや不安）。
　・子どもは離婚が子どものサポートシステム（親戚，友人）に及ぼす影響をどう見ているか。

事項索引

◆アルファベット

ABE　→最良の証拠を得るために
APSAC プロトコル　3
Child Abuse and Neglect　192
DVD による公文書の扱い　159
GQM　→グリフィス質問マップ
MOGP　→よき実践のためのメモ
NARTOS　239
NICHD プロトコル　3, 8, 25, 94, 95, 100, 102, 126, 191, 198, 235, 269
　──の修正版　294
PEACE モデル　102, 104, 106
PTSD（心的外傷後ストレス障害）　307
SE3R　172, 226
TED（Tell, Explain, Describe）　126
WH 質問（焦点化質問）　5, 48, 122, 162, 177, 250, 294
YN 質問　250

◆ア　行

挨拶・説明　8, 192
愛情の安売り（バーゲン）　271
あいづち　81, 178
アカウント　104
飽きてしまって座っていられない子ども　301
明らかにすべき事柄（points to prove）　260
圧　力　19, 76
アナトミカルドール（anatomical doll; anatomically detailed dolls）　96, 115, 190
アノエティック（non-knowing）　28
アメリカ児童虐待専門家協会（APSAC）　3, 100
暗　示　151, 152, 256
暗示質問　56, 78, 102, 163, 250
言い換え　77
イギリス警察の面接研修　106
イギリスの被疑者取り調べ　105
椅子とカメラ配置　215
イスラエル　102, 269
板橋強制わいせつ事件上告審判決　21

一問一答　169
一貫性のある供述　242
偽りの記憶の形成　151
意味記憶　27, 32, 126, 152, 172
医療的証拠　243
ウィー保育園事件　18
嘘か本当のことかの見分け　309
嘘・真実の理解　85, 92
埋め込みのある質問　78
エコーイング　81, 123, 167, 178
エピソード課題　136
エピソード記憶　9, 27, 29, 32, 33, 126, 152, 172
　──の訓練　90
演　習　254
置き換え　273
落ち着きなく動き回る子ども　306
オートノエティック（self-knowing）　28
オープン質問（自由再生質問）　5, 48, 79, 119, 161, 162, 177, 250, 277, 294
　──と WH 質問の区別　126
　──の効果　81
　──質問を用いた練習　137
オープンマインド　107, 108
オペラント条件づけ　31
思い出す方法　37
親や周囲の人があれこれ聞いてしまっている場合　292
オールド・カトラー長老派教会事件　18
終わりに重要な事柄が開示された場合　301

◆カ　行

外観の変化の影響　67
開示（disclosure）　16, 244, 268, 269, 276
開示が遅れやすい理由　271
解　釈　162
外的特徴（external feature）　62
　──と内的特徴の処理の発達差　63
外部の客観的情報と照合できる情報（チェックできる事実情報：checkable facts）　127, 229, 231, 242, 285
解　離　306

353

会話　231
カウンセリング　9, 90, 125, 157
カウンセリング的なモデル　156
顔識別の繰り返し　66
顔認識　60
「加害が疑われる者」に対し愛着をもっている
　　子ども　304
学習　26
確証バイアス　225
拡張司法面接（Extended Forensic Interview）
　　283
確認質問　11
過去の自分　35
家事面接　111, 347
　　──でのトピック　113
仮説と反対仮説　225
髪型　63
カメラワーク　214
感覚記憶　26
眼球運動　63
干渉　41
感情語彙　129
間接的情報　245
記憶（memory）　26
　　──する方法　37
　　──の汚染　276, 292, 293, 298, 299
　　──の可変性（モーリアビリティ：mallea-
　　　bility）　41
　　──の分類　151
　　──の変容（ディストーション：distortion）
　　　41
　　──のメカニズム　26
機材と配置　206
起訴猶予　315
基本的欲求　105
気持ち，理由，動機　298
急性ストレス障害　306
急を要する場合　299
強化刺激　31
供述弱者　24, 95
供述・証言の信用性　24, 131, 148, 242, 244
強制作話の効果（forced confabulation effect）
　　58
協同面接　133, 186, 313, 314
虚偽自白　101

空間的位置情報　116
空想　77
口の重い性犯罪被疑者　309
グラウンドルール　8, 84, 89, 193
　　──の説明　8
グリフィス質問マップ（GQM）　172, 174
クリーブランド事件　15
クロージング　7, 11, 105, 191, 205, 297
クローズド質問（選択肢の提示）　5, 48, 83,
　　119, 122, 163, 177
継時提示法　64, 65
言語隠蔽効果　70
顕在的記憶（宣言的知識）　27, 152
検索　26
検察と児童相談所との連携　184
研修者数　134
研修スケジュール　143
研修プログラム　144
効果測定　119
構造化　6
構造の重要性　128
構造面接　3, 294
合理化　271
誤棄却　68
国立小児保健・人間発達研究所（National In-
　　stitute of Child Health and Human Develop-
　　ment: NICHD）　3, 191
国連による勧告　155
国連の子どもの権利条約12条　111
9つの質問　235
心のケア　157
心の理論　34, 85
誤再認　42, 65
答えが変わってしまう子ども　305
異なる視点での想起　89, 99
異なる順序での想起　89, 98
子どもが「わからない」と言った場合　232
子ども虐待対応の手引き　154, 313
子どもの供述事例　17, 73
子どもの証言能力　94
子どもへの意向調査　111
子どもへの説明　218
語尾なし質問　123
語法効果（wording effect）　45
コメント　162

語用論的推論　305
語用論的知識　46, 89
コントロール　36

◆サ　行

再構成　42
最小限の手続き　8, 192, 198, 332
最良の証拠を得るために（Achieving Best Evidence: ABE）　3, 95, 97
作　話　42, 296
誘いかけ質問　79, 122, 164, 250
　――の使い方　165
サッチャーの錯視　61
サポーティブでない発話　273
サポーティブな発話　273, 277, 281, 302
左右情報　116
シェパード　172
時間分割質問　80, 122, 164, 165, 250, 295
　――の使い方　165
識別時の留意点　65, 72
事件化される虐待事件　147
事件の種類　75
自　己　35
事後情報効果（post information effect）　44, 58
自己−他者に関する知識　34
指示代名詞　78, 116
事実確認　125, 156
　――とカウンセリングの区別　125
　――面接　2
システム変数（system variable）　75
悉皆報告　98
質問の種類　119
質問・面接方法　294
質問や面接の繰り返し　19
児童虐待防止法　253
児童相談所での司法面接の使用　133
児童相談所への虐待相談件数　145
視認状況　75
司法面接（forensic interviews）　2, 30, 101
　――が想定する子どもの年齢　291
　――とカウンセリングの違い　158
　――の現場　159
　――のデータ管理　239
　――の特徴　161

　――の目的　161
　種々の――　96
司法面接結果の伝聞性　316
司法面接研修　140
司法面接支援室　118
司法面接DVDと伝聞性の除去　317
写真による人物識別　64
周囲の大人　293
自由再生質問　162
収集すべき情報　227
修正認知面接法（Modified Cognitive Interview）　100
重大化　76, 77, 101
自由報告（free narrative）　4, 6, 161, 162, 190
　――を求める演習　178
収録機材　214
遵守事項　315
順序情報　116
準備・背景　289
状況証拠　245
状況，態様・行為，着衣　259
状況的情報　246
証言能力　147
条件反射　31
証　拠　233
詳細情報　229, 260
消失提示法　66
情動的な依存　272
情報源の理解　34
情報の正確さ　120
省　略　273
知らない・わからない・間違っている　86
身体障がい　95
身体的虐待　146, 269
身体部位の名称　208
人物識別　60
人物の形態的な特徴　70
信用性判断　132
信頼性分析（Statement Validity Analysis）　231
心理的虐待　146
心理的負担　307
推　測　77
推定変数（estimator variable）　75

スキーマ（枠組み） 28
スクリプト（出来事の流れ） 29, 279
スクリプト化 100
ステップワイズ面接 3, 97, 294
ステレオタイプ 19, 77
ストレス 306
座り位置 188
生活に関する情報 246
性器の名称 208
性虐待・性被害 146, 257, 269
性虐待については話さない場合 301
精神障がい 95, 306
精神的な 2 次被害 302, 312
精神的な問題 154, 155
性的な行為 257
性的な言葉や表現 252
絶対的な力の差異 271
宣言的知識 27
潜在的記憶（手続き的知識） 27, 152
仙台地方検察庁刑事政策推進室 183
全体的処理（holistic processing） 61
選択質問 163
選択肢の提示 163
前頭葉の機能を測定する課題 43
「全部話してください」 88
想 起 26
想起手掛かりを用いた検索 43
捜査面接（investigative interviews） 2
側頭葉内側部 36
ソース・エラー 42
ソース課題 42
ソース健忘 42
ソースモニタリング 151
ソースモニタリング・エラー 42
ソースモニタリングの失敗 42
それから質問 80, 122, 164, 168, 250, 295
　──の使い方 167

◆タ 行

体験の報告 39
体験を反映する詳細情報 231
「だいたい」と「正確」 131, 287
タイム・トラベラー 35
多機関連携（multi-agency approach） 3, 313

タグ質問 5
ターゲット 64
多職種連携（multi-disciplinary approach） 3, 133, 135, 314
多専門連携（多職種連携，多機関連携） 133, 312
立会い 188, 220
脱 線 273
「誰」「どこ」「いつ」への言及 36
短期記憶 26
単独面通し 73
知識の箱（knowledge bin） 173, 179
知的障がい者 24
チームの形成と各メンバーの役割 125
仲介者（インターミディアリ：intermediary） 13, 189
中学生 152
長期記憶 26
調度品 187
直接質問 162
通 告 253
デイヴィス 30
抵 抗 273
手掛かり質問 80, 122, 164, 166, 250
　──の使い方 166
出来事の順序 43
出来事の頻度 43
出来事の分割 201
出来事への移行 232
出来事を思い出して話す練習 9, 90, 198
「適切に話をきいてもらう」という権利 96
撤回（リカント） 268, 273
手続き的知識 27
典型的な聴取 149
伝聞証拠 134
伝聞証拠禁止原則 316
同時提示法 64, 65
倒立効果 60
特別遵守事項 184
特別措置（special measures） 13
突然の出来事 231
トラウマ 155
取り引き 77
トレーニング法 300

◆ナ 行

内的特徴（internal feature）　62
内容分析（Criteria Based Content Analysis）
　　　231
長い発話　77
ナラティブ・エラボレーション　111
2次的関係（second-order relations）　62
　　──処理の発達差　62
日　程　217
日本での事件　19
乳児期の記憶　30
人形や模型　297
人数とグループ　140
認知能力　39
認知面接法　89, 97, 99
ネガティブな出来事　39
ネグレクト　146
眠くなる子ども　306
ノエティック（knowing）　28
ノート　189
飲み物やスナック　296

◆ハ 行

バイアス　76
ハイパームネジア（hypermnesia）　58
場　所　218
恥ずかしくて話せない場合　258
バックスタッフ　4, 10, 188, 203, 218, 290
発問方法の効果　250
発話の分類　122, 177
発話分析シート　174
話さない子どもへの面接に関する示唆　276
話したがらない（リラクタントな）子ども
　　　231, 302
話したがらない被疑者　107
話しやすいこと　278
話す力をつけさせる方法　300
話せない理由　279
母　親　265
パラフレーズ　54
犯罪・加害が疑われる場合　308
反対尋問　13
被暗示性　26, 46, 151, 152
被害が疑われる場合　253

被害確認面接　2
被害者　95
被害者支援ホットライン　184
被疑者が逮捕された場合　315
被疑者取り調べ　105
被疑者面接　104, 337
被疑者や参考人の供述　244
被疑少年　95, 102
　　──への面接　101
引き出される情報の量　120
非専門家の意識　131
否定形　78
ビデオ課題　136
否　認　273
否認する被害者と無実であるために話せない者
　　とを区別する方法　308
被面接者の仮説　76
描　画　208
ファシリテーター　81
フェイズ　190
不起訴事案　184
物質的／物理的証拠　243, 244
不適切な質問形式　77
振り返り　181
ブレイク（休憩）　10, 203, 296
分析的処理（analytic processing）　61
文脈再現　89, 97
文脈情報　231
別の事件　300
変遷しやすい状況　292
変装群　68
忘　却　41
報告レベルのコントロール　287
『法廷の危機』（Jeopardy in the Courtroom）
　　　17
法律家言葉（Lawyerese）　77
方略成分　36, 87
暴力や脅し　271
保護観察付執行猶予求刑　185
保護児童を対象とした司法面接　136
保護者・サポーターへの説明　219
保護者，非保護者　269
保　持　26
ポジティブな強化　273
ポジティブな出来事　39

事項索引　357

補助証拠　76, 77, 127, 242
補助物　188
　　──の使用　130
北海道大学司法面接研修　118
本題への移行　200
本当と嘘　84
本当と嘘についての議論（TLD）　85

◆マ　行

マキちゃんの事例　225
マクマーチン事件　16, 49, 76
マルチ質問　78
ミラー（鏡）課題　35
矛盾する情報　83
難しい言葉や概念　77
難しい質問　252
メタ認知（metacognition）　36, 153, 225, 227
メタ分析　89
メモやノート　297
面接演習　206, 210, 237, 246, 261, 281, 283
面接キット　207
面接時間　188
面接室　186, 214
面接者　218
　　──に望ましい人　313
　　──の性別　290
　　──の態度　111
　　──のバイアス　19
　　──の発話　55
面接の繰り返し　58
面接の計画　217, 221, 223, 236
面接の構造　186
面接のコーディネート　217
面接の続き　204
面接の問題点　49
面接法　130
目撃者　95
目撃者情報　243
目撃証言　24
黙秘，否認している被疑者　310
モニター（監視）　36
モニター室　3, 214

◆ヤ　行

誘　導　151, 152, 153, 256
誘導質問　5, 7, 11, 44, 78, 123, 163, 177, 191
良い質問　79
「良いタッチ」「悪いタッチ」　298
幼児・児童による出来事の報告　128
幼児の記憶　31
様相面接法（phased approach）　7, 190
よき実践のためのメモ（Memorandum of Good Practice: MOGP）　3, 6, 15, 16, 95, 118, 125, 190, 307
予　後　270
余罪が多いケース　308

◆ラ　行

ラインナップ　64
　　アブセント──　64
　　プレゼント──　64
ラポール　9, 90, 190
ラポール形成　6, 9, 90, 294
リアリティモニタリング　151
リトル・ラスカルズ保育事件　17
リハーサル　26
リラクタントな（話したがらない）子ども　268, 272, 278, 302
ルーチン（日課）　29, 114, 279
レミニシングスタイル　38
レミニセンス（reminiscence）　58
録音・録画　8, 289
録画による証言　155
録画法　132
録画面接（recorded interviews）　2
録画面接管理システム　239
六歳児の加害者識別に関する証言の信憑性に疑問があるとされた事件　20
ロールプレイ　206

◆ワ　行

矮小化　76, 77, 101
「わからない」「知らない」「覚えていない」　233
ワーキング・メモリ　16
枠組み（スキーマ）　28

人名索引

アキル（J. K. Ackil） 76
アグニュウ（S. E. Agnew） 81, 82
アルドリッジ（M. Aldridge） 268
五十嵐典子 136
井上（鈴木）愛弓 58
イン（R. K. Yin） 60
上原泉 33
上宮愛 85, 92, 115, 130
ウェルズ（G. L. Wells） 75
ウォーカー（A. G. Walker） 77, 96, 100
ウォーターマン（A. H. Waterman） 87
ウッド（J. Wood） 268
海老原直邦 97, 132
越智啓太 88, 115
尾山智子 39, 129
ガイゼルマン（R. E. Geiselman） 9, 97
グッドマン-デラハンティ（J. Goodman-Delahunt） 106
グドジョンソン（G. H Gudjonsson） 46
グリフィス（A. Griffiths） 174
グローヴァー（S. Grover） 271
ケベル（M. Kebbell） 24, 107
小山和利 159
コリアト（A. Koriat） 87
ゴールドスミス（M. Goldsmith） 87
コーンケン（G. Koehnken） 65
佐々木真吾 131, 287
ザラゴザ（M. S. Zaragoza） 76
シーガル（M. Siegal） 46
シシ（S. J. Ceci） 17
渋谷友祐 250
シャクター（D. L. Schacter） 42
白石紘章 97, 132
シング（Y. L. Shing） 35
スーカラ（S. Soukara） 106
杉村智子 63, 66, 73
スタンバーグ（K. J. Sternberg） 81, 82, 90
ストッブス（G. Stobbs） 24
ストリチャーツ（A. F. Strichartz） 84
セイヴィッツ（K. Saywitz） 111
セスコ（B. Sesco） 76
セーデルボリ（A-c. Söderberg） 25
ソレンセン（T. Sorensen） 270
武田知明 214, 239
田鍋佳子 265
タルヴィング（E. Tulving） 28
千田早苗 184
ドラミー（A. B. Drummey） 42
トンプソン（P. Thompson） 60
長尾恵 88
仲真紀子 20, 49, 58, 82, 85, 93, 97, 128, 129, 130, 132, 152, 192, 250, 287, 299
名畑康之 24
ニーダーバーガー（J. M. Niederberger） 271
ニューコム（N. S. Newcombe） 42
ヌネズ（N. Nunez） 85
ネルソン（K. Nelson） 35
ハーシュコヴィツ（I. Hershkowitz） 76, 82, 102, 269, 277, 294
バック（J. A. Buck） 25
ハーデン（C. A. Haden） 69
バートン（R. V. Burton） 84
ハーレイ（K. Harley） 38
ハーレン（E. Hurren） 107
ハント（J. S. Hunt） 96, 100
ピコッジ（M. Picozzi） 62
ピーターソン（C. Peterson） 38
ビネー（A. Binet） 151
ファルチャー（G. Fulcher） 155
フィッシャー（R. P. Fisher） 9, 97
フォーシャー（A. Fauchier） 83
二口之則 159
ブラック（M. Bruck） 17, 49, 151
ブル（R. Bull） 97, 106
プール（D. A. Poole） 46, 81
ブレイズ（M. Blades） 87
ポヴィネリ（D. J. Povinelli） 35
ポズロー（J. D. Pozzulo） 65
ホワイト（L.T. White） 81
マリン（B. V. Marin） 69
緑大輔 316
ミルン（R. Milne） 97, 174
メイスナー（C. A. Meissner） 76

359

メニグ-ピーターソン（C. L. Menig-Peterson）　36
メモン（A. Memon）　89
モンドロッチ（C. J. Mondloch）　62
山元修一　250
山本渉太　133, 250
ラム（M. E. Lamb）　5, 82, 191

リース（E. Reese）　38
リンゼイ（R. C. L. Lindsay）　65
レポア（S. J. Lepore）　76
ロヴィ-コリアー（C. Rovee-Collier）　31
ロバーツ（K. P. Roberts）　90
ロフタス（E. F. Loftus）　44, 151
ロンドン（K. London）　85

子どもへの司法面接──考え方・進め方とトレーニング
*Forensic/Investigative Interviews with Children:
Theory, Practice, and Training*

2016年9月30日 初版第1刷発行

編著者	仲 真紀子	
発行者	江草 貞治	
発行所	株式会社 有斐閣	

郵便番号 101-0051
東京都千代田区神田神保町 2-17
電話 (03)3264-1315〔編集〕
　　 (03)3265-6811〔営業〕
http://www.yuhikaku.co.jp/

印刷・萩原印刷株式会社／製本・大口製本印刷株式会社
©2016, Makiko Naka. Printed in Japan
落丁・乱丁本はお取替えいたします。
★定価はカバーに表示してあります。
ISBN 978-4-641-17413-9

[JCOPY] 本書の無断複写(コピー)は、著作権法上での例外を除き、禁じられています。複写される場合は、そのつど事前に、(社)出版者著作権管理機構(電話03-3513-6969, FAX03-3513-6979, e-mail:info@jcopy.or.jp)の許諾を得てください。